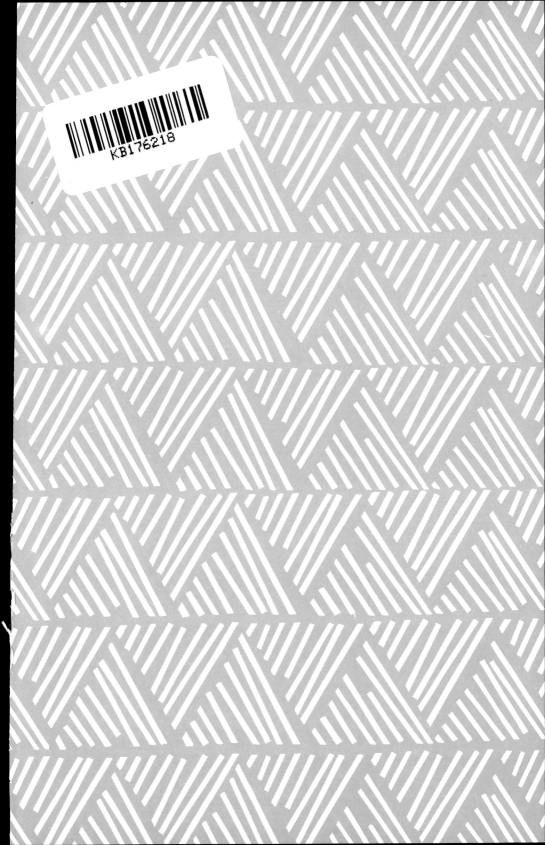

World Book 239
Juan Ramón Jiménez
PLATERO Y YO

플라테로와 나

후안 라몬 히메네스/김현창 옮김

동서문화사

디자인 : 동서랑 디자인팀
Illustration : Shinta Cho

플라테로와 나

차례

플라테로와 나

옮긴이의 글
조그만 머리글

히메네스의 시

김현창

Platero y yo

플라테로와 나

안달루시아의 엘레지

옮긴이의 글

　불멸의 안달루시아 엘레지 《플라테로와 나》가 1914년에 시작해서 1917년에 완성되어 출판이 되자, 스페인 국내는 물론 온 세계가 후안 라몬 히메네스라는 시인에게 큰 관심을 갖게 되었다. 후안 라몬은 그의 일생을 통해서 많은 작품들을 출판했던 바, 플라테로에서 그의 낭만기가 끝나면서 나체의 시가 시작되는 《여름》《갓 결혼한 시인의 일기》를 비롯하여 그의 황금기 시집인 《내면적 동물》《욕망받는 신과 욕망하는 신》까지로 해서 노벨문학상을 받게 되었다. 여기에 옮겨진 《플라테로와 나》는 아이들을 위해서 썼다는 데서 문학계의 주목을 받았다. 또한 1913년에 노벨문학상을 받은 라빈드라나스 타고르가 아이들을 위해 쓴 시인 《초승달》을 히메네스가 스페인어로 번역하면서, 평론가들은 히메네스와 타고르를 비교문학이라는 관점에서 연구를 하기에 이르렀다. 그리고 타고르와 히메네스는 아이에 대한 말을 남겼다. 타고르는 말했다. "아이는 위대하게 태어나고 위대한 동심을 세상에 선물한다." "신은 사람이 다시 지혜 속에서 새로운 아이로 낳을 때까지 기다린다." 후안 라몬은 다음과 같이 말했다. "영원의 가장 좋은 상징은 아이의 존재다." "영원에 대한 나의 사명은 아이와 같은 나의 크나큰 사랑이다."

　내가 1968년에 히메네스의 고향인 안달루시아의 모게르에 있는 히메네스의 옛집을 찾았을 때 그곳 들녘에서 은색의 귀여운 나귀인 플라테로를 보았다. 그리고 그의 집에서 조금 떨어져 있는 원두막을 보았는데 후안 라몬이 시를 쓸 때 그 원두막에서 명상을 하고 시적 영감을 얻었다고 마을사람들이 귀뜸 해 주었다. 스페인 문학을 전공하면서 50년이 흐른 지금에 와서 후안 라몬의 청년기 대표작인 《플라테로와 나》를 우리말로 옮기면서 감회가 깊다. 한국 독자들 특히 젊은이들에게 선물이 될 수 있기를 바라면서.

김현창

오디와 카네이션을
나에게 주던
솔거리의 가엾은 정신이상 여인 아게디야에게
바친다

후안 라몬 히메네스
조그만 머리글

　사람들은 내가 《플라테로와 나》를 아이들을 위해서 썼다고 믿고 있다.

　아니다. 내가 《플라테로와 나》라는 책을 쓰고 있는 것을 이미 알고 있었던 '독서'라는 출판사가 1913년 나에게 청소년 독서모임을 위한 서정시를 써서 함께 펴내기를 요청하였다. 그래서 나는 서둘러 책의 발간에 부쳐 이 머리글을 쓰게 되었다.

　　　　　이 책을 아이들을 위해서 읽어주는 어른들에게 드리는 충고

　플라테로의 두 귀와 같이 즐거움과 고통이 쌍둥이처럼 짝을 이룬 이 조그만 책은 무엇을 위해서 썼던가…… 누구를 위해서 썼는지 어떻게 알 수가 있는가! ……우리 서정 시인들은 누구를 위해서 글을 쓰는가…… 지금 이 책은 아이에게 가는 만큼 하나의 콤마도 보태지 않고 떼지도 않는다. 그렇다!

　노발리스는 어디든지 아이가 있는 곳에는 황금의 연령대가 존재한다고 말한다. 거기에는 하늘에서 멀리 떨어진 정신적인 섬과 같이 시인의 심장이 뛰고 있다. 그리고 거기에 아주 편안하게 몸을 누인 그의 가장 큰 소망은 그 섬을 결코 떠나지 않으리라는 것이다.

　아이들의 은총, 신선함, 행복함과 아이들의 황금기 : 언제나 고통의 바다인 내 생애 속에서 너를 발견하고, 그리고 너의 산들바람은 나에게 별 의미가 없듯이 새벽의 하얀 태양 속 종달새의 지저귐과 같이!

　나는 아직까지 아이들만을 위한 글을 써 본 적이 없고 앞으로도 쓰지 않을 것이다. 왜냐하면 나는 특별한 경우 말고는 성인이 읽는 책들은 아이들도 읽을 수 있다고 믿기 때문이다. 또한 남자와 여자에게도 그런 예외는 없으리라.

플라테로[1]

플라테로는 조그마하고, 보드라운 솜털로 뒤덮여 있다. 너무나 폭신하여 온 몸이 솜뭉치 같고 뼈가 없는 것만 같다. 하지만 반짝이는 그 눈동자는 흑수정으로 만든 딱정벌레처럼 단단하다.

고삐를 풀어주면 플라테로는 들판으로 달려가 분홍색, 하늘색, 노란색 앙증맞은 꽃들을 콧등으로 가볍게 어루만진다…… 내가 다정하게 "플라테로?" 부르면 까르르 웃는 듯한 경쾌한 발걸음으로, 목가적인 방울 소리와 같은 발소리를 또각또각 울리며 달려온다.

플라테로는 내가 주는 것이면 무엇이든 잘 먹는다. 오렌지, 호박색 포도, 투명한 꿀이 방울방울 흐르는 검붉은 무화과를 아주 좋아한다.

플라테로는 사내아이나 계집아이처럼 사랑스럽고 어리광쟁이지만 마음은 돌덩이처럼 단단하고 굳건하다. 내가 일요일마다 플라테로를 타고 동구 밖 오솔길을 지나면, 말쑥하게 차려입고 어슬렁어슬렁 걸어오는 마을사람들이 걸음을 멈추고 플라테로를 바라본다.

—강철 같구먼……

그렇다, 강철. 강철 같은 플라테로는 달님과 같은 은빛을 띠고 있다.

---

[1] 스페인 안달루시아산 귀여운 은빛 나귀 이름. 스페인어로 은(銀)을 플라타(plata)라고 한다. 따라서 플라테로의 이름은 '은과 같은'이라는 뜻이다.

흰나비

저녁 안개가 자욱이 깔리고 자줏빛 밤의 장막이 내려온다. 녹색과 연보라색의 아스라한 빛이 교회 탑 주위에 어려 있다. 언덕길은 그림자와 종소리와 풀내음과 노래와 피로와 가쁜 숨소리로 가득 찬다.

불쑥, 사냥 모자를 쓰고 짐 검사하는 꼬챙이를 든 사람이 나타난다. 담뱃불이 그 순간 남자의 추한 얼굴을 붉게 물들인다. 남자는 석탄 자루가 높이 쌓인 황폐한 집에서 우리 쪽으로 내려온다. 플라테로는 바들바들 떤다.

—무슨 짐이지?

—보시는 바와 같이…… 흰나비예요.

남자는 속이 깊은 바구니에 쇠꼬챙이를 찔러 넣으려고 하지만 나는 모른 척한다. 안장주머니도 열어 보여주마. 물론 속은 텅 비어 있다.

이리하여 흰나비처럼 깨끗한 우리의 영혼은 세관원에게 이입세(移入稅)*¹를 내지 않고 자유롭고 당당하게 통과한다.

---

*1 스페인에서는 지방에 따라 마을 입구에 간소한 사무소를 설치하여 외부에서 들여오는 상품의 세금을 걷는 제도가 있었다.

해질녘 놀이

해질녘 플라테로와 나는 말라붙은 개울을 따라 이어진 초라한 거리의 어둠 속으로 추위에 떨면서 들어간다. 그곳에는 가난한 집 아이들이 각설이인척하며 귀신놀이를 하고 있다. 머리에 자루를 뒤집어쓴 아이, 맹인 흉내를 내는 아이, 절름발이 흉내를 내는 아이……

그러다가 그 놀이에 질린 아이들은 어느새 저희가 왕자나 공주라도 된 것처럼 들떠 있다. 구두를 신고 재킷까지 갖춰 입었을 때처럼, 또는 어린 마음을 잘 알아주는 어머니에게서 간식이라도 받았을 때처럼.

─우리 아버지는 은시계를 갖고 계셔.

─우리 집에는 말이 있어.

─우리 집에는 소총이 있다구.

시계는 먼동이 트기도 전부터 울어대고, 소총으로는 배고픔을 쏴죽이지 못하고, 말은 가난을 불러들일 뿐이건만……

그리고 아이들은 둥그렇게 손을 맞잡는다. 새카만 어둠 속에서 낯선 계집아이가 그림자를 수놓으며 흐르는 한 줄기 유리실과 같은 힘없는 목소리로 거만하게 여왕님처럼 노래한다.

나는 오레 백작의……

젊은 미망인……

……그래! 그렇지! 노래하라, 꿈을 꾸어라, 가엾은 아이들아!

머지않아 너희들이 청춘의 새벽을 맞이할 때 여전히 겨울옷을 껴입은 동냥아치처럼 초라한 봄이 너희들을 위협할 테니.

─그만 가자, 플라테로……

일식

우리는 주머니에 손을 살짝 찔러 넣었다. 우거진 솔숲에 들어섰을 때처럼 서늘한 그늘이 이마를 살포시 간질였다. 닭들도 닭장 횃대에 저마다 웅크리고 있다. 주변의 녹색 들판이 제단의 자줏빛 장막을 뒤집어 쓴 듯 컴컴하게 물들었다. 먼 바다가 하얗게 반짝이고 별들이 하나 둘씩 파리한 빛을 내기 시작했다. 그리고 하얀 옥상테라스가 순식간에 그 눈부신 빛깔을 잃었다! 일식이 진행되는 사이의 짧지만 고요한 한때, 테라스로 나온 작고 거무스름한 그림자 같은 사람들이 이런저런 운치 있는 감상을 큰 소리로 주고받았다.

우리는 갖가지 물건을 눈에 대고 태양을 올려다보았다—오페라글라스, 망원경, 유리병, 그을린 유리조각을. 또 곳곳에서—발코니, 뒤뜰 계단, 곳간 창가, 안뜰 울타리에서 짙은 붉은색과 푸른색 유리를 대고 보았다……

조금 아까까지 야릇한 황금빛을 뿌리며 모든 것을 두 배, 세 배, 아니 백 배나 크고 아름답게 비춰주던 태양이 해거름의 느릿한 여정도 거치지 않고 숨어버리자 모든 것이 금에서 은으로, 은에서 구리로 갑자기 뒤바뀌며 고요히 숨을 죽였다. 마을은 아무 가치도 없는 녹슨 구리동전이 되어버렸다. 거리도, 광장도, 탑도, 언덕의 오솔길도 서글프고 작게 움츠러들었다!

아래의 뒤뜰에 있는 플라테로도 종이를 오려 만든 듯한 전혀 다른 당나귀 같았다……

두려움

동그랗고 밝은 쟁반 같은 달이 우리를 따라온다. 졸음이 내려앉은 목장에는 거뭇거뭇한 산양 그림자가 가시덤불 사이로 흐릿하게 보인다. 우리가 지나가자 무언가가 살그머니 몸을 숨긴다…… 토담 너머 커다란 아몬드나무가 달빛을 받아 눈송이처럼 빛나는 꽃을 달고, 가지 끄트머리에 구름을 걸치고서, 3월의 별빛이 쏟아지는 길을 뒤덮고 있다. 그리고 강렬한 오렌지 내음…… 차분하고 고요해서…… 마녀의 골짜기에 온 것만 같다……

―플라테로, 조금 춥……구나!

플라테로는 두려운 탓인지 내가 무서워한 탓인지, 느닷없이 한달음에 개울로 달려가 달그림자를 밟아서 조각조각 부숴버렸다. 마치 투명한 수정 장미꽃 한 무더기가 플라테로에게 달라붙어 그 발질을 말리려는 듯 보인다……

그리고 플라테로는 누군가가 쫓아오기라도 하듯 쏜살같이 언덕길을 달려 올라간다. 다시는 보지 못할 것만 같던 마을의 훈훈한 온기가 점점 가까워지는 것을 느끼며……

유치원

플라테로야, 너도 다른 아이들처럼 유치원에 다녔더라면 틀림없이 ABC를 외우고 삐뚤빼뚤 글씨도 썼겠지. 그러면 너는 밀랍인형 당나귀—창문 너머로 보이는, 푸르른 목장에서 붉은색과 황금색으로 빛나는 인어들과 어울려 놀며 조화로 만든 화관을 쓴 당나귀—처럼 똑똑해졌을 텐데. 게다가 파로스의 의사나 신부님보다 현명해졌을 거야, 플라테로.

그런데 이제 겨우 네 살인데 너는 왜 그렇게 크고 못생겼니? 너는 어떤 의자에 앉을 거니? 어떤 책상에서 글씨를 쓸 거야? 그 어떤 공책과 연필도 너한테는 소용 없겠지? 성가를 합창할 때에는 어느 부분을 부를 거니?

하지만 생선장수 레이에스처럼 노란 끈이 달린 나사렛예수회의 자주색 수녀옷을 입은 도미틸라 선생님은, 플라타너스 나무가 있는 안뜰 구석에 적어도 두 시간은 너를 무릎 꿇려 앉혀둘지도 몰라. 아니면 잘 마른 기다란 대나무로 네 손바닥을 때리거나, 네 간식인 마르멜로 열매를 먹어버릴지도 모르지. 아니면 종이에 불을 붙여 네 꼬리에 갖다 대거나, 비오는 날 자동차 수리공의 아들이 그러는 것처럼 네 귀를 새빨갛게 달아오르도록 만들지도 모른단다.

안 되지, 플라테로야. 넌 나와 함께 가자. 내가 너에게 꽃과 별님에 대해 가르쳐줄게. 꽃과 별은 느림보 아이들을 비웃거나 하지 않으니까 너를 비웃지 않을 거야. 네가 당나귀라는 이유로 강에 떠 있는 배의 창문처럼 붉은색과 푸른색으로 색칠한 커다란 눈과 네 귀보다 두 배나 큰 귀가 달린 두건을 씌우지는 않을 거란다.

미치광이

검은 옷을 입고 나사렛 사람처럼 턱수염을 기르고, 검고 차양이 좁은 모자를 쓴 내가 플라테로의 폭신폭신한 잿빛 등에 걸터앉은 모습은 참으로 이상하게 보이나 보다.

내가 포도밭으로 가느라, 태양과 담장의 흰빛이 아름답게 반짝이는 마을 변두리길에 접어들면, 부스스한 머리에 기름때가 낀 집시 아이들이 초록색, 노란색, 붉은색 누더기 사이로 볼록 튀어나온 갈색 배를 내밀고 우리 뒤에서 달려온다. 입을 모아 끈덕지게 소리 지르며.

—미치광이!

미치광이!

미치광이!

……우리 앞길에는 이미 푸른 옷으로 갈아입은 밭이 펼쳐져 있다. 한없이 넓고 티 없이 맑은 새파란 하늘로 빨려 들어간 내 눈길은—이미 소음은 완전히 멀어지고—이름 붙일 수 없는 고요함 속에서 지평선 너머에 숨어 있는 조화롭고 거룩한 평온을 맞이한다……

그러면 멀리 포도밭 너머에서 들려오는 저 날카로운 외침이 아렴풋한, 알아듣기 힘든 신음처럼 토막토막 끊어져 허공을 맴돈다.

—미치광……이!

미치광……이!

유다

놀라지 않아도 돼! 왜 그러니! 자, 조용히 지나가자…… 바보 같긴, 저들은 배신자 유다를 죽이고 있을 뿐이란다.

그래, 다 같이 유다를 죽이고 있는 거야. 하나는 몬투리오에 걸려 있어. 또 하나는 엔메디오 거리에, 나머지 하나는 저기 시청 앞 분수에 있지.

어젯밤 나는 그것들이 보이지 않는 힘에 이끌려 공중에 가만히 떠 있는 것을 보았단다. 유다를 발코니에 얽어맨 밧줄이 어둠 속에서는 보이지 않았던 거야. 낡은 비단 모자를 쓴 장관 얼굴을 하고 블라우스와 풍성한 치마를 입은 인형이 조용한 별하늘 아래 참으로 기괴하게 보이더구나! 개는 꼬리를 말고 소리 높이 짖어댔어. 조심성 많은 말은 그 밑으로 지나가려 하지 않았어.

이제 종이 울리는구나. 중앙 제단의 자막이 걷힌 거야, 플라테로. 온 마을의 소총이 남김없이 유다를 향해 불을 뿜겠지. 화약 냄새가 여기까지 진동하는구나. 저것 봐, 한 발! 또 한 발!

……오늘만큼은 말이야, 플라테로. 정치가와 여교사와 변호사와 징세원과 시장과 산파가 유다란다. 모두가 오늘 성토요일*¹ 아침만큼은 어린아이로 돌아가 평소 미워하던 사람 대신, 이 어쩐지 얼빠진 봄날의 가장 인형을 만들어 주뼛거리며 총을 쏘아대는 거야.

---

*1 춘분(3월 21일 무렵) 뒤 첫 번째 보름달 다음에 오는 일요일이 그리스도의 부활절(이스터)이다. 그 전날인 성토요일에는 배신자를 쫓아내고 그리스도를 맞이하는 풍습이 있다.

무화과

안개가 자욱하고 추위가 매서워 무화과를 따기에 더없이 좋은 새벽이었다. 6시가 되자 우리는 무화과를 따러 리카로 향했다.

백 살이 넘은 잿빛 무화과나무 줄기는 치마폭을 두른 듯한 쌀쌀한 그늘 아래 굵은 근육을 배배 꼬고 있고, 그 나무들 아래에는 밤이 아직 잠들어 있었다. 그리고 아담과 이브가 걸쳤다는 커다란 잎사귀에는 작은 진주 같은 이슬이 섬세한 수를 놓으며 그 싱싱한 녹색을 희부옇게 비추었다. 나무숲 속 나지막한 에메랄드빛 수풀에 색깔 없는 동방의 장막을 차츰 장밋빛으로 물들이는 새벽이 깃들기 시작했다.

……우리는 누가 먼저 우리가 찾는 무화과나무에 닿을지 내기하며 쏜살같이 내달렸다. 로시요가 나와 함께 웃느라 숨을 헐떡거리며 제일 먼저 무화과 나뭇잎을 붙잡았다.

"여기 좀 만져 봐."―로시요가 내 손을 잡고 그녀의 가슴에 대었다. 그녀의 젊은 가슴은 작은 그릇 속의 파도처럼 끊임없이 부풀어 올랐다가 꺼졌다. 통통하고 키가 작아 발이 느린 아델라는 저 뒤에 처져서 안달하고 있다. 나는 플라테로가 심심하지 않게 잘 익은 무화과를 몇 개 따서 오래 된 그루터기 위에 놓아주었다.

뒤처져서 화가 난 아델라는 입가에 웃음을 띠고, 눈에는 눈물을 그렁그렁 달고서 싸움을 걸어왔다. 그녀가 던진 무화과가 내 이마에 맞아 뭉개졌다. 나와 로시요도 맞서 싸웠다. 우리는 무화과를 입이 아니라 눈으로, 코로, 목덜미로 먹었다. 끊임없는 고함이 싱그러운 새벽의 포도밭 속으로, 과녁을 맞추지 못한 무화과와 함께 떨어졌다. 그 하나가 플라테로에게 맞았다. 플라테로도 이 짓궂은 장난의 목표가 되었다. 딱하게도 플라테로는 몸을 가리지도 맞서 싸우지도 못하므로 내가 그의 편이 되어 주었다.

보드랍고 푸른 열매들이 맑은 공기 속을 총알처럼 사방에서 날아다녔다.

여자아이들의 웃음소리가 나른하게 축 늘어지더니 마침내 얌전히 항복의 뜻을 표시했다.

삼종기도 소리

이것 봐, 플라테로. 장미꽃잎이 이렇게 많이 흩날리고 있어. 푸른 장미, 하얀 장미, 무슨 색이라고 딱 꼬집어 말하기 어려운 장미…… 마치 하늘이 부서져서 장미가 되어 버린 것 같구나. 좀 봐, 내 이마에도, 어깨에도, 두 손에도 장미가 가득해…… 이 많은 장미를 어쩌면 좋을까?

너는 이 우아한 꽃이 어디서 오는지 알고 있지? 나는 모르겠구나. 이 꽃은 언제나 무릎 꿇고 하느님의 영광을 그린 프라 안젤리코의 그림처럼 날이 갈수록 풍경을 달콤하고 부드럽게 만들어. 붉은색, 흰색, 그리고 하늘색으로.

—장미를 좀더 뿌려줘, 좀더—

장미는 낙원의 일곱 회랑에서 이 땅으로 뿌린다고 하더구나. 따뜻하고 아련 풋한 빛깔의 눈송이처럼, 장미가 탑과 지붕과 나무 위로 쏟아진다.

이것 봐, 아무리 보기 흉한 것들도 장미꽃으로 치장하면 모두 아름다워지잖아. 더 많이 장미를 뿌려줘, 더, 더……

플라테로야, 삼종기도를 알리는 종소리가 울려 퍼지는 동안 우리의 생활은 나날이 힘을 잃어가는 듯 보이지만, 한편으로는 더욱 숭고하고, 더욱 변함없고, 더욱 순수한 내면에서 끓어오르는 힘이 은혜로운 분수처럼 모든 것을, 장미 사이를 뚫고 반짝이기 시작한 별에게로 이끌어 줄 것만 같구나. 좀더 장미를……

너는 네 눈을 보지 못하지, 플라테로. 차분하게 하늘을 올려다보고 있는 너의 눈동자도 영락없이 두 송이 아름다운 장미꽃이란다.

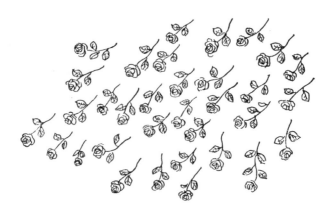

네가 죽으면

나의 플라테로. 네가 나보다 먼저 죽더라도 마을 관리의 짐마차에 실려 드넓은 바닷가 늪지대나 산길 낭떠러지에 그냥 버려지는 일은 없을 거야. 아무도 사랑해주지 않는 가엾은 다른 집 당나귀나 말이나 개들처럼 말이야.

너는 까마귀에게 갈빗살을 쪼아 먹히거나 피범벅이 되어—새빨간 저녁놀에 물든 배의 잔해처럼—6시 승합마차를 타고 산후안 역으로 가는 행상인들의 구경거리가 되진 않을 거야. 또 가을의 어느 일요일 오후, 아이들이 솔방울을 따먹으러 솔숲으로 들어와서는 겁도 없이 재미삼아 가지에 매달려 낭떠러지 밑을 내려다 보며, 시궁창에서 썩어가는 조개 사이에서 퉁퉁 부어 딱딱하게 굳은 모습을 발견하고 소스라치게 놀라는—그런 일이 너한테는 일어나지 않을 거야.

그러니 마음 놓으렴, 플라테로야. 나는 네가 그토록 좋아하는 피냐 언덕의 커다랗고 둥근 소나무 밑에 너를 묻어줄게. 너는 즐겁고 평온한 삶 곁에서 잠들게 될 거야. 사내아이들은 신이 나서 뛰어다니고, 계집아이들은 네 곁에서 작고 나지막한 의자에 앉아 바느질을 하겠지. 또 너는 내가 외로움에 읊조리는 시를 들을 거야. 너는 오렌지나무 밑에서 빨래하는 처녀들의 노랫소리도 들을 거야. 삐걱거리며 우물물을 퍼올리는 소리도 영원히 잠든 너에게 기쁨과 위안을 주겠지. 그리고 홍방울새와 검은방울새와 박새가 언제나 푸르르고 시들지 않는 이파리 사이에서, 너의 조용한 잠과 새파란 모게르의 드넓은 하늘 사이에 일 년 내내 작은 음악의 해가리개를 펼쳐 줄 거란다.

가시

카바요스의 목장에 들어섰을 때 플라테로가 다리를 잘록거렸다. 나는 얼른 땅으로 내려섰다……

—플라테로야, 왜 그러니?

플라테로는 오른쪽 앞발을 살짝 들어 뜨겁게 달아오른 모래길에 발굽이 닿지 않도록 조심하며 기운없이 발바닥을 보여주었다.

나는 플라테로의 늙은 수의사 다르봉 씨보다도 꼼꼼히 그의 앞발을 뒤로 구부려 빨개진 발바닥을 살펴보았다. 그러자 단단한 오렌지나무의 기다란 녹색 가시가 작은 에메랄드 단검처럼 박혀 있었다. 나는 플라테로의 아픔에 속상해하면서 가시를 잡아 뺐다. 그리고 흐르는 물이 맑고 긴 혀로 작은 상처를 어루만져주도록 불쌍한 플라테로를 노란 붓꽃이 핀 시냇가로 데리고 갔다.

그리고 우리는 하얀 바닷가로 향했다. 플라테로는 여전히 내 뒤에서 다리를 잘록잘록, 내 등에 머리를 살짝살짝 부딪치며 따라왔다……

제비

이미 거기 있어, 플라테로. 쾌활하고 검고 양증맞은 제비가 잿빛 둥지 안에 있어. 그 둥지는 몬테마요르 성모님의 그림이 그려져 있는 액자 가장자리에 있어서 언제나 사람들의 애정을 듬뿍 받는단다. 불쌍한 제비들은 깜짝 놀란 모양이야. 딱하게도 제비들은 이번 여행에 실패했어. 지난 주 오후 2시 일식 때 닭이 밤인 줄 착각하고 닭장으로 숨어든 것처럼 말이야. 올봄은 평소보다 일찍 찾아왔고 아름다웠지. 하지만 봄은 3월의 구름 낀 하늘의 잠자리로 다시금 부르르 떨면서 그 보드라운 몸을 숨겨야 했어. 아직 피지 못한 오렌지 나무의 꽃들이 망울을 터뜨리지도 못하고 시들어 버리다니!

제비들은 이미 여기 있단다, 플라테로야. 하지만 아무 소리도 들리지 않는구나. 예년 같으면 도착한 그날부터 모두에게 인사하고 여기저기 둘러보며 떨리는 목소리로 쉬지 않고 재잘거렸을 텐데. 아프리카에서 본 광경과, 날개를 돛처럼 활짝 펼치고 물을 차거나 배 위의 밧줄에 내려앉거나 하면서 바다를 건넌 일, 여기저기서 본 해넘이와 해돋이, 별이 빛나는 밤을 꽃들에게 이야기해 주었을 텐데……

제비들은 어찌할 바를 모르고 있어. 어린아이들이 길을 뭉개버려 갈 곳을 잃은 개미들처럼 시무룩하게 방황하며 날고 있단다. 누에바 거리를 똑바로 날아가다가 획 돌아서 다시 와주지 않아. 우물에 있는 옛 둥지에도 들어가지 않고. 옛날 종이집게 같이 생긴, 삭풍이 흔들어댈 때마다 아르렁거리는 전선의 하얀 뚱딴지 곁에도 내려앉지 않는구나…… 이렇게 추우면 얼어 죽고 말 거야, 플라테로!

마구간

　점심 때 플라테로를 보러 가니 12시의 따사로운 햇살이 플라테로의 보드레한 은빛 등에 커다란 금빛 그늘을 드리우고 있다. 그리고 배 아래쪽에는 녹색을 띤 어두운 바닥이 주변을 에메랄드빛으로 물들이고, 낡은 천장에서는 불꽃 같은 찬란한 동전이 쏟아진다.

　플라테로의 다리 사이에서 잠들어 있던 암 산양 디아나가 춤추듯 내게로 뛰어와, 내 가슴팍에 앞발을 걸치고 장밋빛 혀로 자꾸만 내 입가를 핥으려고 한다. 그리고는 구유의 가장 높은 곳에 올라가 계집아이 같은 몸짓으로 가냘픈 목을 좌우로 갸웃거리며 신기한 듯 나를 빤히 바라본다. 그러자 내가 들어서기도 전에 무섭게 큰 소리로 나를 반겨준 플라테로가 거칠지만 명랑하게 그물을 끊으려고 한다.

　나는 그 사랑스런 장난을 내버려두고, 잠시 무지갯빛이 들어오는 눈부신 창문 밖, 해가 높이 솟은 하늘에 마음을 기울였다. 그리고 돌 위에 올라서서 들판을 바라보았다.

　녹색 들판이 찬란한 빛에 감싸여 졸린 듯 떠 있다. 흙벽 창문으로 네모나게 보이는 맑고 투명한 푸른 하늘에 종소리가 감미롭고 나른하게 울려 퍼지고 있다.

거세된 어린 말

주홍, 초록, 파랑의 반점이 있는데다 딱정벌레나 까마귀처럼 새까매서 은을 입힌 듯 보이는 어린 말이었다. 때때로 그 두 눈은 마르케스 광장 밤 장수 라모나 아주머니의 활활 타오르는 화롯불처럼 번득였다. 프리세타 거리 모랫길을 지나, 종소리처럼 울리는 짧은 말발굽 소리가 누에바 거리 포장도로로 들어설 때면 어찌 그리 개선장군처럼 늠름하던지! 조그만 머리에 가느다란 다리, 그 얼마나 날렵하고 예민하며 활달했던가!

보데가*1의 멋진 배경을 이루는 카스티요*2가 길게 늘어뜨린 그늘 아래, 자기보다 더 까맣게 보이는 저장고의 나지막한 문을 어린 말은 우아하게 지나갔다. 누가 장난을 걸기만 한다면 얼른 신나게 뛰어 놀 것만 같았다. 그는 아름드리 소나무로 만들어진 문지방을 넘어 닭, 비둘기, 참새들이 호들갑을 떠는 푸르른 농장 안으로 즐겁게 뛰어 들어간다. 그곳에는 알록달록한 셔츠 차림의 네 남자가 털북숭이 두 팔을 꼬아 팔짱 낀 채 기다리고 있다. 그들은 작은 말을 후추나무 아래로 이끌고 갔다. 처음에는 살살 달래는 듯하더니 마침내 거센 몸부림과 물불을 가리지 않는 몸싸움 끝에 말을 퇴비더미 위에 내동댕이치고 모두들 그 위로 덮쳤다. 다르봉 씨가 어린 말의 그 통렬하고 마법 같은 남성미를 앗아가 버림으로써 자신의 임무를 모두 끝냈다.

> 채 피지도 못한 네 아름다움은 무덤에 누웠고
> 피어난 아름다움은 살아 사형집행인이 되었다

셰익스피어는 친구에게 이렇게 말했다.

어린 말은 이제 진짜 말이 되어 온몸이 땀에 흠뻑 젖은 채, 힘이 빠진 듯 슬프게 축 늘어져 있었다. 한 남자가 그 말을 일으켜 세우고는 담요를 덮어 주고 길 아래로 데리고 갔다.

어제는 부드러우면서도 굳센 빛이었는데 지금은 덧없는 구름처럼 가여운 꼴

---

*1 포도주 제조·저장·판매하는 곳을 총칭하는 스페인어.
*2 '라 카스티야'라는 이름의 포도주 제조·저장 창고가 있는 곳.

이라니! 그의 걸음걸이는 마치 낱장이 뜯어진 책갈피 같았다. 이제 더 이상 땅 위를 걷는 것 같지가 않았다. 마치 폭풍이 몰아친 어느 봄날 아침 추억처럼, 갑자기 뿌리 뽑힌 나무처럼 그의 말발굽과 돌들 사이에 어떤 새로운 것이 그 말을 따돌리거나 멀리하는 것만 같았다.

앞집

나 어릴 적 앞집은 언제나 참으로 가슴 설레는 곳이었단다! 플라테로.

첫 번째 앞집은 리베라 거리의 물장수 아레부라의 작은 집이었어. 뒤뜰이 남쪽으로 나 있어 언제나 햇살을 환하게 머금고 있었지. 나는 그 집 흙담에 기어올라가 우엘바 시내를 바라보았단다. 이따금 그 집에 가도 좋다는 허락을 받긴 했지만 아주 잠깐뿐이었어. 아레부라의 딸은 나에게 자몽을 주고 입을 맞춰 주었지…… 그 시절 내 눈에는 그녀가 어엿한 여인으로 보였는데 결혼한 지금도 그 때와 다르지 않구나…… 그 뒤 누에바 거리로 이사했을 때는—나중에 카노바스 거리, 그 뒤에는 프라이 후안 페레스 거리라고 불렸지—세비야에서 온 돈 호세의 과자점이 있었어. 그의 금빛 새끼양가죽 구두가 눈이 부셨단다. 그의 집 안뜰에 있는 용설란에는 달걀껍데기가 뿌려져 있었어. 현관문에는 노란 카나리아 색과 푸른 바다색이 번갈아 칠해져 있었고. 그는 이따금 우리 집에 왔어. 그러면 아버지는 그에게 돈을 건네주고 그는 아버지에게 언제나 올리브밭 이야기를 했지……

우리 집 발코니에서는 돈 호세의 집 지붕 위로 후추나무가 보였단다. 참새가 떼 지어 앉아 있던 그 볼품없는 나무를 바라보며 어린 시절 얼마나 많은 꿈을 키웠는지 몰라! —후추나무는 두 그루였지만 한 번에 보이지는 않아. 발코니에서 보면 한 그루는 바람과 햇빛을 머금은 이파리만 보인단다. 다른 한 그루는 돈 호세의 뒤뜰에서 줄기만 내놓고 있었지……

화창한 오후건 비 내리는 낮잠 시간이건, 날마다 몇 시간씩 우리 집 쇠창살문과 창문과 발코니에서 앞집을 바라보았지. 고요한 거리 속에서 그 집의 소소한 변화가 어찌나 흥미롭고 멋지고 두근거리던지!

바보 아이

우리가 산호세 거리를 지나 돌아올 때면 언제나 바보 아이가 자기 집 문간에서 작은 의자에 앉아 사람들이 지나가는 모습을 바라보고 있었다.

그 아이는 말하는 축복도 누리지 못하고 신의 자비의 선물도 받지 못한 불쌍한 아이였다. 아이는 쾌활했지만 옆에서 보면 서글픔이 몰려왔다. 그 어머니한테야 둘도 없는 자식이었지만 다른 사람들에게는 기억에서 지워진 아이였다.

어느 날 그 새하얀 거리에 불행한 검은 바람이 휘몰아치자 그 아이의 모습은 이미 온데간데 없었다. 어린 까마귀 한 마리가 문 앞에서 쓸쓸히 울어댔다. 나는 쿠로스(포르투갈 시인)가 제 아이를 잃었을 때, 시인이 아니라 아버지로서 갈리시아의 나비에게 아이의 소식을 물었던 것이 떠올랐다.

금빛 날개를 단 나비여……

봄이 온 지금 산호세 거리에서 하늘나라로 떠나간 바보 아이를 생각한다. 그아이는 하늘나라의 장미꽃 곁에서 작은 의자에 앉아, 다시 눈을 뜨고 축복 받은 사람들이 찬란하게 지나가는 모습을 보고 있겠지.

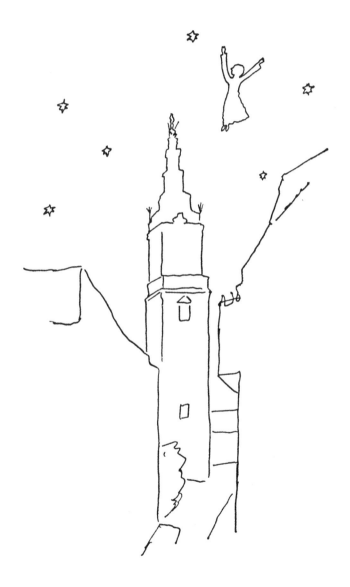

유령

만테카(버터)라고 불리는 아니야는 싱싱한 젊음이 터질 듯한 처녀였다. 그녀는 유쾌한 장난을 쉴 새 없이 생각해냈는데, 특히 유령놀이를 가장 좋아했다. 이불보로 온몸을 두르고, 커다란 흰 백합 같은 얼굴에 밀가루를 바르고 마늘쪽으로 송곳니를 만들었다. 그러고는 우리가 저녁식사를 마친 뒤 거실에서 깜빡 졸고 있으면 대리석 계단에서 불을 밝힌 사각등을 들고 느닷없이 나타나 위압하듯 말없이 천천히 걸었다. 아니야가 그렇게 차려입으면 마치 고대 그리스시대의 옷을 입은 듯했다. 확실히 위층 어둠 속에서 나타나는 으스스한 그림자는 모두를 두려움에 떨게 했다. 하지만 동시에 온통 하얗기만 한 모습이 어쩐지 유쾌하고 여러모로 매력적이었다……

9월의 그날 밤 일을 나는 절대 잊지 못할 거야, 플라테로. 폭풍우가 한 시간 전부터 병든 심장처럼 마을 상공에서 으르렁대며 자포자기한 듯 번개와 천둥을 쉬지 않고 뿌려대는 사이에 비와 싸락눈이 쏟아져 내렸어. 이미 빗물받이의 물이 넘쳐흘러 안뜰이 물에 잠겼지. 9시 승합마차와 저녁기도를 알리는

종소리 그리고 우편배달부 같은, 매일 찾아오는 하루의 마지막 손님들도 이미 지나가버렸어…… 나는 덜덜 떨면서 마실 것을 가지러 식당으로 갔어. 그리고 녹색을 띤 하얀 번개 속에서 벨라르데의 유칼리나무가 창고 위로 구부려져 있는 것을 보았단다. 우리가 도깨비나무라고 부르던 나무가, 그날 밤 쓰러진 거야……

느닷없이 번개가 내 눈앞을 가리고 그림자와 같은 거슬거슬한 굉음이 온 집을 흔들어댔어. 정신을 차리자 사람들이 다 조금 전에 있던 장소와 다른 곳에 있지 않겠니. 그리고 다들 외톨이라도 된 듯 다른 사람들을 조금도 신경 쓰거나 걱정하지 않았어. 누구는 머리가, 누구는 눈이, 누구는 심장이 아프다고 하더구나…… 우리는 하나둘 아까 있던 곳으로 돌아갔어.

폭풍우가 멀어져갔어…… 달이 둘로 쪼개진 커다란 구름 사이에서 안뜰에 넘쳐흐른 물을 파르스름하게 비추고 있었지. 우리는 그 광경을 가만히 지켜보았단다. 개 로드가 미친 듯이 짖어대며 뒤뜰 계단 쪽으로 사라졌다가 다시 돌아왔어. 우리는 로드를 따라가 보았지…… 플라테로. 그러자 계단 밑에서, 축축하게 젖어 역겨운 냄새를 풍기는 밤의 꽃 곁에서 불쌍한 아니야가 유령 분장을 한 채로 죽어 있더구나. 번개를 맞아 거멓게 탄 손에 아직 불이 켜진 사각등을 든 채.

진홍색 풍경

언덕 꼭대기. 그곳에서 저녁해가 저문다. 저녁해는 보랏빛으로 물들고, 스스로 쏜 빛의 화살에 상처 입어 온몸에 피를 흘리고 있다. 푸르른 솔숲이 노을빛에 볼그무레하게 물든다. 새빨갛고 투명한 작은 꽃과 풀잎들이 촉촉하고 싱그러운 향기로 고요한 한때를 채우고 있다.

나는 해거름을 바라보며 넋을 잃는다. 플라테로는 새카만 눈동자에 진홍색 노을을 담고 주홍색 붉은색 보라색 물웅덩이 쪽으로 조용히 걸어간다. 플라테로가 물웅덩이 거울에 주둥이를 살포시 담그자 거울이 깨지면서 흐르기 시작한다. 그리고 피처럼 검붉은 물이 플라테로의 커다란 목구멍으로 거침없이 빨려 들어간다.

어디서나 흔히 보는 광경이다. 하지만 그 한때가 이 풍경을 참으로 신비롭고, 금방이라도 부서질 것 같지만 영원히 잊을 수 없는 모습으로 바꾸어 버렸다. 그 순간, 우리는 아무도 살지 않는 궁전으로 살그머니 발을 들인 것만 같았다……

저녁놀이, 저녁놀 너머로 퍼져간다. '영원'으로 이어진 시간은 무한하고 평화롭고 헤아릴 길이 없다……

─자, 가자. 플라테로……

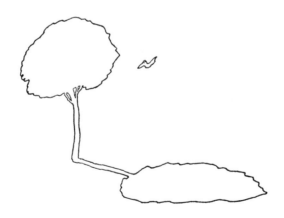

앵무새

내 프랑스인 의사 친구의 과수원에서 우리는 플라테로와 앵무새와 함께 놀고 있었다. 그때 한 젊은 여인이 불안한 발걸음으로 허둥지둥 언덕을 내려와 우리 쪽으로 달려왔다. 그 여인의 슬프고 우울한 눈빛은 아득한 저편에서 나에게 무언가를 바라고 있었다.

—젊은 나리, 거기 의사선생님도 계시우?

여인의 등 뒤에서 꾀죄죄한 꼬마 녀석들이 따라와 저마다 숨을 씩씩 몰아쉬며 언덕 위를 돌아보았다. 마침내 몇몇 사내들이 창백하게 축 늘어진 사내를 옮겨왔다. 도냐나 사냥금지구역에서 사슴 사냥을 하는 밀렵꾼이었다. 소총이—그래봐야 밧줄로 동여맨 낡아빠진 것인데—폭발하면서 그의 팔에 총알이 박힌 것이다.

내 친구는 상처 입은 사내에게 부드럽게 다가갔다. 그리고 칭칭 감겨 있는 천을 풀고 피를 씻어내고는 뼈와 근육을 만져보았다. 그는 이따금 나에게 말했다.

—큰 상처는 아니야……

날이 저물었다. 우엘바 쪽에서 늪과 타르와 생선 냄새가 풍겨왔다…… 오렌지 나무마다 주렁주렁 매달린 에메랄드빛 벨벳 같은 둥글고 작은 열매가 장밋빛 저녁놀에 아름답게 물들어 있었다. 연보라색과 녹색이 어우러진 라일락나무에서 녹색과 붉은색이 섞인 앵무새가 작고 동그란 눈을 뜨고 신기한 듯 우리를 바라보았다.

불쌍한 사냥꾼의 눈에서 흘러나온 눈물방울에 햇살이 가득 담겼다. 이따금 그가 신음 같은 비명을 내질렀다. 그러자 앵무새가 말했다.

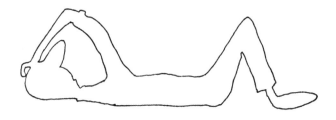

—큰 상처는 아니야……

내 친구는 환자에게 솜을 대고 붕대를 감아 주었다…… 불쌍한 사내가 소리를 질렀다.

—아야!

또다시 앵무새가 라일락 나무에서 말했다.

—큰 상처는 아니야…… 큰 상처는 아니야……

옥상

플라테로, 너는 한 번도 옥상*1에 올라온 적이 없지. 옥상에서 깊이 숨을 들이마시면 가슴이 얼마나 부풀어 오르는지 너는 모를 거야. 어두컴컴한 나무계단을 올라 옥상으로 나오면 한낮의 태양에 온몸이 불타고 푸르른 하늘 속으로 풍덩 빠질 것만 같단다. 그리고 새하얀 석회 빛깔에 눈이 부셔서 앞이 보이지 않는단다. 너도 알겠지만, 옥상의 벽돌 바닥에는 석회가 발라져 있거든. 그래서 빗물이 깨끗하게 빗물받이 우물로 흘러가는 거야.

이 옥상은 얼마나 멋진 곳이니! 교회 탑의 종소리는 힘차게 고동치는 우리 심장과 같은 높이에서 우리 가슴으로 직접 울려 퍼진단다. 저 멀리 포도밭에서는 큼직한 쟁기가 번뜩이며 금빛 은빛 불똥을 튀기고 있어. 옥상에서는 무엇이든 내려다볼 수 있어. 다른 집 옥상과 일터까지도. 옥상에서는 모두가 아무도 모르게 열성을 쏟지. —의자장이, 칠장이, 통장이…… 그리고 소와 산양을 둘러싼 커다란 울타리의 나무들이 만드는 반점, 이따금 누군가의 고요한 장례 행렬이 작은 한 점이 되어 도착하는 묘지까지도. 또한 속옷차림의 처녀가 무심하게 노래를 흥얼거리며 머리를 빗고 있는 창문. 배가 한 척 떠 있는 작은 강. 코르네토를 부는 외로운 악사와, 정신없이 눈앞이 아찔해지는 뜨거운 사랑이 결실을 맺는 곡식창고도……

집은 발밑으로 숨어 버린단다. 유리 천장을 통해 내려다보면 저 아래의 일상 생활이 어찌나 야릇하게 보이는지. 수다와 소음과 밑에서 보면 그토록 아름다운 뜰조차도 말이야. 플라테로, 너는 내가 있는 곳에는 눈길 한 번 주지 않고 물통의 물을 마시거나 참새와 거북이를 벗 삼아 뛰놀고 있구나.

---

*1 안달루시아 지방의 건축양식은, 평평한 지붕이 조금 비스듬한 옥상테라스로 되어 있으며, 그 가운데에 끝이 뾰족한 색유리를 끼운 유리천장이 달려 있다. 유리천장 아래에는 안뜰(집 중앙에 있는 조그마한 사각형 뜰로 방들이 주위를 둘러싸고 있다)이 있고 빗물을 받는 우물이 있다.

돌아오는 길

플라테로는 박하를 등에 지고 나는 노란 붓꽃을 들고 산에서 돌아왔다.

4월의 오후가 저물고 있었다. 황금빛 수정이던 서쪽 하늘이 은빛 수정으로 바뀌었다. 매끈하게 빛나는 흰 수정 백합과 닮았다. 이어서 온 하늘이 투명한 사파이어에서 에메랄드로 바뀌었다. 나는 쓸쓸하게 돌아왔다……

이윽고 언덕까지 오자 반짝이는 아라비아 타일로 장식된 교회탑이 티 없이 청아한 풍경 속에 불멸의 자태를 드러냈다. 그 탑은 가까이서 보면, 멀리서 바라보는 히랄다 탑(세비아 시에 있는 대성당의 종탑)처럼 보인다. 봄이면 더 심해지는 도시에 대한 나의 향수에서 오는 쓸쓸함도 그 탑을 보며 달래 왔다.

돌아오는 길…… 어디로? 어디에서? 왜? …… 그러나 내가 가지고 온 붓꽃은 깊어가는 밤의 상쾌하고 따뜻한 공기 속에서 점점 더 짙은 향기를 풍겼다. 그 향기는 더욱 날카로워지고 더욱 그윽해졌다. 꽃이 아닌 모양 없는 꽃, 고독한 어둠에서 향기가 퍼져 나와 몸과 마음을 취하게 했다.

—내 영혼, 어둠 속의 붓꽃! 나는 말했다.

그리고 나는 문득 플라테로를 떠올렸다. 플라테로는 나를 태운 채 걷고 있었지만 그 사실조차 잊을 만큼 그는 내 몸의 일부나 다름없었다.

닫힌 쇠창살문

디에스모의 양조장[*1]에 갔다 올 때면 나는 늘 산안토니오 거리의 담장을 따라 돌아온다. 그리고 밭쪽으로 난 굳게 닫힌 쇠창살문 앞에서 멈춰 선다. 나는 쇠창살문에 얼굴을 바짝 붙이고 안타까운 듯 눈을 크게 뜨며 최대한 많은 풍경을 눈에 담으려고 왼쪽과 오른쪽을 바라보았다. 쐐기풀과 아욱으로 뒤덮인 닳고닳은 포석 맞은편으로, 한 줄기 가느다란 길이 앙구스티아스 쪽으로 내려가며 사라졌다. 그 나무 울짱 아래에는 내가 한 번도 지나가지 않은 넓고 움푹한 길이 있다……

쇠창살문 밖으로 보이는 풍경과 하늘은 얼마나 신비로운가! 마치 이 특별한 경치를 다른 경치에서 떼어내어 굳게 닫힌 창살 너머에 가둬두기 위한 환상 속의 지붕과 벽 같았다…… 그리고 그곳에 다리와 검은 버드나무가 있는 길과 벽돌 화로, 팔로스 언덕, 우엘바 시에서 피어오르는 연기가 보였다. 해가 저물면 리오틴토 부두의 불빛과 흐릿해져 가는 보랏빛 석양을 등에 진 아로요스의 커다란 외톨이 유칼리나무가 보였다……

창고지기들은 문에 자물쇠가 채워져 있지 않다고 웃으면서 말해주었다…… 드문드문한 기억과도 같은 내 꿈속에 나타나는 그 쇠창살문은 가장 아름다운 정원과 가장 빼어난 벌판을 향해 있었다…… 그리고 언젠가는 대리석 계단을 뛰어내리려던 꿈을 그대로 믿고 다음날 아침 몇 번이나 쇠창살문 쪽으로 가보곤 했다. 어느새 나는 내 환상이 덧붙인 것까지 그 문 너머에서 찾을 수 있다고 믿게 된 것이다……

[*1] 앙구스티아스에 있던 시인 가족 소유의 포도주 양조장.

돈 호세 신부님

저기 좀 보렴, 플라테로. 돈 호세가 조신하게 중얼거리면서 가는구나. 하지만 정말로 천사 같은 마음씨를 가진 건 그가 타고 있는 암탕나귀란다.

그가 뱃사람이 입는 바지를 입고 챙이 넓은 모자를 쓰고는, 그의 과수원에서 오렌지를 훔치던 아이들에게 욕설을 퍼붓고 돌을 던지는 모습을 너도 보았지? 또한 그의 하인 발타사르가 조잡한 빗자루를 팔거나 금요일마다 부자들의 문상을 가는 가난한 사람들과 함께 기도하기 위해, 딱하게도 탈장으로 서커스 공처럼 툭 튀어나온 배를 안고 시내로 나가는 것을 너도 몇 번이나 보았지……

돈 호세 신부처럼 말을 험하게 하면서 저토록 훌륭하게 하느님께 기도를 하는 사람은 거의 없을 거야. 그는 하느님의 뜻을 훤히 알고 있고, 적어도 5시 미사에서는 능숙하게 설교하거든. 거 참…… 나무와 흙과 물과 바람과 불처럼 다정하고 부드럽고 신선하고 순수하고 싱그러운 모든 것들도 그에게는 무질서, 가혹, 냉담, 폭력, 파괴 따위를 나타내는 것일 뿐이야. 하루를 마무리할 때면 그날 그가 무시무시한 증오를 불태우며 새들과 세탁부와 아이들과 꽃을 향해 던진 돌멩이가 밭 여기저기에서 굴러다녔지.

그런데 기도 시간만 되면 모든 것이 뒤바뀐단다. 돈 호세의 침묵이 조용해진 마을 끝까지 퍼져나갔지. 그는 신부복에 외투를 차려 입고 밀짚모자를 쓰고는 걸음이 느린 당나귀 등에 올라앉아 곁눈질 한 번 하지 않고 어둑해진 시내로 들어갔단다. 죽음을 마주한 그리스도처럼……

봄

아, 빛과 향기 넘치고
아, 목장은 미소 지으며
아, 새벽의 음악소리 울려 퍼지네
　　　　　　　　—민요

아침에 잠깐 눈을 붙이려는데 아이들이 시끄럽게 떠드는 소리에 나는 기분이 나빠졌다. 결국 더는 잠을 이루지 못하고 미루적미루적 침대에서 일어났다. 활짝 열린 창문으로 들판을 내다보니 떠들어대는 주인공은 다름 아닌 새들이 아닌가.

나는 과수원으로 나가 화창한 날씨를 선사해 주신 하느님에게 감사의 노래를 바쳤다. 끝없고 생생하고 자유로운 부리들의 음악회! 제비는 우물가에서 목청껏 소리를 뽐내고 있다. 구관조는 쓰러진 오렌지나무 위에서 휘파람을 분다. 개개비는 이쪽 떡갈나무에서 저쪽 떡갈나무로 옮겨 다니며 꽁지에 불이라도 붙은 듯 조잘거린다. 검은방울새는 유칼리나무 꼭대기에서 길고 가늘게 웃고, 참새는 커다란 소나무에 앉아 주위 아랑곳없이 소리 지른다.

아침이다! 태양이 금빛 은빛 기쁨을 대지에 뿌린다. 색색의 나비가 곳곳에서 서로 새롱거린다. 꽃밭과 집 근처—집 안으로 들어왔나 싶으면 금세 밖으로 나간다—와 옹달샘 위에서도. 지금 들판 곳곳에서 새롭고 건강한 생활이 끓어오르고 고동치고 소리 지르기 시작한다.

우리는 엄청나게 큰 장미꽃 속, 달콤하게 빛나는 커다란 꿀샘 한가운데에 있다.

빗물받이 우물

우물을 보렴. 지난번에 온 비로 찰랑찰랑 넘치는구나. 플라테로. 물이 적을 때처럼 저 깊은 곳에서 메아리도 울리지 않고, 유리 천장의 파랗고 노란 유리를 통해 쏟아지는 색색의 보석 같은 햇살을 받은 안뜰의 2층 테라스도 보이지 않는구나.

너는 빗물받이 우물 바닥까지 내려가 본 일이 없지, 플라테로. 나는 있어. 몇 년 전에 우물에 물을 뺐을 때 내려가 보았단다. 그래, 안에는 긴 지하도가 있고 그 안쪽에 작은 방이 있어. 내가 그 방에 들어갔을 때 들고 있던 촛불이 꺼지면서 도롱뇽 한 마리가 내 손으로 뛰어올랐지. 내 가슴속에서 사악한 두 줄기 감정이 칼날처럼 맞부딪치더구나. 마치 해골 밑에 포개진 기다란 두 넓적다리 뼈처럼……

마을 집집마다 빗물받이 우물과 지하도가 있단다, 플라테로. 가장 큰 우물은 살토 델 로보의 안뜰, 즉 옛 성벽으로 둘러싸인 광장 안에 있어. 가장 훌륭한 것은 너도 알다시피 우리 집 우물이야. 눈처럼 새하얀 대리석 갓돌에는 그림이 조각되어 있지. 교회 우물 지하도는 푼탈레스 씨네 포도밭까지 이어져 있고, 그곳에서 강가의 밭으로 빠져나간단다. 병원에서 이어지는 지하도는 아무도 끝까지 가 본 사람이 없어. 가도 가도 끝이 없거든……

어린 시절 비가 내리던 그 기나긴 밤이 기억나는구나. 옥상에서 빗물받이 우물로 떨어지는 빗방울이 흐느끼는 소리에 잠을 잘 수가 없었지. 그리고 아침이 되면 물이 얼마나 찼는지 보려고 한달음에 달려갔어. 오늘처럼 꼭대기까지 가득 차오를 때의 그 놀라움! 그 기쁨! 그 감탄이란!

……자, 플라테로. 이 차갑고 신선한 물을 한 통 주마. 바로 이 물통으로 비예가스는 물을 벌컥벌컥 들이켰단다. 불쌍한 비예가스는 몸이 타들어갈 정도로 코냑과 브랜디를 마셔댔거든……

옴 붙은 개

이따금 그 비쩍 마른 개는 숨을 헐떡이며 언덕 위의 집으로 찾아오곤 했다. 평소에 욕설이나 듣고 돌팔매질만 당하다보니 불쌍하게도 늘 도망치듯 걸었다. 다른 개들조차 그 개에게 송곳니를 세웠다. 그러면 개는 한낮의 태양 아래 천천히 서글프게 다시 언덕을 내려갔다.

그날 오후 개는 산양 디아나의 뒤를 따라왔다. 내가 밖으로 나가려고 할 때 과수원지기가 느닷없이 엽총을 꺼내더니 개에게 방아쇠를 당겼다. 말릴 틈도 없었다. 깊은 상처를 입은 개는 순간 휙 하고 돌면서 구슬픈 비명을 지르더니 아카시아나무 아래에 털썩 쓰러져 죽었다.

플라테로는 고개를 들어 가만히 개를 바라보았다. 디아나는 겁에 질려 우리 사이로 이리저리 숨어 다녔다. 과수원지기는 후회스러웠는지, 양심의 괴로움을 덜어보고자 누구에게랄 것도 없이 분통을 터트리며 장황하게 변명을 했다. 베일이 그 죽음을 애도하며 태양을 감쌌다. 그 커다란 베일은 마치 죽은 개의 선량한 눈망울을 덮은 자그마한 베일과 비슷했다.

유칼리나무는 바닷바람이 불어올 때마다 더욱 가슴 아프게 그 불행을 슬퍼했다. 그리고 아직 황금빛이 남아 있는 들판에 오후의 깊은 고요가 무겁게 내려앉으며 죽은 개를 감쌌다.

연못

기다리렴, 플라테로…… 아니면 그 부드러운 풀밭에서 잠깐 풀을 뜯고 있으려무나. 나는 이 아름다운 연못을 좀 더 들여다보련다. 아주 오랜만에 왔거든.

기슭에 피어난 더없이 순수한 백합들이 넋을 잃은 채 바라보고 있는 그 깊은 아름다움, 황금빛 어리는 초록색의 짙은 물 위를 태양이 어떻게 비추고 있는지 보렴…… 끝없는 미로로 이어지는, 비로드로 만든 계단. 꿈의 신화가 한 화가의 내면에 무한한 상상력을 가져다 준, 이상적인 모습을 담은 마법의 동굴들. 인상적인 커다란 초록색 눈을 가진, 늘 우울에 잠겨 미쳐 버린 왕녀가 만들어냈을 듯한 관능적인 정원들. 해거름에 썰물이 붉게 물들어 오던 어느 오후 바다에서 보았던 것 같은, 허물어져 버린 궁궐들…… 그리고 더 많은 것들이 있단다. 있어서는 안 될 망각의 정원에서 겪었던 그 고통스러운 봄날을 떠올리게 하는 그림, 그 영원한 옷자락의 덧없는 아름다움을 좇으며 가장 이루기 어려운 꿈이 사로잡을 수 있었을 모든 것…… 더없이 작지만 멀리 있어 너무나 커다란, 헤아릴 수 없는 감각의 열쇠. 열기에 들뜬 가장 나이 든 마법사의 보물……

플라테로야, 예전에 이 연못은 내 심장이었단다. 그냥 그렇게 느껴졌지. 외로움에 짓눌린 채 발이 묶인, 화려하며 경이로운 독을 품은 아름다움…… 인간적인 사랑이 거기에 생채기를 내어 둑이 무너져 버리면, 그 물이 다시 맑디맑게 순수해질 때까지 썩은 피가 흘러내렸지. 마치 4월의 들녘, 따스한 황금 햇살 아래 넓게 고여 있는 냇물처럼 말이야.

그러나 때때로 창백한 옛 손길이 옛날 자신의 외로운 초록색 연못으로 데려가고는 해. 그러면 나는 네게 "막연하고 또렷하지 않은"목소리로 읽어 주던, 세니에*1의 목가에 나오는, 일라스가 알시드에게 한 대답처럼 "고통을 달콤하게 하려는"또렷한 부름에 답하듯 또다시 마법에 걸리고는 한단다.

---

*1 앙드레 셰니에(AndréChenier, 1762~1794). 프랑스 시인이며 프랑스 혁명 때 처형됨. 여기에서 언급된 목가시는 그의 《우화와 영웅들》에 나오는 첫 번째 시.

4월의 전원시

아이들은 플라테로를 데리고 검정 버드나무가 있는 시냇가로 갔다. 그리고 지금 그 등에 노란 꽃을 잔뜩 싣고, 장난치고 깔깔대며 플라테로를 데리고 돌아왔다. 저 아래에서 비를 만난 모양이다. ―흐르는 구름은 푸르른 목장을 금실 은실로 감싸고, 무지개가 눈물의 하프처럼 떨렸다. 비에 젖은 방울꽃이 자그마한 당나귀의 축축해진 등 위에서 여전히 물방울을 떨어뜨리고 있다.

싱그럽고 명랑하고 감상적인 전원시! 비에 젖은 향기로운 등짐을 진 플라테로의 울음소리마저 부드러워진다! 이따금 그는 고개를 돌려 커다란 입으로 한 입 가득 꽃을 베어 문다. 하얗고 노란 방울꽃은 초록색으로 물든 군침 사이에서 아주 잠깐 춤추다가 이내 허리띠를 조인 둥근 배 속으로 내려간다. 플라테로, 누가 너처럼 꽃을 먹을 수 있을까…… 배탈도 나지 않고 말이야!

변덕스러운 4월 오후!…… 초롱초롱 빛나는 플라테로의 눈망울에 태양과 비가 왔다가는 모습이 비친다. 서쪽 산후안 들판에서 또 다른 장밋빛 조각구름이 올올이 풀리며 빗줄기를 그리고 있다.

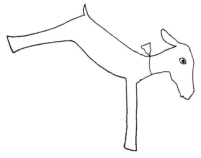

카나리아 날다

어느 날 녹색 카나리아가 어째서인지 어떻게인지 새장에서 탈출했다. 그 늙은 카나리아는 죽은 어느 부인의 서글픈 유품이었다. 나는 카나리아가 굶어죽거나 얼어 죽거나, 고양이에게 물려죽지 않을까 걱정되어 새장에서 꺼낸 적이 없었다.

오전에 카나리아는 과수원의 석류나무 사이와, 문간에 있는 소나무와 라일락나무 주변을 날아다녔다. 아이들도 오전 내내 테라스에 앉아 노르스름한 작은 새가 파드닥거리며 날아다니는 모습을 넋을 잃고 바라보았다. 고삐를 풀어준 플라테로는 장미나무 곁에서 나비와 한가롭게 장난치고 있었다.

오후가 되자 카나리아는 주인집 지붕 밑으로 날아왔다. 그리고 그곳에 오랫동안 앉아 저물어가는 보드라운 햇살을 받으며 날갯짓했다. 갑자기 어째서인지 어떻게인지 아무도 모르는 사이에 카나리아는 기쁜 모습으로 다시 새장 속에 돌아가 있었다.

뜰에서는 야단법석이다! 아이들은 깡충깡충 뛰고 손뼉을 치며, 새벽하늘 빛으로 볼을 물들이고 뛰어다녔다. 산양 디아나도 미친 듯이 기뻐하며 아이들 뒤를 따라 자신의 경쾌한 방울소리에 맞춰 목청을 높였다. 플라테로도 분위기에 휩쓸려 은빛 몸뚱이를 들썩거리며 아기 산양처럼 날뛰고, 뒷발로 서서 서툰 왈츠를 추는가 싶더니 앞발을 대고 뒷발로 밝고 보드라운 공기에 발길질을 해댔다……

악마

갑자기 높이 날아오른 모래먼지 사이로 아주 지저분한 당나귀 한 마리가 거칠고 빠른 걸음으로 마을 변두리에 있는 트라스무로 거리 모퉁이에 나타났다. 바로 뒤에서 아이들이 숨을 헉헉거리며 꾀죄죄한 배를 드러내고 흘러내리는 바지를 추어올리며 당나귀에게 막대기와 돌을 던진다……

그 당나귀는 크고 검고 늙었고 주임사제처럼 비쩍 말랐다. 털이 빠진 몸뚱이 여기저기에 뼈가 앙상하게 튀어나와 있었다. 당나귀는 발을 멈추었다. 그리고 작두콩 같은 누런 이를 드러내며, 늙은 나이에 어울리지 않는 기운찬 목소리로 하늘을 향해 사납게 울어댔다…… 길 잃은 당나귀일까? 저 당나귀가 누군지 아니, 플라테로? 어쩌려는 걸까? 저렇게 거칠고 볼품없는 모양새로 누구에게서 도망쳐 나온 걸까?

그 당나귀를 보자마자 플라테로는 두 귀를 앞으로 모아 뿔처럼 만들었다. 그러고 나서 한쪽 귀만 내리고, 다른 한쪽 귀는 그대로 세운 채 내 쪽으로 다가와 도랑에 숨으려고 하거나 또다시 달아나려고 했다. 그 검은 당나귀가 플라

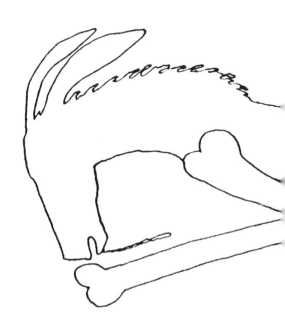

테로 곁으로 스쳐 지나간다. 플라테로에게 몸을 부딪치고 안장을 잡아당기고 냄새를 맡고, 수도원 담장을 바라보며 울음소리를 낸다. 그리고 트라스무로 거리를 달려 내려간다……

……무더운 가운데 이상하게 오한이 드는 순간이었다. —그렇게 느낀 것은 나였을까, 플라테로였을까? —그 한순간 주변이 완전히 바뀌어 버렸다. 마치 태양을 가리는 검은 장막의 서늘한 그림자가 골목길 모퉁이의 한 줌 빛까지도 지워버려 적막함에 숨이 막히는 것처럼…… 이윽고 조금씩, 멀리서 들려오는 소리에 우리는 현실로 다시 돌아왔다. 위쪽 생선시장에서 외치는 소리가 들렸다. 리베라에서 갓 도착한 생선장수들이 광어, 노랑촉수, 게르치, 도미, 거미게가 물이 좋다고 소리치고 있었다. 아침 미사를 알리는 교회 종소리, 방앗간지기의 호루라기 소리……

플라테로는 아직도 떨고 있다. 그리고 이따금 겁에 질려 나를 바라본다. 이유는 모르지만 플라테로도 나도 말없이 떨고 있다……

—플라테로, 아무래도 그 당나귀는 당나귀가 아닌 것 같아……

그러자 플라테로는 말없이 희미한 소리를 내며 다시 한 번 몸을 부르르 떨고 겁먹은 눈으로 도랑을 기분 나쁜 듯이 흘겨보았다.

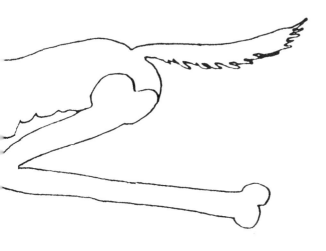

자유

오솔길에 핀 꽃에 정신이 팔려 있던 내 눈앞에 햇살을 담뿍 머금은 작은 새 한 마리가 나타났다. 새는 축축한 목장의 녹색 풀밭 위에서 무언가에 붙잡혀 그 오색찬란한 날개를 끊임없이 파닥거리고 있었다. 내가 앞장서고 플라테로가 바로 뒤따르며 천천히 다가갔다. 그 주변에는 그늘진 약수터가 있는데, 맹랑한 아이들이 새를 잡으려고 그물을 쳐 놓은 것이다. 그물에 걸린 불쌍한 새가 하릴없이 하늘의 형제들을 부르며 고통스럽게 날갯짓하고 있었다.

화창하고 쾌청한, 하늘에 구름 한 점 없는 아침이었다. 근처의 솔숲에서 작은 새들의 흥겹고 경쾌한 음악회 소리가 들렸다. 그 소리는 소나무 꼭대기를 흔드는 부드럽고 푸근한 바닷바람을 타고 가까워졌다가 멀어지면서 끊임없이 떠돌고 있었다. 고약한 음모가 바로 곁에 있는 줄도 모르고 불쌍한 음악회는 계속되었다!

나는 플라테로를 타고 솔숲으로 달려갔다. 둥근 지붕 같은 울창한 소나무 그늘에 도착하자 나는 손뼉을 치며 노래하고 소리 질렀다. 플라테로도 덩달아서 한 번, 또 한 번 세차게 울어댔다. 그러자 메아리가 깊은 우물 밑에서 올라오듯 크게 울리며 되돌아왔다. 새들은 재잘거리며 다른 솔숲으로 날아가 버렸다.

플라테로는 화가 난 아이들의 욕지거리를 멀리서 들으며, 폭신폭신한 커다란 머리를 내 가슴에 비벼대며 갈비뼈를 으스러뜨릴 기세로 고마워했다.

집시들

이것 좀 보렴, 플라테로. 집시들이 햇볕 잘 드는 길 위에서 몸을 길게 펴고 누워 있어. 마치 지쳐버린 개가 꼬리까지 축 늘어뜨리고 있는 것만 같구나.

진흙으로 빚은 듯한 젊은 여자는 진홍색과 녹색 누더기를 풀어헤치고 적동색 피부를 훤히 드러내고는, 냄비 바닥처럼 새카만 손을 쭉 뻗어 마른 풀을 잡아 뜯고 있다. 머리카락이 긴 조그만 계집아이는 검댕으로 벽에 음란한 그림을 그리고 있다. 어린 사내아이는 무어라고 소리 지르면서, 찻잔 속의 분수처럼 자기 배에 오줌을 뿌리고 있다. 사내는 혼자 투덜투덜하면서 텁수룩한 머리털을 빗질하고, 원숭이는 마치 기타를 치듯 제 옆구리를 긁는다.

이따금 사내는 몸뚱이를 일으켜 세워 거리 한가운데로 가서 발코니를 올려다보며 귀찮다는 듯 탬버린을 두드려댔다. 젊은 여인은 사내아이에게 발길질을 당하고 욕설을 들으면서 박자도 맞지 않는 노래를 불렀다. 그리고 자기 몸보다도 무거운 쇠사슬에 묶인 원숭이는 제 역할을 잊은 듯 무턱대고 종을 울려대더니 도랑의 자갈 틈에서 무언가 부드러운 것을 찾기 시작했다.

3시…… 역마차가 누에바 거리 위쪽으로 달려갔다. 뒤에는 태양만 덩그러니.

—플라테로, 저게 아마로 가족의 진솔한 모습이야…… 몸을 벅벅 긁어대는 떡갈나무 같은 사내, 축 늘어진 포도덩굴 같은 여인, 종족의 피를 이어가는 계집아이와 사내아이들, 그리고 평범하게 작고 가녀린 몸으로 가족을 먹여 살리는, 벼룩을 잡고 있는 원숭이 한 마리……

연인

맑은 바닷바람이 불그레한 언덕길을 올라 산꼭대기 목장에 이르러 다정하고 작은 하얀 꽃 사이에서 미소 짓는다. 그리고 바람은 키 작은 솔숲 사이를 지나, 하늘색과 붉은색과 황금색으로 빛나는 거미줄을 흔들어 얇은 돛처럼 부풀린다…… 오후 내내 바닷바람이 불고 있다. 태양과 바람은 사람의 마음을 푸근하게 안정시켜 준다!

플라테로는 신바람이 나서, 경쾌하게, 서둘러 나를 태우고 간다. 나 정도는 조금도 무겁지 않다는 듯이. 우리는 내리막길을 내려가듯 수월하게 언덕을 올라간다. 머나먼 솔숲에서 한 줄기 바다가 반짝반짝 흔들려 마치 섬처럼 보인다. 아래쪽에 있는 푸르른 목장에는 발이 하얀 당나귀 여러 마리가 수풀과 수풀 사이로 뛰어다니고 있다.

무언지 모를 기척이 골짜기에 어린다. 갑자기 플라테로가 두 귀를 쫑긋 세우고 위쪽을 향해 난 콧구멍이 눈에 닿을 만큼 벌름거리며 누런 작두콩 같은 커다란 이빨을 드러냈다. 보아하니 바람에 실려 온, 그리워 가슴이 먹먹해지는 알 수 없는 깊은 향기를 들이마시고 있는 것 같다. 그래. 네 연인이 맞은편 언덕 위에 있었구나. 푸른 하늘을 등에 진 가냘픈 잿빛 연인이. 길고 기분 좋게 울려 퍼지는 두 당나귀의 울음소리가 화창한 오후의 한때를 흩뜨리며 한 쌍의 폭포처럼 흐른다.

나는 가엾은 플라테로의 사랑스러운 본능을 거슬러야 했다. 들판의 아리따운 연인은 플라테로 못지않게 서글픈 눈으로 그가 지나가는 모습을 보고 있다. 그 커다란 검은 눈망울에 플라테로의 모습이 비쳤다…… 본능에 따라 하나로 맺어진 듯 데이지 꽃을 사이에 두고 주고받는 신비롭지만 덧없는 울음소리!

플라테로는 자꾸만 되돌아가려고 하면서 비난하고, 반항하듯 느릿느릿 걸었다.

—너무해, 너무해, 너무해요……

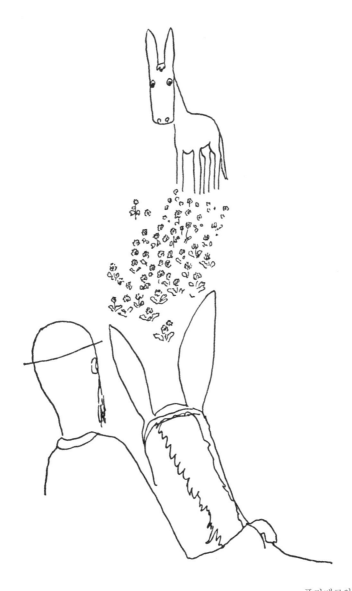

거머리

잠깐만, 플라테로. 그게 뭐지? 어쩌다 그랬어?

플라테로가 입에서 피를 흘리고 있었다. 기침을 하면서, 한 발짝 옮길 때마다 걸음이 느려진다. 어찌 된 일인지 나는 금방 알아챘다. 오늘 아침 피테네 샘을 지날 때 플라테로는 샘에서 물을 마셨다. 플라테로는 언제나 이빨을 꼭 다문 채 가장 깨끗한 물을 골라 마신다. 그런데도 어쩌다보니 그의 혀나 입 안쪽에 거머리가 달라붙어 있는 것이 틀림없었다.

—어디 좀 보자꾸나……

나는 아몬드 밭에서 내려오는 농기구 수리공 라포소에게 도움을 청했다. 그리고 둘이 함께 플라테로의 입을 벌리려고 했다. 하지만 플라테로의 입은 로마 콘크리트로 단단히 붙여놓은 것 같았다. 딱하게도, 불쌍한 플라테로는 생각만큼 똑똑하지 않았다…… 라포소는 굵은 막대기를 집어 들어 네 쪽으로 가르더니 그 하나를 플라테로의 위턱과 아래턱 사이에 끼워 넣으려고 했다…… 하지만 좀처럼 쉽지 않았다. 플라테로는 머리를 하늘 높이 쳐들고 뒷발로 일어서더니 몸을 빙글 돌려 달아나 버렸다…… 틈을 노려 막대기를 플라테로의 입 옆으로 밀어 넣었다. 라포소는 플라테로의 등에 올라타서 막대기를 뱉어내지 못하도록 두 손으로 막대기 양 끝을 잡고 뒤로 잡아당겼다.

그럼 그렇지, 저 안쪽에 새카맣게 부풀어 오른 거머리가 있다. 나는 가느다란 나뭇가지 두 개를 가위 모양으로 잡고 거머리를 집어냈다…… 마치 붉은 흙을 채운 주머니 같기도 하고 적포도주를 담은 가죽주머니 같기도 하다. 햇빛에 비춰 보니 붉은 천을 보고 흥분한 칠면조의 늘어진 살처럼 보이기도 한다. 당나귀 피를 더는 빨지 못하도록 거머리를 찢어서 냇물에 집어던지자 작은 소용돌이를 일으키는 물거품이 플라테로의 피로 순간 새빨갛게 물들었다……

세 할머니

이 위쪽으로 올라오렴, 플라테로. 자, 저 가엾은 할머니들에게 길을 비켜 드리자……

할머니들은 바닷가나 산골에서 오신 듯하구나. 봐, 한 사람이 장님이라 다른 둘이 팔을 부축하고 있잖니. 의사 돈 루이스를 찾아가거나 아니면 병원으로 진찰을 받으러 가는 길일 거야…… 보렴, 정말 조심조심 걷고 있어. 눈이 보이는 두 사람의 움직임이 참으로 조심스럽고 신중하구나. 세 할머니 다 걸어가는 도중에 혹시 죽진 않을까 두려워하고 있는 것 같아. 좀 봐, 플라테로, 마치 허공을 누르듯 두 손을 앞으로 쭉 뻗고, 상상할 수 있는 모든 위험은 물론 아주 가벼운 꽃잎조차도 우스꽝스러울 만큼 신중하게 떨쳐내려고 하잖아?

정신 차려요, 그러다 고꾸라지겠수…… 걸으면서 나누는 상스러운 말을 들어봐. 집시 할머니들인가 봐. 누덕누덕하고 구겨진 화려한 옷을 좀 봐. 숄도 걸치지 않았고, 나이가 들었는데도 날씬하고 꼿꼿한 몸을 봐. 한낮의 태양과 먼지 때문에 시커먼 땀을 흘려 지저분하긴 하지만, 그래도 괴롭고 힘든 기억처럼 조잡한 아름다움이 어렴풋이 남아 있구나……

세 할머니를 좀 보렴, 플라테로. 타오르는 태양의 생생한 온기를 받아 노란 엉겅퀴 꽃을 피운 이 봄 날씨에 푹 안겨, 저 할머니들은 저토록 용기 있게 늙어서도 인생을 살고 있어!

짐수레

비 때문에 시냇물이 크게 불어나 포도밭 쪽으로까지 넘쳐흘렀다. 플라테로와 나는 낡은 짐수레 한 대가 풀과 오렌지를 싣고 꼼짝없이 갇혀 발만 동동 구르고 있는 것을 보았다. 누더기를 걸치고 흙탕물을 뒤집어쓴 계집아이가 수레 옆에서 울고 있었다. 계집아이는 그 가냘픈 가슴으로 수레를 밀며, 플라테로보다도 작고, 세상에, 플라테로보다도 깡마른 당나귀를 도우려고 했다. 당나귀는 맞바람 때문에 신경이 곤두서 있었다. 그리고 계집아이의 울음 섞인 호령에 맞춰 짐수레를 진창에서 빼내려고 했지만 소용이 없었다. 이 당나귀의 노력은, 고작해야 용감한 사내아이들의 노력처럼, 꽃밭에서 힘을 잃고 스러지는 기진맥진한 여름 실바람처럼 부질없었다.

나는 플라테로를 한 번 다독여주고, 가여운 당나귀 앞쪽에서 플라테로를 짐수레에 단단히 맸다. 그리고 다정하게 명령했다. 플라테로는 단숨에 짐수레와 당나귀를 진창에서 끌어내어 둑 위에 올려놓았다.

계집아이 얼굴에 떠오른 환한 웃음! 마치 오후의 태양이 비구름에 가려지면서 노란 수정이 되어 부서졌다가 때 묻은 눈물 뒤에 다시 붉은 빛을 밝히는 것만 같았다.

계집아이는 기쁨의 눈물을 글썽이며 크고 묵직하고 동그란 오렌지를 두 개 골라 나에게 주었다. 나는 기꺼이 그 오렌지를 받아서 하나를 따뜻하게 위로하는 뜻에서 연약한 당나귀에게 주고, 또 하나는 포상으로 플라테로에게 주었다.

빵

언젠가, 모게르 마을의 심장은 포도밭이라고 말한 적이 있지? 플라테로. 그런데 아니야. 모게르의 심장은 빵이었어. 모게르는 밀가루로 만든 빵과 같아. 안쪽은 빵 속살처럼 희고, 바깥쪽은 부드러운 빵 껍질처럼 금빛으로 빛나지.
—아, 볕에 그을린 건강한 구릿빛!—

태양이 뜨겁게 타오르는 한낮, 온 마을에서 연기가 피어오르고 소나무와 빵 굽는 냄새가 퍼지기 시작해. 온 마을이 입을 벌리지. 마치 커다란 빵을 먹는 커다란 입 같아. 빵은 무엇과도 잘 어울려. 올리브유, 가스파초(토마토냉수프)도, 치즈와도 잘 어울리고, 포도를 먹을 때는 작은 열매와의 입맞춤을 더욱 달콤하게 하고, 고기 국물, 햄, 포도주와 먹어도 좋고, 빵에 다른 빵을 곁들여도 훌륭하지. 게다가 희망이 그렇듯 빵만 먹어도 맛있고, 공상과 함께 먹어도 맛있단다……

빵집은 말을 타고 한달음에 달려온다. 반쯤 닫힌 집들의 문 앞에 멈춰 서서 손뼉을 치며 소리 지르지. "빵 사세요—!" 소매를 걷어붙인 팔이 높이 들어 올린 바구니 안에 네 조각으로 자른 빵이 떨어지면 달콤한 빵과 부딪치면서 둔탁하고 부드러운 소리가 나. 큼직한 빵이 소라빵과 부딪치는 소리도……

그러면 가난한 아이들은 곧장 쇠창살문의 초인종을 누르거나 대문을 두드리며 집 안을 향해 하염없이 구슬프게 외친다.

—빵 사세요, 조금만 사주세요!

빛의 여신

오늘은 참 아름답구나, 플라테로! 이리 오렴…… 오늘 아침에는 마카리아가 무척 공들여 닦아주었는걸! 너의 하얀 털과 검은 털 모두 비온 뒤의 한낮이나 밤처럼 반짝반짝 빛나며 돋보이는구나. 정말 아름다워, 플라테로!

플라테로는 내 눈길이 부끄러운 듯, 목욕을 마치고 아직 젖은 채 내가 있는 곳으로 천천히 걸어왔다. 너무나 깨끗해 마치 알몸의 처녀 같다. 얼굴은 새벽처럼 화사하고, 커다란 눈망울은 빛의 여신 아글라이아가 정열과 광택을 심어준 것처럼 생기 있게 빛난다.

나는 플라테로에게 그렇게 말해 주었다. 그리고 갑자기 참을 수 없이 사랑스러워 플라테로의 머리를 부여잡고 가볍게 누르듯 감싸 안으며 간지럼을 태웠다…… 플라테로는 눈을 내리깔고 귀로 살짝 막으면서도 내 손길을 거부하지 않는다. 그러더니 어느새 장난꾸러기 강아지처럼 조르르 빠져나가 몇 걸음 달리더니 딱 멈춰 선다.

—너는 어쩜 그리 예쁘니, 플라테로! 나는 또 한 번 말한다.

그러자 플라테로는 새 옷을 입은 가난한 집 아이처럼 주뼛거리며 달음질한다. 귀를 쫑긋거리며 기쁜 마음을 나타내고, 달아나면서 나에게 말을 걸거나 나를 보곤 한다. 그리고 마구간 입구에서 빨간 방울꽃 먹는 시늉을 하며 멈춰 선다.

축복과 아름다움을 내리는 여신 아글라이아가 잎사귀와 배와 참새의 삼중관을 쓴 배나무에 기대어 투명한 아침 햇살 속에 보일 듯 말 듯 숨어서, 흐뭇하게 그 광경을 바라보고 있다.

코로나 소나무

　내가 어디에서 걸음을 멈추든 나에게는 그곳이 코로나 소나무 밑이란다, 플라테로. 내 발길이 닿는 곳 어디건―도시이건, 우정이건, 영광이건―하얀 구름이 둥실 떠 있는 드넓은 푸른 하늘 아래 가지를 활짝 벌린, 그 풍성한 초록 나무 밑과 같단다. 나에게 그 나무는 괴로운 꿈의 거친 바다에 떠 있는 환하고 둥근 등대야. 강어귀에 폭풍우가 휘몰아칠 때 모게르의 뱃사람들에게도 그러했던 것처럼. 그 나무는 각설이들이 산루카르로 갈 때 지나는 그 불그스름하고 험한 언덕길 위에 우뚝 서서, 내가 고뇌에 사로잡혀 있어도 흔들림 없는 봉우리를 보여주었지.

그 추억의 나무 밑에서 한숨 돌리면 얼마나 큰 힘이 솟아나던지! 그 나무는 나와 더불어 성장했고, 끊임없이 커간 유일한 존재야. 폭풍우에 부러지고 휘어진 저 가지가 잘려나갔을 때는 꼭 내 손발이 잘려나간 느낌이었어. 그리고 간혹 내가 난데없는 고통에 시달리면 코로나 소나무도 같은 아픔을 느끼는 것만 같았단다.

'위대하다'는 말은 그 나무에 딱 어울리는 말이야—마치 바다와 하늘과 그리고 내 사랑에도 꼭 들어맞는 것처럼. 그 나무그늘에서 사람들은 대대로 몇 세기 동안 구름을 바라보며 한숨을 돌렸지. 그들이 바다 위에서, 하늘 아래에서, 내 마음의 고향에서 쉬어 갔듯이. 내 사상이 흔들리거나, 엉뚱한 상상만 떠오르거나, 또는 저 멀리 신기루가 보일 때면 언제나, 코로나 소나무가 영원한 거상(巨像)처럼 더욱 무성하고 더욱 거대한 모습으로 방황하는 내 앞에 나타난단다. 그곳이야말로 인생을 여행하는 내가 마지막으로 다다를 진실한 영원의 땅이고, 그곳에서도 평온하게 쉬라며 나를 부르지.

다르봉 씨

플라테로의 주치의 다르봉 씨는 얼룩소처럼 몸집이 크고 수박처럼 붉다. 체중은 11아로바(126킬로그램)나 나간다. 나이는 그가 셈하기로는 60세라고 한다.

말할 때는 낡은 피아노처럼 음조가 단조롭다. 이따금 말 대신 공기가 새어나오기도 한다. 이런 실수를 하면 그는 고개를 떨구고, 과장스럽게 손뼉을 치고, 풀이 죽고, 헛기침을 큼큼 하고, 손수건에 가래침을 뱉으며 마무리를 한다. 저녁 식사 전에 열리는 유쾌한 음악회와 같다.

다르봉 씨에게는 앞니도 어금니도 남아 있지 않다. 먹을 수 있는 것이라곤 고작해야 빵 속살뿐인데, 그나마도 먹기 전에 먼저 손으로 부드럽게 주무른다. 그러고는 경단처럼 둥글게 뭉쳐 새빨간 입(!) 안으로 쏙 던져 넣는다. 그리고 한 시간이나 입 안에 넣고 우물거린다. 경단을 한 알, 또 한 알. 다르봉 씨가 잇몸으로 씹으면 턱이 딱 달라붙어 코에까지 닿을 듯하다.

다르봉 씨는 얼룩소처럼 몸집이 크다고 말했다. 그가 문간에 서 있으면 집 안이 가려 보이지 않는다. 하지만 플라테로를 보면 금세 어린아이처럼 상냥해진다. 꽃이나 작은 새를 보면 입을 크게 벌리며 이내 함박웃음을 터뜨린다. 스스로 속도와 길이를 조절하지 못할 만큼 크고 끝이 없는 웃음. 그러나 그 웃음은 언제나 눈물로 끝난다. 그러고는 조용히, 오래된 묘지 쪽을 물끄러미 바라본다.

—우리 딸, 불쌍한 우리 딸내미……

아이와 물

크고 먼지 자욱한 광장은 작열하는 뙤약볕에 바싹 말라서 아무리 조심조심 걸어도 하얀 모래먼지가 눈썹까지 내려앉는다. 분수 옆에서는 한 아이가 무심한 듯 즐겁게 물과 마음을 나누고 있다. 그곳에는 나무 한 그루 없지만 사람들의 마음속은 그곳으로 다가갈수록 한 낱말로 가득 차고, 눈으로는 짙푸른 하늘에 그려진 커다란 빛의 글자를 읽는다—'오아시스'

아직 아침인데도 벌써 한낮의 불볕더위가 극성을 부린다. 산프란시스코 광장의 매미가 올리브 나무에서 톱질하는 소리를 내고 있다. 아이의 머리 위로 뜨거운 햇볕이 이글이글 쏟아지지만 아이는 물에 정신이 팔려 알아채지 못한다. 바닥에 배를 깔고 흐르는 물속에 한 손을 집어넣는다. 손바닥을 간질이는 시원한 물은 부드러운 궁전을 만들며 너울거리고, 아이의 검은 눈동자가 황홀하게 그 모습을 쫓는다. 아이는 혼잣말을 하고, 코를 훌쩍이며, 다른 손으로 누더기 사이 여기저기를 긁적거린다. 언제나 같으면서도 순간순간 새로워지는 물의 궁전도 이따금 흔들린다. 이윽고 아이는 자신이 붙잡은 아름다운 형상이 피의 고동에 흔들려 무너지지 않도록, 손을 더욱 깊숙이 담그고 숨을 죽이며 가만히 자신을 억누른다. 살짝만 움직여도 순식간에 다른 그림으로 바뀌는 만화경처럼, 물은 조금만 움직여도 이내 모양을 바꾸어버리기 때문이다.

—플라테로, 내가 하는 말을 네가 이해할지 모르겠다만, 그 아이의 손 안에 내 마음이 깃들어 있단다.

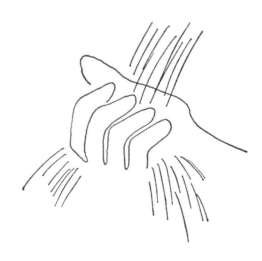

우정

우리는 서로를 너무나 잘 이해한다. 나는 플라테로를 그가 좋아하는 곳으로 데리고 간다. 그러면 플라테로는 언제나 내가 좋아하는 곳으로 나를 데리고 간다.

플라테로는 알고 있다. 코로나 소나무 밑에 이르면 내가 나무로 다가가 줄기를 쓰다듬으며 그 커다랗고 환한 나뭇잎 사이로 하늘 올려다보기를 좋아한다는 것을. 잔디밭을 가로질러 오래된 샘물로 향하는 오솔길이 내 마음을 기쁘게 한다는 것도. 또한 머나먼 옛 경치가 떠오르는 높은 솔숲 언덕 위에서 강을 내려다보는 일이 나의 즐거움이라는 사실도. 내가 플라테로의 등 위에서 기분 좋게 졸고 있어도 눈을 뜨면 반드시 이처럼 기분 좋은 광경이 펼쳐진다.

나는 플라테로를 어린아이 돌보듯 한다. 길이 험하거나 조금이라도 지친 기색을 보이면 나는 내려서 그를 편하게 해준다. 나는 그에게 입을 맞추기도 하고, 놀리기도 하고, 부러 화를 돋우기도 한다…… 그러나 플라테로는 내 사랑을 잘 알고 있기 때문에 나를 원망하지 않는다. 그는 나와 너무도 꼭 닮았고 다른 당나귀들과는 너무도 달라서, 나와 똑같은 꿈을 꾼다고까지 믿게 되었다.

플라테로는 정열적인 젊은 처녀처럼 나에게 순종한다. 아무런 불평도 없다. 그의 행복이 내 손에 있음을 나는 알고 있다. 그는 다른 당나귀와 사람들을 피할 정도이다……

자장가 부르는 아이

동전처럼 사랑스럽고 지저분한 숯장수 집 딸. 반짝이는 새카만 눈동자와 검댕 사이에서 피가 뿜어져 나올 듯이 거무스름한 입술. 소녀는 오두막 입구에서 기왓장 위에 걸터앉아 어린 동생을 재우고 있다.

타오르듯, 환한 5월의 한때가 태양을 감싸 안고 흔들린다. 눈부신 평온함. 밭에서 솥단지가 펄펄 끓는 소리가 들리고, 카바요스의 목장에서 동물 울음소리가 들리고, 무성한 유칼리나무 이파리에서 바닷바람이 웃으며 속삭이는 소리가 들린다.

달콤하게, 마음을 담아 숯장수 집 딸이 노래한다.

우리 아기…… 자장자장……

성모 마리아님 품에서……

노래가 끊긴다. 나무 꼭대기에 바람이 분다……

우리 아기…… 잘도 자면……

자장자장 노래도 잠이 드네……

바람이 살랑살랑…… 불붙은 듯한 소나무 사이를 조심스럽게 걷던 플라테로가 조금씩 가까이 다가온다……그러고는 시커먼 땅 위에 풀썩 엎드리더니, 이윽고 나른한 자장가 소리에 이끌려 아이처럼 새근새근 단잠에 빠진다.

뒤란의 나무

　이 나무는 말이야, 플라테로, 이 아카시아 나무는 내가 직접 심었단다. 불타는 듯한 초록빛 나무는 봄이 올 때마다 무럭무럭 자라났지. 그리고 지금도 저녁놀에 물든 무성하고 의젓한 이파리로 우리를 감싸고 있어. 지금은 아무도 살지 않는 이 집에 내가 살던 무렵, 이 나무는 내 시의 가장 깊은 원천이었단다. 가지마다 4월이면 에메랄드빛으로, 10월이면 황금빛으로 옷을 갈아입었지. 그 모습을 슬쩍 보기만 해도 뮤즈의 순결한 손길처럼 내 이마가 개운해졌어. 그 시절에는 얼마나 온화하고, 얼마나 연약하고, 얼마나 사랑스러웠는지 몰라!

　그런데 플라테로, 지금은 영락없이 뒤뜰의 여장부야. 그 기품은 어디로 사라진 걸까! 날 기억하긴 할까? 내 눈에는 전혀 다른 나무처럼 보이는데. 내가 까맣게 잊고 지내는 사이에 내 감정과 바람과는 상관없이 1년 또 1년, 봄이 제멋대로 그 나무를 키워왔어.

　내가 심은 나무인데 이제는 나에게 아무런 말도 건네지 않아. 어느 나무든 우리가 처음 접한 나무는 우리 마음을 감동시켜주기 마련인데 말이야, 플라테로. 이 나무는 우리가 이토록 사랑하고 이토록 잘 알고 있는데, 다시 만나도 아무 말도 해주지 않는구나. 슬퍼, 플라테로. 하지만 더 얘기한들 무슨 소용이 있겠니. 이 아카시아 나무와 석양이 어우러져도 이제는 내 시정을 이끌어내지 못하는데. 저 낭창낭창한 가지도 내 시를 불러내지 못하고, 나뭇잎이 머금고 있는 빛도 사색을 불러일으키지 못하는 것을. 음악적이고 신선하고 향기로운 고요가 그리워 일상에서 빠져나와 몇 번이나 와 봤지만, 지금, 여기서 나는 안정을 찾을 수가 없어. 한기가 드는구나. 클럽과 약국과 극장에서 빠져나가고 싶어질 때처럼, 지금 나는 이곳에서 어서 벗어나고 싶어, 플라테로.

로시오 축제

플라테로. —나는 플라테로를 불렀다—자, 축제 마차를 기다리자꾸나. 마차가 머나먼 도냐나 숲의 술렁임과 아니마스 솔숲의 신비와, 마드레스와 프레노스의 싱그러움과, 로시나의 향기를 실어올 거야……

나는 플라테로가 푸엔테 거리의 아가씨들에게 다가갈 수 있도록 늠름하고 멋있게 꾸며 데리고 나갔다. 거리에는 저녁해가 새하얗고 나지막한 처마 밑에 걸려 엷은 장밋빛 띠를 그리며 우물쭈물 저물어가고 있다. 이윽고 우리는 야노스 거리가 한눈에 바라보이는 오르네스 씨네 울타리 근처에 도착했다.

마차가 벌써 언덕을 올라오고 있었다. 짙은 보랏빛 구름이 로시오스의 농장을 지나가면서 초록빛 포도밭에 보슬보슬 이슬비를 뿌렸다. 그러나 사람들은 아무도 비에 눈길조차 주지 않았다.

먼저 쾌활한 연인들이 모로코풍으로 치장하고, 갈기를 묶은 나귀와 노새와 말을 타고 쌍쌍이 지나갔다. 명랑한 젊은이들과 용감한 처녀들. 활기 넘치는 사람들은 우르르 몰려다니며 쉬지 않고 의미도 없이 와글거렸다. 취객들을 태운

마차가 요란한 소리를 내면서 난폭하게 달려갔다. 이어서 침대처럼 하얀 천을 덮은 마차 몇 대가 다가오자, 화려하게 차려입은 가무스름한 처녀들이 천막 아래 앉아 탬버린을 두드리며 세비야나스를 소리 높이 불렀다. 그 뒤로 말과 당나귀들의 행렬…… 그리고 제례를 주관하는 집사—

—로시오의 성모님 만세! 만세!

대머리에 얼굴이 붉고 말라깽이인 집사는 챙이 넓은 모자를 등 뒤에 두르고, 금 지휘봉을 등자에 걸었다. 마지막으로 커다란 얼룩소 두 마리가, 비에 젖은 해를 담아 눈부시게 빛나는 거울과 화려한 장식이 달린 가죽 끈을 머리에 두르고, 주교들처럼 천천히 수레를 끌며 나타났다. 그 하얀 수레는 시든 꽃밭처럼 꽃으로 잔뜩 장식되어 있으며, 자수정과 은으로 만든 '죄 없는 예수'상이 소의 고르지 못한 발걸음에 맞추어 고개를 까딱이고 있다.

종소리와 검은 폭죽 사이로 음악이 띄엄띄엄 들려온다. 그리고 발굽의 편자가 보도를 울리는 단호한 소리도……

그러자 플라테로가 다리를 구부려 다소곳하게 무릎 꿇었다. —플라테로다운 유연한 몸놀림으로!— 다정하고 온순하고 믿음직스럽게.

폐를 앓는 소녀

소녀는 시들시들한 수선화처럼 창백하고 생기 없는 얼굴로, 하얀 벽으로 둘러싸인 싸늘한 침실 한가운데에 있는 초라한 의자에 꼿꼿이 앉아 있다. 의사는 소녀에게 들판에 나가 쌀랑한 5월 햇살을 쬐라고 말했다. 하지만 딱하게도 소녀는 그러지 못했다.

—다리…… 저렇게 가까운 다리까지만 가도…… 너무 숨이 차요.— 나에게 말했다.

어린아이처럼 가느다랗고 뚝뚝 끊어지는 목소리가 이따금 불어오는 여름 산들바람처럼 살짝 스치고는 사라졌다.

나는 플라테로와 함께 가벼운 산책을 하자고 말했다. 플라테로의 등에 올라탄 소녀의, 새카만 눈동자와 하얀 이밖에 보이지 않는 죽은 사람 같이 앙상한 얼굴에 떠오른 그 미소란!

아낙들이 문 앞으로 나와 우리가 지나가는 모습을 지켜보았다. 플라테로는 쉬 부서지는 가냘픈 유리 붓꽃을 등에 태우고 있다는 사실을 아는 듯 천천히 걸었다. 몬테마요르 성모 같은 새하얀 옷에 붉은색 허리끈을 두르고, 열과 희망에 들떠 몰라보게 달라진 소녀의 모습은 마을을 가로질러 남쪽 하늘로 떠나는 천사와 같았다.

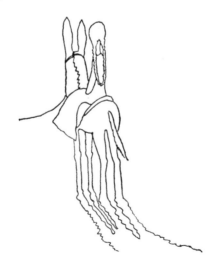

롱사르*1

고삐에서 풀려난 플라테로는 작은 목장의 청순한 데이지 꽃 사이에서 풀을 뜯고 있다. 나는 소나무 아래에 누워, 모로코풍 가죽주머니에서 작은 책을 꺼내 표시해 둔 곳을 펼쳐 들고 큰 소리로 읽었다.

아리따운 청춘의 장미
5월 가지에 첫 꽃봉오리 피울 제
하늘은 그리움에 사무치누나……

저 위쪽의 가지에서 작은 새 한 마리가 경쾌하게 날며 노래한다. 태양이 그 작은 새와 바람결에 나부끼는 초록 이파리를 금빛으로 물들인다. 새가 씨앗을 쫄 때마다, 씨앗 쪼개지는 소리가 날갯짓소리와 재재거리는 소리에 섞여 들려온다.

……그 고운 빛깔을 그리워하며……

큼지막하고 뜻뜻미지근한 것이 난데없이 살아있는 뱃머리처럼 내 어깨에 툭 걸쳐졌다. 플라테로였다. 오르페우스*2의 하프 소리에 이끌려 나와 함께 책을 읽으러 온 것이다. 우리는 함께 책을 읽었다.

……고운 빛깔
새벽 광채가 이슬에 함초롬히 젖을 때……

그러나 어지간히 소화가 빠른 새가, 부지런히 쪼아대는 부리 소리로 그 말을 지워 버린다.

롱사르는 "나의 쾌활한 연인을 꿈꾸며, 나는 그녀를 안았네"라는 자신의 소네트도 한순간 잊고, 지하에서 웃음을 터뜨렸으리라……

---

*1 16세기의 대표적인 프랑스 시인(1524~1585).
*2 오르페우스는 아내의 죽음을 슬퍼하여 저승까지 찾아 간, 그리스 신화에 나오는 전설적인 악사이다.

만화경 아저씨

느닷없이, 북치는 성마른 소리가 거리의 정적을 깬다. 그리고 걸걸한 목소리가 헐떡거리며 길게 떨린다. 거리 아래쪽에서 달려오는 발소리가 들린다······ 아이들이 소리친다.

—만화경 아저씨다! 만화경! 만화경!

거리 모퉁이에, 붉은 깃발 네 개를 꽂은 작은 녹색 상자가 접의자 위에서 렌즈를 태양에 맞춰 놓고 기다리고 있다. 노인은 계속해서 북을 두드린다. 돈 없는 아이들이 주머니에 손을 넣거나 뒷짐을 지고 말없이 상자를 둘러싼다. 조금 있으니 다른 아이가 손바닥에 동전을 쥐고 달려온다. 아이는 돈을 내고 렌즈에 눈을 댄다······

—자, 보인다, 보인다······ 프림 장군이 보인다······ 백마를 탄 프림 장군!

타지에서 온 노인이 지친 목소리로 말한다. 그리고 다시 북을 두드린다.

—바르셀로나······ 항구······! —또다시 북 소리.

다른 아이들도 돈을 들고 달려와 곧장 노인에게 내민다. 그리고 환상을 사려고 눈에 불을 켜고 잡아먹을 기세로 바라본다. 노인은 말한다.

—자, 다음은······아바나 성······! —또다시 북을 친다.

만화경을 보려고 앞집 소녀와 개와 함께 온 플라테로가 장난치면서 아이들 틈을 뚫고 그 커다란 머리를 들이민다. 노인은 갑자기 기분이 좋아져서 말했다. 자, 돈부터 내거라!

그러자 돈 없는 아이들은 애써 까르르 웃음을 터뜨리며 간절하게 노인을 바라보는 것이었다.

길가의 꽃

플라테로, 길가에 핀 이 꽃은 참으로 순결하고 참으로 아름답구나! 그 꽃 곁으로 온갖 무리가 지나간다. —소, 산양, 망아지, 사람들…… 하지만 연보랏빛 꽃은 그토록 연약하고 가냘픈데 어떠한 더러움에도 물들지 않고 제자리에서 꼿꼿하고 순결하게 서 있다.

날마다, 우리가 언덕 오르막길에서 지름길로 접어들 때마다 그 꽃이 초록빛 제자리에 있는 것을 너는 바라보았지. 그 곁에 작은 새도 한 마리 있어. 우리가 다가가면 어째선지 날아가 버리지. 그리고 작은 술잔처럼, 그 꽃에는 여름 구름을 담은 맑은 물이 흘러넘치는구나. 꿀벌이 꿀을 훔치거나 나비가 그 곁을 날아다니는 것도 꽃은 허락한단다.

그 꽃은 며칠밖에 살지 못할 거야, 플라테로. 하지만 그 기억은 영원히 남을 거란다. 그 목숨은 너의 봄날 하루, 내 인생의 한 봄과 같아…… 플라테로, 이 신성한 꽃 대신, 나날이 우리 생활에 순결하고 바닥나지 않는 양식을 주는 꽃을, 가을에는 찾아볼 수 없을 거야.

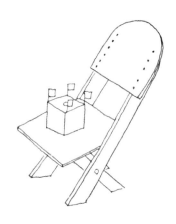

로드

플라테로, 너는 사진을 볼 줄 아니? 언젠가 내가 시골 사람들에게 사진을 보여주었는데, 그들은 아무것도 볼 줄 모르더구나. 봐, 플라테로, 이게 로드야. 전에 너한테도 얘기했던 작은 폭스테리어 개란다. 자, 보렴. 대리석이 깔린 안뜰에 방석을 깔고 앉아, 제라늄 화분 사이에서 겨울 햇볕을 쬐고 있어. 알아보겠니?

가엾은 로드! 내가 세비야에서 그림을 그리던 시절에 그곳에서 태어났단다. 하얀 개였어. 햇빛을 담뿍 받으면 색깔이 전혀 없는 것처럼 보였단다. 마치 귀부인 넓적다리처럼 투실하고, 수도꼭지에서 물줄기가 쏟아져 나오듯 솔직하고 드셌지. 몸 여기저기에 나비가 내려앉은 듯한 검은 반점이 있었어. 반짝이는 두 눈은 고귀함이 어린 작고 끝없는 푸른 하늘이었단다. 그 눈은 광기를 머금고 있었어. 이따금 이유도 없이 대리석 안뜰의 백합 사이를 어지러이 뛰어다니곤 했지. 이 백합은 5월이면 햇빛을 받은 채광창 색유리 덕분에 카밀로가 그린 비

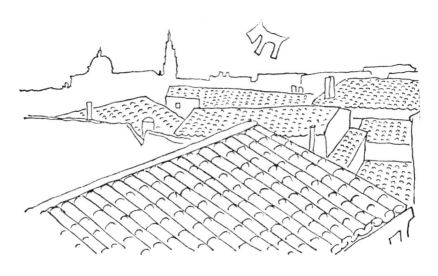

둘기처럼 푸른빛 노란빛으로 색색이 물들었단다…… 또 때로는 옥상으로 기어 올라가 흰털발제비 둥지를 덮쳐 소란을 일으키기도 했어. 마카리아가 아침마 다 비누로 목욕시켜주었기 때문에, 로드는 푸른 하늘을 등에 업은 옥상의 새 하얀 가장자리처럼 언제나 눈부시게 빛났단다, 플라테로.

아버지가 돌아가셨을 때 로드는 밤새도록 뜬눈으로 관을 지켰어. 어느 날 어머니가 병에 걸리자 로드는 침대 발치에 누워 한 달 동안 아무것도 먹지 않 고 아무것도 마시지 않았단다…… 어느 날, 로드가 미친개에게 물렸다는 소식 이 우리 집으로 날아왔어…… 로드를 성의 포도주 창고로 데려가 그곳에 있는 오렌지나무에 묶어두고 사람들에게서 떼어놓아야 했지.

로드가 끌려가면서 좁은 골목길에 남겨두고 간 그 눈빛은 그날 이후로 언제 나 내 가슴에 가시처럼 박혀 있단다, 플라테로. 마치 저 스러져가는 별빛이 참 을 수 없는 슬픔을, 빛이 사라진 뒤에도 남겨두고 가는 것처럼…… 끌려가는 개의 고통이 내 심장을 찌를 때마다 로드가 영원히 남겨둔 그 눈빛이 고뇌의 발자국처럼 내 앞에 나타난단다. 삶에서 영원으로 이어지는 오솔길—저 시냇 물에서 코로나 소나무에 이르는 길처럼 길게, 언제까지나.

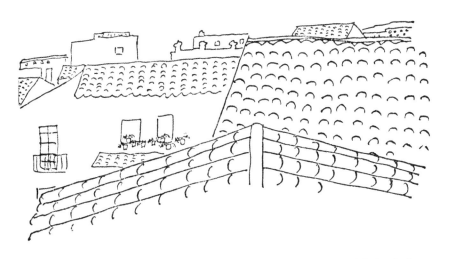

우물

우물!…… 플라테로, 이 얼마나 심오한 낱말이니! 스산하게 울려 퍼지는 짙은 녹색의 이 낱말! 말 자체가 빙글빙글 돌면서 검은 흙을 파내려가 차가운 물에 닿을 것만 같구나.

보렴, 무화과나무는 우물을 장식하려고 심었는데 갓돌을 부수어 버렸어. 안쪽의 손이 닿을락말락한 곳에는 향기 짙은 푸른 꽃이, 녹색 이끼로 뒤덮인 벽돌 사이에서 고개를 내밀고 있지. 그 아래에는 제비 둥지가 있단다. 그리고 어두운 지하도가 이어지고, 그 안쪽에 에메랄드 궁전과 호수가 있어. 그 정적 속으로 돌멩이를 던지면 호수가 불같이 화를 내며 으르렁거린단다. 그리고 가장 안쪽에는 하늘이 있어.

(밤이 되면 달은 변덕스러운 별빛을 두르고 아득히 깊은 곳에서 타오른다. 고요! 길을 따라 생명이 멀어져간다. 영혼이 우물 깊은 곳으로 달아난다. 우물을 통해 황혼의 또다른 모습이 보인다. 세상의 모든 비밀을 지배하는 밤의 거인이 우물 입구에서 튀어나올 것만 같다. 아, 고요하고 신비로운 미궁, 어두컴컴하고 향기로운 뜰, 마음을 사로잡는 방!)

―있잖니, 플라테로. 어느 날 내가 이 우물에 몸을 던지더라도 자살하려고 그러는 건 아니야. 조금이라도 빨리 별을 따기 위해서란다.

목이 마른 플라테로가 숨을 할딱거리며 울음소리를 낸다. 우물 안에 있던 제비 한 마리가 화들짝 놀라 소리도 없이 날아오른다.

살구

　살 골목은 새하얀 석회 벽과 태양과 푸른 하늘에 물들어 보랏빛이다. 끊임 없이 불어대는 바닷바람을 맞아 남쪽의 칠이 거무스름하게 벗겨진 교회 탑에 서 끝나는 그 좁고 짧은 골목길에서, 사내아이와 당나귀가 느릿느릿 걸어온다. 아무렇게나 뒤집어쓴 챙이 넓은 모자보다도 키가 작고 난쟁이처럼 땅딸막한 그 아이는 환상의 산이라도 거니는 기분으로 촌스러운 노래를 차례차례 불러 댔다.

　　……죽도록 고생해서어……

　　마누라를 얻었지이……

　살구를 가득 싣고 오느라 조금 지친 당나귀는 고삐를 풀어주자 골목길에 돋 아난 얼마 안 되는 지저분한 풀을 뜯는다. 이따금 아이는 정신을 차린 듯 갑자 기 걸음을 멈춘다. 그리고 진흙투성이 맨발을 넓게 벌려 힘껏 땅을 디디고는, 손을 입에 대고 목소리를 굵고 투박하게 만들어 소리친다. 그러나 살구를 '구 우우' 하고 길게 빼는 말투에 앳된 면이 남아 있다.

　—살구우우 사려—!

　그러고는 디아스 신부님의 입버릇처럼, 살구 파는 일에는 눈곱만큼도 관심 이 없다는 듯이 다시 짐시 노래를 흥얼거렸다.

……나는 너를 탓하지 않아

　　탓하지 않을 거야……

그리고 아무 이유도 없이 나무막대기로 돌을 두드려댄다.

갓 구운 빵과 소나무 타는 냄새가 난다. 실바람이 골목길을 살짝 뒤흔든다. 큰 종이 3시를 알리고, 뒤이어 작은 종이 부드럽게 울려 퍼진다. 이윽고, 마을 위쪽으로 향하는 역마차의 시끌벅적한 나팔소리와 방울소리가 잠들어 있는 마을의 정적을 깨우는가 싶더니, 축제를 알리는 종소리가 힘차게 울려 퍼지며 그 소리를 지워 버린다. 그러자 향기롭고 반짝반짝 빛나는 투명한 공기가 일렁이며 집 지붕들이 환상의 바다가 된다. 고독한 빛 속에서 단조로운 파도소리만 철썩이는, 아무도 없는 바다가.

사내아이는 다시 정신을 차리고 멈춰 서서 소리친다.

—살구우우 사려—!

플라테로는 움직일 생각을 하지 않는다. 아이를 보고 또 보고, 아이가 끌고 온 당나귀의 냄새를 맡으며 몸을 비벼댄다. 옅은 잿빛 당나귀 두 마리는 머리를 쌍둥이처럼 흔들며 서로를 알아가고 있다. 그 모양새가 마치 백곰 같기도 하다……

—오냐, 플라테로. 그럼 내가 저 아이에게 당나귀를 달라고 하마. 대신 너는 저 아이를 따라 가서 살구 장사를 하렴…… 어서!

뒷발질

우리는 몬테마요르 농원으로, 송아지들에게 낙인을 찍으러(목장주인의 낙인을 영덩이에 찍음) 가는 길이었다. 끝없이 빛나는 오후 하늘 아래, 다부진 말의 명랑한 울음소리, 아낙들의 태평한 웃음소리, 불안한 개들이 날카롭게 짖어대는 소리가 돌바닥을 깐 그늘진 안뜰을 뒤흔들었다. 플라테로는 한쪽 구석에서 안달하고 있었다.

—하지만 플라테로……, 나는 말했다. —넌 우리를 따라오지 못해. 넌 너무 작단다……

플라테로가 계속 졸라대는 바람에 나는 '반편이'에게 플라테로를 타고 우리와 함께 가자고 부탁했다.

……눈부신 들판을 말을 타고 달리는 즐거움이란! 한적한 늪은 햇빛을 받아 황금색으로 물들었고, 거울조각 같은 수면에는 문 닫힌 물방앗간이 일그러진 그림자를 드리우고 있다. 힘차게 달리는 말들 틈에서, 플라테로도 반편이와 함

께 뒤처지지 않도록 기운차게 걸음을 재촉했다. 리오틴토의 기차처럼 그 짧은 다리로 종종거리며 달렸다. 갑자기 총소리 같은 큰 소리가 울려 퍼졌다. 플라테로가 매끈한 잿빛 말의 엉덩이를 살짝 깨물자 말이 가차없이 뒷발로 걷어찬 것이다.

아무도 신경 쓰지 않았지만 나는 플라테로의 다리에서 피가 흐르는 것을 보았다. 나는 말에서 내려 부목과 갈기로 찢어진 혈관을 감싸 주었다. 그리고 반편이에게 플라테로를 집으로 데려가라고 일렀다.

반편이와 당나귀는 천천히 쓸쓸하게, 바싹 마른 시냇가를 따라 마을로 돌아갔다. 왁자지껄 떠들면서 멀어져가는 우리를 부러운 눈으로 돌아보면서······

농장에서 돌아오자마자 나는 플라테로를 보러 갔다. 플라테로는 풀이 죽어 있었고, 아파보였다.

―이제 잘 알았지?······ 나는 플라테로에게 속삭였다. ―너는 어른들이 가는 대로 어디에나 따라나설 수는 없단다.

아스노그라피아(Asnografía)

사전을 보면 asnografía—여성명사. 당나귀라는 뜻으로, 넌지시 조롱하는 말
—이라고 나와 있다.

불쌍한 당나귀(asno)! 너는 이토록 착하고 우아하고 총명한데! 그런 너를 조
롱하다니…… 어째서일까. 너한테는 진지한 표현이 어울리지 않는 걸까? 너를
있는 그대로 묘사하면 봄 이야기 한 편을 만들 수 있을 텐데. 선량한 사람들을
당나귀라 부르고, 못된 당나귀를 인간이라 불러야 마땅하건만! 그런 너희를 비
웃다니…… 너는 아주 영리하고, 노인과 아이들과도, 시냇물과 나비와도, 태양
과 개와도, 꽃과 달과도 친구인데. 참을성이 아주 많고, 사려 깊고, 우수에 잠
겨 있지만 다정하며, 말 그대로 목장의 로마 황제 마르쿠스 아우렐리우스인데
말이야……

플라테로는 내 말을 분명하게 이해했는지, 매끈하고 단단하며 빛나는 커다
란 눈동자로 나를 가만히 바라보았다. 그 눈 속에 담긴 짙은 녹색의 볼록한 하
늘에는 작디작은 태양이 반짝반짝 빛나고 있다. 내가 그를 제대로 보고 있다
는 것을, 또 내가 사전을 만든 사람들보다도 나으며 플라테로만큼 좋은 사람이
라는 사실을—아아, 이 복슬복슬하고 온화한 큰 머리가 알아준다면 좋으련만!

나는 사전 가장자리의 여백에 이렇게 써 넣었다. asnografía—비유적인 표현.
사전을 편찬하는 저능아를 말하며, 그를 비꼬는 뜻(당연히!)으로 쓴다……

성체축일

밭에서 돌아오는 길에 푸엔테 거리로 들어서니, 아로요스에서 이미 세 번이나 들었던 종소리가 행렬의 시작을 알리며 하얀 마을을 뒤흔든다. 그 종소리가, 불꽃을 터뜨리고 요란한 굉음을 내며 올라가는 한낮의 검은 폭죽과 날카로운 금속성 음악과 뒤섞여 어지러이 춤춘다.

얼마 전에 석회를 바르고 붉은 흙으로 테두리를 두른 거리는 검정버드나무와 잔디로 옷을 입어 온통 녹색으로 물들었다. 집집마다 창문에 빨간 비단, 노란 옥양목, 파란 공단으로 짠 커튼이 반짝이고, 상을 당한 집은 새하얀 무명커튼에 검정 리본을 드리우고 있다.

포르체 거리 모퉁이에 있는 마을에서 가장 먼 집 근처에서 거울 십자가가천천히 나타난다. 해질녘의 아스라한 광채 속에서 장밋빛 촛농을 방울방울 떨어뜨리는 붉은 양초 불빛이 그 거울에 비친다. 느릿느릿 행렬이 지나간다. 환한붉은색 깃발과 부드러운 빵을 든 빵장수의 수호자 성(聖) 로케. 연초록색 깃발

과 두 손에 은으로 만든 배를 받쳐 든 뱃사람의 수호자 성 텔모. 노란색 깃발과 황소 한 쌍을 데리고 있는 농부들의 수호자 성 이시드로. 수많은 깃발과 더 많은 성인. 그리고 어린 마리아에게 책을 읽어주는 어머니 성녀 아나와 짙은 회색 옷을 입은 성 요셉, 푸른 옷의 동정녀…… 그리고 마지막에는 은으로 세공하고 잘 영근 이삭과 에메랄드빛 포도로 장식한 성체가, 파르스름한 향 연기 속에서 경관의 호위를 받으며 천천히 다가왔다.

날이 저물어가자 안달루시아 라틴어로 부르는 찬미가가 하늘 높이 맑게 울려 퍼진다. 이미 장밋빛으로 물든 저녁해가 리오 거리에 낮게 걸려, 금실 자수가 놓인 사제와 부제의 묵직하고 낡은 예복을 비춘다. 고개를 들면 붉은색 탑 주위로 비둘기가 날며 매끈한 오팔과 같은 6월의 고요한 저녁하늘에 눈처럼 새하얀 화관을 만들고 있다……

이내 찾아온 고요 속에서 플라테로가 울었다. 그 부드러운 목소리는 이내 한낮의 눈부신 신비를 자아내는 종소리, 폭죽소리, 찬미가, 모데스토가 지휘하는 음악소리와 뒤섞여, 점차 부드러워지고 낮게 여운을 남기면서 신성한 소리가 된다……

산책

푸르른 인동덩굴이 길게 늘어져 마치 골짜기 같은 여름 길. 그 길을 걷노라면 마음이 얼마나 편안한지! 나는 책을 읽거나, 노래를 하거나, 하늘을 올려다보며 시를 읊조린다. 플라테로는 그늘진 토담에 자라난 풀 몇 포기와 먼지를 뒤집어 쓴 접시꽃과 노란 수영을 뜯어먹는다. 걷는 시간보다 멈춰 서 있는 시간이 길다. 하지만 나는 플라테로가 마음대로 하도록 내버려 둔다······

내가 넋을 잃고 올려다 본 푸르고, 푸르고, 푸른 하늘은 무성한 아몬드 나무 꼭대기에서 천국으로 이어져 있다. 들판은 고요하게 불타듯 빛난다. 강에는 작고 하얀 돛단배가 바람을 기다리며 꼼짝 않고 서 있다. 들판의 마른 풀을 태우는 매캐한 연기가 산 쪽으로 둥글고 검은 구름을 점점 부풀린다.

하지만 우리의 산책은 참으로 짧다. 복잡한 인생 한복판에서 누리는 고요하고 편안한 하루에 비할 수 있으리라. 그때만큼은 하느님 숭배도 잊고, 이 강이 끝나는 곳에 있는 다른 나라 때문에 근심하지도 않으며, 들판을 태우는 불꽃이 일으키는 비극도 생각하지 않는다!

오렌지 향기를 타고 노리아 우물[*1]의 맑고 상쾌한 쇳소리가 들려오면, 플라테로는 즐겁게 히힝 울며 뛰어다닌다. 일상의 즐거움은 얼마나 단순한가! 우물가로 다가가 나는 눈처럼 새하얀 물을 한 컵 가득 떠서 마신다. 플라테로는 밑이 깊은 물통에 주둥이를 담그고 이곳저곳 골라 가며 가장 깨끗한 물을 벌컥벌컥 들이마신다······

[*1] 노리아는 유원지의 관람차처럼 양동이가 여러 개 달려 있는 우물로, 소나 말이 우물가를 쉬지 않고 빙글빙글 돌면서 물을 퍼 올린다. 이때 우물의 금속이 마찰하는 단조로운 소리가 한가로이 울려 퍼진다.

투계

플라테로, 나는 그 언짢은 느낌을 무엇에 비유해야 좋을지 모르겠구나······ 그것은 조국 스페인의 깃발처럼 선명한 붉은색과 노란색이었지만, 바다와 푸른 하늘에 나부끼는 국기와 같은 매력은 찾아볼 수 없었단다. 그래, 우엘바에서 세비야로 가는 기차역과 같은 무데하르식(이슬람 건축양식) 투우장의 푸르른 하늘에 걸려 있는 스페인 국기 같더구나. 그 불쾌한 붉은색과 노란색은 갈도스*1의 책이나 담뱃가게 간판이나, 지나간 아프리카 전쟁을 그린 조잡한 그림 같았지······ 그리고 그 언짢은 느낌은, 내가 늘 싫어했던 금화와 소 낙인 모양이 찍힌 고급 트럼프, 담배나 건포도 상자에 그려진 색깔 입힌 그림, 포도주 병 상표, 푸에르토 고등학교 상장, 인쇄된 초콜릿 포장지에서 받는 불쾌한 느낌과 똑같았단다······

나는 어째서 거기에 갔을까? 누가 나를 데리고 갔을까? 뜨거운 겨울 한낮은 모데스토 음악대의 나팔소리처럼 거슬리기만 하더구나······ 새로 딴 포도주와 역겨운 돼지 소시지와 담배 냄새가 났지······ 한 시의원이 시장과 투실투실하고 기름기 반지르르한 우엘바의 투우사 리트리를 데리고 왔어····· 투계장은 작고 녹색이었고, 도살당한 소와 돼지의 내장처럼 충혈된 얼굴들이 둥근 나무울타리를 에워싸고 우글거렸단다.

---

*1 19세기 스페인 사실주의 소설가.

사람들의 눈은 더위와 포도주와 도살에 대한 흥분으로 그 추악한 속내를 고스란히 드러내고 있었어. 고함이 사람들의 눈에서 튀어나왔지…… 덥더구나. 이 모든 것이 투계라는 너무도 작은 세상 안에 갇혀 있었지.

느릿느릿 피어오르는 보라색 담배 연기가, 위에서 쏟아지는 빛줄기를 쉬지 않고 가로지르며 탁한 유리창 모양을 그리고 있어. 그 안에서 불쌍한 영국산 쌈닭, 거대하고 사나운 두 마리 붉은 꽃이 서로의 눈을 노리고 뛰어올라, 인간의 증오가 옮기라도 했는지 독기어린 발톱으로 서로를 갈기갈기 찢었단다. 소리도 나오지 않고, 아무것도 보이지 않고, 그곳에 있다는 사실조차 알지 못하게 되었지……

그런데, 그토록 불쾌했는데 나는 왜 그곳에 있었을까? 모르겠구나…… 이따금 나는 리베라 보트의 돛처럼 바람에 나부끼는 찢어진 천막 사이로, 잘 자란 오렌지 나무를, 끝없는 향수를 느끼며 바라보았단다. 오렌지 나무는 들판의 순결한 햇볕 아래 새하얀 꽃을 흐드러지게 달고서 향긋한 내음을 풍기고 있었어…… 꽃이 핀 오렌지 나무, 맑은 바람, 높이 솟은 태양, 얼마나 상쾌하니! 내 마음도 향기로 가득 찼단다—

……하지만 그런데도 나는 자리를 뜨지 않았어……

해거름

　평화롭고 고요한 해거름과 함께 잠시 숨을 고르며, 머나먼 세계로 마음을 돌려 아렴풋한 기억의 끝자락을 쫓는 일은 얼마나 근사하고 황홀한가! 누구도 그 황홀경을 거부하지 못하므로, 온 마을이 십자가에 못 박힌 듯 언제까지나 외로이 근심에 잠겨 있다.

　쌀쌀한 별빛 아래, 소보록한 산을 수도 없이 만들며 탈곡장에 푹신푹신하게 쌓여 있는 잘 영근 향긋한 밀 냄새! 아, 솔로몬도 부럽지 않은 이 영화여! 일꾼들은 꿈결 같은 노곤함을 느끼며 나지막하게 노래를 부른다. 과부들은 문간에 걸터앉아 근처의 가축우리 뒤편에 잠들어 있는 죽은 이들을 생각한다. 아이들은 새가 이 나무 저 나무로 날듯, 이 그늘 저 그늘로 뛰어다닌다……

　석유등이 회칠한 초라한 집들에 희불그레한 빛을 던지면, 그곳에 어린 어둑한 빛 속으로 흙투성이의 쓸쓸한 그림자가 말없이 지나간다. —타지에서 온 거지일까, 개간지로 떠나는 포르투갈 사람일까. 어쩌면 도둑일지도 모른다— 시커멓고 무시무시한 그 모습은 신비로운 연보랏빛 저녁놀이 익숙한 풍경 위로 내려앉을 때의 그 평온한 느낌과는 참으로 대조적이다…… 아이들이 집 안으로 들어간다. 그 어둑한 문간의 괴담 중에, "폐병에 걸린 공주님을 고치기 위해 아이들 기름을 짜는 사내들이 찾아온다……"는 전설이 있기 때문이다…….

도장

그 도장은 시계 모양이었어, 플라테로. 조그만 은빛 상자를 열면 둥지 속의 작은 새처럼 짙은 보라색 잉크를 적신 천 위에 꾹 눌려 있는 도장이 나왔지. 나는 내 호리호리한 연분홍색 손바닥에 도장을 살짝 찍어 보았단다. 그러자 마술처럼 글씨가 나타났어!

프란시스코 루이스
모게르

돈 카를로스 중학교에 다닐 때 친구가 가지고 있던 그 도장이 어찌나 부럽던지! 나는 우리 집 2층에 있는 낡은 사무책상에서 발견한 작은 활자로 내 이름을 만들어보려고 했단다. 그런데 잘 되지 않았어. 특히 글자를 찍는 일이 어렵더구나. 책과 벽과 몸 등 가리지 않고,

프란시스코 루이스
모게르

라는 글자를 척척 찍어내는 아까 그 도장처럼 되지 않았단다.

JUAN RAMON JIMENEZ
MOGUER

어느 날 세비야의 은 세공사 아리아스와 함께 사무용품 파는 사람이 우리 집에 왔어. 자와 컴퍼스, 색색의 잉크와 도장을 보고 얼마나 황홀했는지 몰라! 온갖 모양과 크기의 도장이 다 있었단다. 나는 저금통을 깨서 1두로짜리 은화를 찾아내어 내 이름과 마을 이름이 새겨진 도장을 만들어달라고 했어. 길고도 긴 일주일! 우편마차가 도착할 때의 그 설렘! 빗속으로 우편배달부의 발소리가 멀어져갈 때의 애간장이 녹는 슬픔! 어느 날 밤, 마침내 도장이 내 손에 들어왔어. 여러 가지 물건이 달린 작고 복잡한 도구였지. 연필과 펜과 봉랍용 머리글자…… 그 밖에 이것저것! 그리고 용수철을 누르면 번쩍번쩍 빛나는 새 도장이 나타났단다.

우리 집에 있는 물건 중에 아직 도장을 찍지 않은 것이 있었을까? 모두 다 내 것이었어! 누가 빌려달라고 하면, —조심해, 닳으면 큰일이니까!—얼마나 마음이 조마조마하던지! 다음 날 나는 신바람이 나서 그것을 고이 들고 학교에 가지고 갔단다! 책이며 옷이며 모자며 구두며 손에 온통 도장을 찍고서 말이야.

후안 라몬 히메네스
모게르

JUAN RAMON JIMENEZ
MOGUER

새끼 낳은 개

그 개는 사냥꾼 로바토의 개란다, 플라테로. 야노스로 가는 길에 그 개를 몇 번이나 보았으니 너도 잘 알 거야…… 기억나니? 엷은 구름이 걸린 5월 석양처럼 희누르스레한 개를…… 그 개가 강아지를 네 마리나 낳았어. 그러자 우유장수 살루드가 마드레스에 있는 자기 오두막으로 데려가 버렸단다. 살루드의 아이가 병에 걸려 죽어가고 있었는데, 의사 돈 루이스가 아이에게 개고기 수프를 먹이라고 했기 때문이야. 로바토의 집에서 타블라스 도로를 지나 마드레스 다리까지 가려면 얼마나 먼지 너도 잘 알 거야……

플라테로, 그 개는 그날 온종일 미친 듯이 왔다 갔다 하며 도로를 서성이고, 울타리를 기어오르고, 사람들 냄새를 맡으며 다녔다고 해…… 기도시간에도 여전히 오르노스의 파수꾼 오두막 옆에서 석탄 자루 위에 올라가 석양을 보며 구슬프게 우는 모습을 모두가 보았지.

로바토의 집이 있는 엔메디오 거리에서 타블라스 도로까지 얼마나 먼지 너도 잘 알지?…… 밤새 어미 개는 그 길을 네 번이나 왔다 갔다 했어. 그리고 그때마다 입에 강아지를 한 마리씩 물고 왔단다, 플라테로. 이윽고 날이 밝아 로바토가 현관문을 열자 문 앞에 그 개가 있지 않겠니. 와들와들 떠는 강아지 네 마리에게 터질 듯한 작은 분홍색 젖을 물리며 사랑스런 표정으로 제 주인을 올려다보았다고 하더구나……

그 처녀와 우리들

그 처녀는 어딘가 먼 곳으로 떠나는 걸 거야, 플라테로. 높은 제방 위의 철도를 따라 북쪽으로 달려가는 검고 빛바랜 저 기차, 크고 하얀 구름을 배경으로 선명하게 도드라지는 저 기차를 타고—어디로?—가는 거야.

너와 나는 아래쪽 밀밭에 있었지. 노랗게 파도치는 밀밭에는 7월이 되자 벌써 앙증맞은 잿빛 왕관을 쓴 양귀비꽃이 새빨간 물방울을 방울방울 떨어뜨리고 있었어. 그리고—기억하니?—작은 물빛 비구름이 하늘을 정처 없이 방황하며 아주 잠깐 태양과 꽃들을 슬프게 했지.

검은 베일을 쓰고 달아나는 금발의 그대! ……마치 덧없는 차창 테두리 속에 갇힌 환상의 초상화 같구나.

그녀는 틀림없이 생각했을 거야. —저 상복 입은 사내와 자그마한 은빛 당나귀는 누구일까?

우리가 누구였겠니! 너와 나지…… 안 그래, 플라테로?

참새들

산티아고(^{성 야고보}
사도 축일) 아침에는 목화솜을 뜯어놓은 듯한 흰색, 회색 구름이 하늘을 감싸고 있었다. 모두 미사를 올리러 갔다. 참새들과 플라테로와 나만 뜰에 남았다.

참새들! 이따금 작은 물방울이 떨어지는 둥그런 구름 아래 포도덩굴 사이를 들락날락하고, 지저귀고, 서로 부리를 쪼아대는 참새들! 한 마리가 가지에 내려 앉았다가 이내 가지를 흔들면서 날아올랐다. 다른 한 마리는 우물의 갓돌 사이에 고인 작은 물웅덩이에 비친 하늘 조각으로 목을 축인다. 맞은편 참새는 꽃으로 뒤덮인 창고 지붕으로 날아오른다. 버석버석 말라버린 지붕 위의 꽃이, ㄲ무레한 하늘 아래 생기를 되찾고 있었다.

정해진 축일도 없는 행복한 새들! 자연스럽고 진실한 교회 종소리가 언제나 변함없이 느긋하게 울리지만, 저희들에게 즐거움을 주지 않으면 참새들은 들은 척도 하지 않는다. 아무것도 모자란 것이 없는 참새들에게는 벗어던지지 못할 의무도 없고, 아등바등 일하는 불쌍한 인간들을 기쁘게 하고 두려움에 떨게 하는 천국과 지옥도 없다. 자신만의 도덕 외에 다른 도덕은 없다. 푸른 하늘 말고는 신도 없다. 참새들은 나의 형제, 나의 사랑스런 형제들이다.

참새들은 돈도 없고 봇짐도 없이 여행한다. 그저 마음이 내키면 훌쩍 떠난다. 시냇물을 찾아내고 덤불이 있는 곳을 짐작한다. 행복을 얻고 싶으면 제 날개를 펼치기만 하면 된다. 월요일도 없고 토요일도 없다. 언제나, 어디서나 목욕을 한다. 사랑을 하지만 이름은 없다. 널리 모두를 사랑하기 때문이다.

그래서 우리 인간들이 일요일마다 문을 닫아걸고 미사에 가면, 참새들은 명랑하고 상쾌하게 재잘거리며 문 닫힌 집 뜰로 소란스럽게 찾아와 예배 없는 사랑을 즐겁게 보여준다. 그곳에서는 참새들이 잘 알고 있는 이름 없는 시인과, 상냥하고 작은 당나귀가(넌 나와 함께 있지?) 형제들을 물ㄲ러미 바라보고 있다.

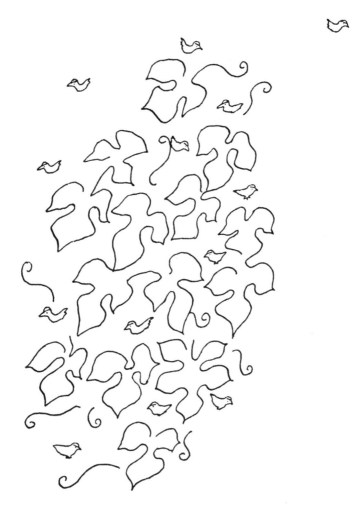

프라스코 벨레스

오늘은 나갈 수 없단다, 플라테로. '시청 광장'에서 시장이 내린 포고문을 보고 오는 길이야.

"품격 있는 모게르 시를 돌아다니는 개들 가운데 입마개를 하지 않은 개는 시장의 권한으로 경비원에게 총살될 것임."

시내에 미친개가 돌아다닌다는 뜻이야, 플라테로. 벌써 어젯밤에도 몬투리오와 성과 트라스무로 거리에서, 프라스코 벨레스 시장이 조직한 '도시 야간 유격 경비대'의 총성이 몇 번이나 들렸는걸.

'머저리 여자'라고 불리는 롤리야가 문간과 창문에 대고 큰 소리로 외치고 있구나. "미친개는 없어요. 지금 시장도 전 시장 바스코와 똑같이, '반편이'에게 귀신 옷을 입히고 총질을 하게 해서 사람들을 쫓아내려는 거예요. 그러고는 용설란과 무화과로 만든 밀주를 몰래 들여오려는 수작이라구요." 하지만 만약 미친개가 진짜로 있어서 네가 물리기라도 한다면 어떡하겠니? 생각만 해도 아찔하구나, 플라테로야!

여름

플라테로가 쇠파리에 물려 검붉은 피를 철철 흘리고 있다. 매미는 소나무를 톱질하듯 울어대며 도저히 그칠 기미가 보이지 않는다…… 짧지만 깊은 잠에 들었다 깨어나니 모래밭 풍경이 하얀 유령처럼 보여 무더위 속에서도 한기가 느껴진다.

야트막한 시스투스 들판에는 연기와 명주와 비단 종이로 만든 듯한, 장미를 닮은 크고 두둥실한 꽃이 네 장의 꽃잎에 빨간 눈물을 머금고 한가득 피어 있다. 키 작은 소나무는 숨이 막힐 듯한 모래먼지를 하얗게 뒤집어쓰고 있다. 처음 보는, 검은 반점이 있는 노란 새가 가지에 잠자코 앉아 울지도 않고 움직이지도 않는다.

하늘 가득 메운 오리떼가 오렌지를 쪼아 먹기 위해 날아오자 과수원지기가 놋쇠 깡통을 요란하게 두드려대며 오리떼를 쫓아낸다…… 커다란 호두나무 그늘에 닿자마자 나는 수박을 두 쪽으로 갈랐다. 수박이 싱그러운 소리를 내며 서리가 내린 듯한 새빨간 속살을 드러낸다. 나는 아렴풋한 마을의 저녁 종소리를 들으며 내 몫을 천천히 먹는다. 플라테로도 자기 몫의 달콤한 과육을 물처럼 후루룩거린다.

산불

큰 종이 울리는 소리!…… 세 번…… 네 번…… —산불이다! 우리는 저녁을 먹다 말고 캄캄하고 좁은 나무 계단에 움찔움찔 떨면서, 쿵쾅거리는 가슴을 억누르고 옥상으로 올라갔다.

……루세나 벌판이야! 아니야가 소리쳤다. 우리가 어둠 속으로 뛰어들었을 때 그녀는 이미 옥상 위에 있었다…… 땡, 땡, 땡, 땡! 밖으로 나온 우리는 휴우 하고 한숨을 쉰다! 날카로운 종소리가 맑게 울려 퍼진다. 그 소리가 우리의 귓가를 때리며 심장을 조인다.

—큰불이네, 큰불이야…… 엄청나게 큰불……

그렇다. 머나먼 저편에 불꽃이 솔숲의 검은 지평선 위로 선명하게 떠올라 가만히 정지해 있는 것처럼 보였다. 그 모습은, 오로지 검은색과 붉은색과 흰색만으로 화재를 표현한 피에로 디 코시모(이탈리아 화가, 1462~1525)의 그림 〈사냥〉처럼, 검은색과 붉은색으로 만든 칠보공예 같았다. 가끔씩 불꽃이 한층 격렬하게 타올랐다. 그러더니 그 빨간 불꽃이 달빛을 받아 장밋빛으로 변한다. 8월의 밤은 높고 꼼짝도 하지 않는다. 그리고 불은 밤의 일부가 되어 영원히 그 안에 머물러 있는 것만 같다…… 별똥별 하나가 밤하늘 한가운데를 가로질러 몬하스의 푸른 하늘 속으로 사라진다…… 나는 혼자다……

저 아래쪽 뒤뜰에 있는 플라테로의 울음소리를 듣고 나는 현실로 돌아온다…… 모두 아래로 내려가 버렸다…… 보드라운 밤의 장막이 이미 포도밭을 뒤덮었다. 그 순간 불쾌한 기분이 내 몸을 찌르듯 타고 흘렀다. 어린 시절 산에 불을 지르고 다닌다고 믿었던 그 사내가 내 바로 옆을 스쳐 지나간 것 같았기 때문이다. '교활한 페페' 같은 사내로, 백발의 고수머리에, 여자처럼 동글동글한 몸에 검정색 셔츠를 걸치고 흰색과 밤색의 굵은 줄무늬 바지를 입은 가무잡잡한 중년 남자. 그의 양쪽 호주머니에는 기다란 영국제 성냥이 가득 들어 있다……

시냇물

플라테로, 이 시냇물이 완전히 말라버린 지금은 그곳을 따라 카바요스의 농장으로 갈 수 있지만, 그 옛 모습은 빛바랜 내 낡은 기억 속에 고스란히 남아 있단다. 때로는 지난날과 똑같은 냇물로서, 목장의 낡은 우물가를 돌아 흐르며 그 기슭을 따라 햇살을 담뿍 머금은 양귀비꽃과 아래로 드리워진 자두나무가 나타나지. 또 어느 때는 내 마음속의 냇물로서, 무언가 다른 것에 비유하거나 그것과 겹쳐져서 실제로는 존재하지 않는 머나먼 저편의 땅으로 흘러간단다……

내 어린 날의 공상은 이 시냇물에서 몇 가지 새로운 사실을 발견한 기쁨으로, 태양을 똑바로 바라보는 엉겅퀴 꽃처럼 반짝반짝 미소 지었단다, 플라테로. 야노스의 시냇물이 바람을 타고 노래하는 작은 미루나무 숲을 지나 산안토니오로 가는 길을 가로지르는 시냇물이라는 점, 여름이면 말라 바닥이 드러나는 그 물길을 따라 걸어가면 이곳으로 나온다는 점, 겨울에 저 미루나무 밑에서 코르크 배를 띄우면 앙구스티아스 다리를 지나 소 떼가 지나갈 때 내가 몸을 피하는 이 석류나무 숲까지 흘러온다는 점 등 말이야……

너는 어떤지 모르겠지만, 어린 시절을 상상하는 것도 어쩜 이리 황홀할까, 플라테로! 모든 것이 즐겁게 모양을 바꾸면서 멀어졌다가 다시 가까이 다가와. 마음에 떠오르는 환상의 그림처럼 모든 것이 나타났다가 다시 사라지지……

그리고 사람들은 삶의 겉과 속을 바라보면서도, 반쯤 눈을 감은 채 걸으며 이따금 마음의 어둠 속에 삶의 괴로운 기억을 버린단다. 또는 태양을 바라보고 활짝 핀 꽃처럼 환한 햇살을 머금은 영혼에서 시를 지어, 다시는 떠올리지 못하는 진실의 언저리에 그 시를 두고 온단다.

일요일

떠들썩한 종소리가 축제 날 아침 하늘 멀리, 그리고 가까이 울려퍼진다. 파란 하늘이 모조리 수정이 되어버린 것 같다. 늦여름의 들판은 색깔이 조금 바래기는 했지만 명랑하고 화려하게 춤추며 떨어지는 음표로 치장하고 황금빛 옷을 입었다.

농장지기까지 모두 축제 행렬을 보러 마을로 가버렸다. 플라테로와 나만 남았다. 이 평온함! 이 개운함! 이 행복! 나는 플라테로를 위쪽 목장에 풀어준다. 그리고 작은 새들이 잔뜩 내려앉아 있는 소나무 밑에 누워 오마르 하이얌(페르시아 시인)의 시를 펼쳐든다……

방울소리 사이사이 정적을 타고, 이제껏 숨어 있던 9월 아침의 맹렬한 숨결이 그 모습과 소리를 나타낸다. 금빛 말벌이 터질 듯한 포도송이가 주렁주렁 달린 포도넝쿨 주변을 날아다닌다. 그리고 자꾸 꽃으로 착각하고 내려앉는 나비들은 다시 날아오를 때마다 저마다 화려한 색채로 변신한다. 아무도 모르는 이 풍경은 빛의 순수한 마음이다.

때때로 플라테로는 풀을 뜯다 말고 나를 바라본다…… 나는 때때로 책을 읽다 말고 플라테로를 바라본다.

귀뚜라미 노래

밤 산책을 하는 플라테로와 나는 귀뚜라미의 노래를 잘 알고 있다.

해질녘 귀뚜라미는 처음에 머뭇거리며 낮게 운다. 그러다가 곡조를 바꾸어 시간과 장소에 맞추어 점점 귀뚜라미다운 소리를 만들어낸다. 초록빛 투명한 밤하늘에 별이 반짝이면, 귀뚜라미 노래는 갑자기 거침없는 방울소리의 화음이 폭발하는 아름다운 음악이 된다.

상쾌한 보랏빛 실바람이 스치고 간다. 밤에 피는 꽃들이 너도나도 고개를 내밀고, 하늘과 땅의 푸른 목장에서 풍기는 밝고 아름다운 향기가 하나로 어우러져 들판에 짙게 어린다. 귀뚜라미의 노래도 그 밤공기가 빚어내는 소리처럼 점점 높아져 들판을 가득 채운다. 귀뚜라미는 이제 머뭇거리지 않고 노래를 그치지도 않는다. 노래가 노래를 낳고 그 노래들이 투명한 밤의 형제가 되어 하나로 이어진다.

시간은 평온하게 흘러간다. 이 세상에 다툼도 없다. 농부들은 깊은 꿈속에서 하늘을 올려다보며 잠에 빠져 있다. 연인들은 토담에 핀 메꽃 사이에 숨어 서로의 눈을 마주보며 꿈결 같은 황홀경에 빠진다. 꽃이 흐드러지게 핀 누에콩밭은 순수하고 꾸밈없고 자유로운 청춘의 달콤한 편지를 마을로 보낸다. 달빛 아래 녹색으로 물결치는 밀밭은 두 시, 세 시, 네 시의 바람을 깊이 들이마신다. ……그토록 떠들썩하던 귀뚜라미 노래가 그쳤다……

아, 또다시 귀뚜라미의 노래! 추위에 떨면서 플라테로와 내가 밤이슬에 젖은 새하얀 오솔길을 따라 집으로 돌아올 때, 아, 새벽녘의 귀뚜라미 노래! 달은 붉게 물들며 졸린 듯이 가라앉는다. 노래는 달에 취하고 별에 취해 낭만적이고 신비롭고 풍요롭다. 그때 연보랏빛 띠를 두른 큼직하고 서글퍼 보이는 구름이 바다 너머에서 천천히 하루를 꺼내 온다……

투우

플라테로, 그 아이들이 무엇을 하러 왔는지 아마 모를 거야. 오늘 오후에 열리는 투우 경기에서 총감에게 열쇠를 받으러 갈 때[*1] 너를 타고 가도 되는지 물어보러 온 거란다. 하지만 안심하렴. 내가 어림도 없다고 그 아이들에게 말해 두었으니까……

모두들 정신이 나갔어, 플라테로! 온 마을이 투우로 들끓고 있단다. 악대는 술집 앞에서 동틀 무렵부터 신명나게 연주해 대더니 지금은 지쳐서 박자도 제멋대로야. 마차와 말들이 누에바 거리를 위아래로 달리고, 그 뒤쪽 골목길에서는 투우사들이 타는 노란 '카나리오' 마차를 다 같이 준비하고 있어. 아이들은 그 마차를 아주 좋아하지. 안뜰에 핀 꽃들은 특별석 귀부인들에게 바치느라 남아나질 않는구나. 챙이 넓은 모자를 쓰고 셔츠를 입은 젊은이들이 궐련을 물고, 마구간 냄새와 술 냄새를 풍기면서 거리를 껄렁껄렁 배회하는 모습은 보기만 해도 서글프단다……

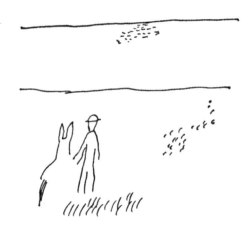

[*1] 투우사 입장식이 있은 뒤, 말을 탄 임원이 소를 가두어 둔 투우장 우리 열쇠를 총감(투우 진행을 지휘하고 감독하는 사람)에게 받아서, 그 열쇠로 우리를 열어 소가 투우장으로 뛰어 들어오면 투우가 시작된다.

두 시 무렵, 하루 중 가장 한가한 햇볕이 내리쬐는 고독한 순간, 투우사와 특별석 부인들이 채비를 하는 사이에, 플라테로야, 너랑 나는 작년처럼 뒷문으로 몰래 빠져나가 골목길을 지나 들판으로 가자꾸나……

축제가 열리는 동안 모두에게서 잊힌 이 들판은 참으로 아름다워! 포도밭에도 채마밭에도 인기척이 없단다. 어린 포도나무 곁이나 투명한 개울가에 옹송그리고 앉아 있는 노인의 모습도 보이지 않아…… 멀리 투우장에서 환호성과 박수 소리와 음악이 끓어올라 어릿광대의 모자처럼 마을을 뒤덮는구나. 하지만 우리가 묵묵히 바닷가로 걸음을 옮길수록 그 소리도 점차 사그라지지…… 우리의 영혼은 말이야, 플라테로, 드넓고 건강한 자연을 직접 접할 때 그 위대함을 진정으로 깨닫게 된단다. 그리고 대자연은 존경받을 때 비로소 그 눈부시고 영원히 아름다운 순수한 모습을 볼 수 있는 마음이 있는 사람에게 보여준단다.

폭풍우

공포. 숨을 죽인다. 식은땀이 흐른다. 낮게 깔린 무시무시한 하늘이 새벽을 집어삼키려 한다. (달아날 곳은 없다.) 침묵…… 사람들은 사랑을 멈추고 죄의식에 몸을 떨며 불안에 사로잡혀 눈을 질끈 감는다. 깊은 침묵……

귀청을 찢으며 울려 퍼지는 천둥소리가 인기척 없는 아침을 지치지도 않고 뛰어다닌다. 끝도 없는 으르렁거림, 하늘 꼭대기에서 마을로 쏟아 붓는 거대한 바윗덩어리 같다. (달아날 곳은 없다.) 연약한 것들은 모두—꽃과 새들은—일상에서 모습을 감추었다.

사람들은 겁에 질려, 살짝 열린 창문 틈으로 번갯불에 비친 비참한 하느님을 주뼛거리며 바라본다. 머나먼 동쪽 하늘 찢어진 먹구름 사이로, 차디차고 애처로운 연보라색과 붉은색 구름이 보인다. 그러나 어둠을 이겨내진 못한다. 아직 네 시밖에 안 된 것 같은데 6시 역마차가 폭우 속에서 모퉁이를 돌아가는 소리가 들린다. 마부는 두려움을 몰아내기 위해 노래를 부른다. 그리고 포도를 싣는 텅 빈 짐마차가 바삐 지나간다.

삼종기도 소리! 기도시간을 알리는 기특한 종소리가 천둥을 뚫고 불안스레 흐느껴 운다. 이 세상의 마지막 종소리일까? 종소리가 어서 그치기를 바라는 사람도 있고, 더, 좀더 세차게 울려 폭풍우의 숨통을 끊어주기를 바라는 사람도 있다. 누군가가 돌아다니면서 울고 있다. 무엇을 하려는 건지 알 수가 없다……

(달아날 곳은 없다.) 사람들의 마음은 딱딱하게 굳어버렸다. 아이들이 여기저기서 불러댄다……

—플라테로는 괜찮을까? 허술한 뒤뜰 마구간에 혼자 있는데……

포도 수확

올해는 포도를 싣고 오는 당나귀가 왜 이렇게 적을까, 플라테로. 벽보에 '6레 알'에 산다고 큼지막하게 써 붙여도 소용이 없구나. 피처럼 뚝뚝 떨어지는 검붉은 포도즙을 실은 루세나와 알몬테와 팔로스의 당나귀들은 대체 어디에 있는 걸까? 네가 나랑 같이 포도즙을 날랐던 것처럼 말이야. 포도주 압착기가 바닥을 드러낼 때까지 몇 시간씩 기다리던 그 당나귀들은 다 어디로 간 걸까. 거리마다 포도즙이 넘쳐나고, 여자와 아이들이 물독과 항아리를 그득하게 채웠었는데……

그 시절엔 양조장마다 활기가 넘쳤지, 플라테로. 특히 디에스모의 양조장은! 지붕을 뒤덮은 커다란 호두나무 아래에서 포도주를 만드는 인부들이 시원스럽고 낭랑한 노래를 부르면서 느긋하게 술통을 씻었지. 포도주를 옮겨 담는 인부들은 바지를 걷어붙이고, 싱싱한 거품이 이는 투우의 피와 같은 포도원액 항아리를 옮겼어. 저 안쪽의 창고 아래에서는 통장이가 향긋하고 깨끗한 대팻밥을 온몸에 뒤집어쓰며 부드럽고 맑은 소리를 내고 있었지…… 나는 알미란테를 타고 앞문으로 들어가 뒷문으로 나왔단다. 양쪽 문 모두 양조장 인부들의 정성 속에서 서로 생기와 빛을 비추고 있었지……

포도주 압착기 스무 개가 밤낮으로 포도를 으깼어. 얼마나 바쁘고 어지럽던지! 얼마나 활기차고 기쁨이 넘치던지! 하지만 올해는 하나같이 창문을 걸어 잠그고 있구나, 플라테로. 올해에는 뒤뜰에 놓을 압착기와 술 만드는 인부 두셋만 있으면 충분할 거야.

자, 플라테로. 언제까지 빈둥거리지만 말고 너도 무슨 일이든 해야 해.

……짐을 짊어진 다른 당나귀들이 한가롭게 서 있는 플라테로를 보고 있었다. 그래서 나는 플라테로가 미움을 사거나 허물을 잡히지 않도록 옆에 있는 포도밭으로 데리고 가서 포도를 싣고, 천천히 그를 다독이며 당나귀 사이를 지나 포도주 압착기가 있는 곳으로 갔다…… 그러고는 몰래 플라테로를 데리고 나왔다……

야상곡

하늘까지 붉게 밝힌 축제가 열리는 마을에서 정겹고 소박한 왈츠 선율이 부드러운 바람을 타고 흘러온다. 교회 탑은 보라색과 푸른색과 노란색으로 흔들리는 빛을 뒤로하고 문을 닫아 건 채 창백한 얼굴로 고집스레 침묵한다…… 그리고 마을 외곽에 늘어서 있는 어둑한 술 창고 너머에서 졸음에 겨운 노란 달이 쓸쓸이 강물에 잠긴 듯 걸려 있다.

들판에는 나무들과 나무 그림자밖에 없다. 드문드문 들려오는 귀뚜라미 노랫소리, 어디에선가 꿈결같이 속삭이는 시냇물 소리, 별을 녹인 듯한 보드라운 습기…… 플라테로가 뜨뜻미지근한 마구간에서 구슬프게 우는 소리가 들린다.

산양이 잠에서 깨어 걸어 다니고 있는가 보다. 목에 단 작은 방울이 처음에는 요란하게 울리다가 이윽고 점점 잦아들더니 마침내 잠잠해진다…… 멀리 몬테마요르 쪽에서 다른 당나귀가 운다…… 바예후엘로 쪽에서 또 다른 당나귀가 울고…… 한 마리 개가 짖어댄다……

밤이 너무나 밝아 뜰의 꽃들이 대낮처럼 제 색깔을 자랑한다. 푸엔테 거리의 막다른 집 근처, 불그레한 가로등 밑으로 한 외로운 사내가 지나간다…… 나냐고? 아니다. 나는 달과 라일락과 실바람과 그림자가 만들어내는 어스름, 하늘색과 금색으로 너울거리는 향긋한 어스름 속에서, 더없이 소중한 내 마음의 심연에 귀를 기울이고 있다……

함초롬히, 그리고 보드랍게 지구는 돌아간다……

사리토

포도 수확철의 붉게 물든 어느 날 오후, 나는 개울가 포도밭에 있었다. 그때 피부가 검고 젊은 사내가 나를 찾는다고, 여자들이 말해 주었다.

내가 밭쪽으로 가니 그 사내는 이미 오솔길을 내려오고 있었다.

—사리토!

사리토는 푸에르토리코 사람인 내 약혼녀 로살리나의 하인이었다. 그는 여러 마을을 돌며 투우를 하려고 세비야에서 달아났다가, 새빨갛고 짧은 투우용 망토를 두른 채, 주린 배를 움켜쥐고 땡전 한 푼 없이 니에불라에서 걸어 돌아온 적이 있다.

포도밭 농부들은 그를 곁눈으로 흘겨보면서 경멸을 감추지 못했다. 여자들은 자신들의 마음과 상관없이 남자들의 기분을 생각해서 그를 피했다. 오래 전에 그는 포도주 압착기 옆을 지나다가 한 사내아이와 싸움을 벌인 일이 있다. 그때 아이가 그의 한쪽 귀를 물어뜯어 버렸다.

나는 그에게 웃어 보이며 상냥하게 말을 걸었다. 그러나 사리토는 일부러 내게 친한 티를 내지 않고, 근처에서 포도를 따 먹고 있는 플라테로를 쓰다듬었다. 그리고 이따금 당당한 눈빛으로 나를 보았다……

마지막 시에스타[1]

내가 무화과나무 아래에서 눈을 떴을 때 오후의 태양은 노랗게 빛바래어 참으로 서글프면서도 아름다웠다!

가슬가슬한 실바람이 철쭉 향기를 싣고 와 땀으로 끈끈하게 젖은 나를 어루만져주었다. 다정한 늙은 무화과나무의 커다란 이파리가 살짝 살짝 움직일 때마다 나에게 그늘을 만들어주기도 하고 눈부신 빛을 뿌리기도 한다. 마치 나를 요람에 태우고 햇빛 아래에서 그늘로, 그늘에서 햇빛 아래로 부드럽게 흔들어주는 것만 같다.

인적 없는 머나먼 마을에서 저녁기도를 알리는 3시 종소리가 수정처럼 투명한 공기의 물결을 타고 울려 퍼진다. 그 종소리를 들으며 플라테로는 내 수박의 빨갛고 달콤한 속살을 모조리 먹어치우고는 물끄러미 서 있다. 커다랗고 나른한 눈으로 나를 바라보고 있는데, 그 눈 가운데에 녹색 파리가 끈질기게 달라붙어 있다.

플라테로의 졸린 눈을 보고 있으니 내 눈에서도 또다시 초점이 사라진다…… 날아오르려는 순간 갑자기 날개의…… 날개의 힘이 빠져 버린 나비처럼 가녀린 실바람이 분다. 내 풀린 눈꺼풀이 스르륵 감긴다……

---

*1 스페인에는 일반적으로 점심식사 후에 낮잠을 자는 풍습이 있으며, 이를 시에스타라 한다.

불꽃놀이

9월에 밤 축제가 열리면 우리는 과수원 집 뒤쪽에 있는 언덕 위로 올라가, 연못의 수선화에서 피어오르는 향기로운 정적에 몸을 맡기고 마을의 흥청거리는 분위기를 즐겼다. 늙은 포도밭지기 피오사는 술에 취해 탈곡장 바닥에 드러누워, 달을 보며 벌써 몇 시간째 소라나팔을 불어대고 있다.

밤이 깊어지자 불꽃놀이가 시작되었다. 처음에는 둔탁하고 작은 폭발음. 이어서 폭죽이 바람 빠지는 소리를 내면서 하늘 높이 올라가면, 반짝반짝 빛나는 별이 들판을 한순간에 빨간색, 보라색, 파란색으로 물들이며 펼쳐진다. 그리고 어떤 것은 훨훨 날아 내려오는 알몸의 처녀처럼, 어떤 것은 빛의 꽃을 송이송이 뿌리는 붉은 버드나무처럼 반짝반짝 빛나며 떨어진다. 아, 새빨갛게 타오르는 공작이 올라간다! 눈부신 장미가 알알이 박힌 밤하늘의 꽃밭이 펼쳐진다! 별들의 정원에 사는 불꽃 꿩이 나타난다!

불꽃이 터지는 소리가 울릴 때마다 주변이 갑자기 밝아졌고, 플라테로는 파랑색 보라색 빨강색 빛을 받으며 두려움에 떨었다. 그 빛의 밝고 어두움에 따라 언덕 위에 드리워진 플라테로의 그림자가 커지기도 하고 작아지기도 했다. 그리고 그의 커다란 검은 눈동자가 겁에 질려 내 쪽으로 향하는 것을 나는 바라보았다.

이윽고 마지막으로 먼 마을에서 환호성이 일어나자, 황금색 왕관이 엄청난 소리와 함께 빙글빙글 돌면서 별이 총총한 밤하늘로 올라간다. 여자들은 눈을 감고 귀를 막았다. 플라테로는 미친 듯이 울어대며 악마에게 쫓기는 영혼처럼, 포도나무 사이를 지나 고요한 솔숲의 어둠 속으로 달아나 버렸다.

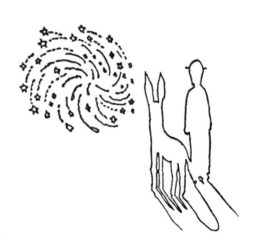

공원

모처럼 도시에 나왔으니 플라테로에게 공원을 구경시켜 주어야겠다고 생각했다…… 우리는 아직 열매가 잔뜩 달려 있는 아카시아 나무와 플라타너스 나무의 싱그러운 그늘 아래 줄지어 선 철책을 따라 공원 입구로 천천히 다가갔다. 플라테로의 발굽소리가 길에 깔린 큼직한 포석 위로 낭랑하게 울려 퍼졌다. 물을 뿌린 포석은 반짝반짝 빛나고, 군데군데 하늘을 담아 파랗고, 여기저기 떨어진 꽃잎이 쌓여 하얬다. 그리고 물을 머금은 그 하얀 꽃잎은 달콤하고 부드러운 향기를 은은하게 퍼뜨리고 있었다.

물에 젖은 공원의 싱그러움! 향기! 물방울이 똑똑 떨어지는 철책을 휘감은 담쟁이덩굴 사이로 그 싱그러움과 향기가 풍겨 나온다! 안쪽에서 아이들이 놀고 있다. 그리고 진보라색 작은 깃발을 꽂고 녹색 덮개를 씌운 조그만 유람마차가 방울소리와 날카로운 소리를 울리며 새하얀 아이들 무리 사이를 빠져나간다. 짙은 빨강색과 금색으로 꾸민 배 모양 가판대에서 개암나무 열매를 팔고 있다. 가판대 밧줄에는 땅콩이 매달려 있고, 굴뚝에서는 연기가 모락모락 솟아오른다. 풍선 파는 계집아이는 파랑색과 녹색과 빨강색 풍선을 한손에 잔뜩 들고 있다. 소라과자 파는 사내는 양철 깡통 옆에 축 늘어져 있다…… 벌써 가을의 피곤한 기색을 나타내기 시작한 푸른 나무 사이로 삼나무와 야자나무가 늠름하고 당당하게 자태를 뽐내고, 노르스름한 달이 장밋빛 구름 사이에서 반

짝인다……

　입구에 도착하여 안으로 들어가려 하자, 노란 막대기와 커다란 은시계를 들고 푸른 옷을 입은 경비가 말했다.

　―그 당나귀는 못 들어갑니다, 선생님.

　―당나귀요? 무슨 당나귀요?

　나는 멀찍이 떨어져 있는 플라테로를 보면서 말했다. 그가 짐승의 모습을 하고 있다는 사실을 깜빡 잊은 것이다.

　―당나귀가 당나귀가 아님 뭐겠어요, 선생님. 당나귀는 당나귀지요……

　그 말에 나는 간신히 현실로 돌아왔다. 플라테로는 당나귀라 '공원에 들어갈' 수 없다. 인간인 나는 들어갈 수 있지만 혼자서는 들어가고 싶지 않다. 그래서 나는 다시 플라테로와 함께 철책을 따라 걸음을 옮겼다. 플라테로를 어루만져주고, 다른 이야기를 해주며……

달

플라테로는 뒤뜰 우물에서 별빛을 받으며 함께 물을 두 통이나 마셨다. 그리고 키 큰 해바라기 사이를 지나 느긋하게 마구간으로 돌아왔다. 나는 마구간 석회기둥에 기대어, 헬리오트로프 꽃의 감미로운 향기에 안겨 플라테로를 기다렸다.

9월의 보드라운 습기에 젖은 작은 지붕 위로, 머나먼 들판이 잠든 채로 기운찬 소나무의 숨결을 날려 보내고 있다. 커다란 검은 구름이 갈라지며 언덕 위에 달이 나타난다. 마치 거대한 암탉이 낳은 황금알 같다.

나는 달을 보며 말했다.

……하지만 고독한

하늘의 달아, 네가 기우는 모습은

꿈꾸는 이들밖에 아무도 보지 못하는구나.

플라테로는 가만히 달을 보다가 둔탁한 소리를 내며 한쪽 귀를 털었다. 그러고는 홀린 듯 나를 바라보며 다른 쪽 귀를 털었다……

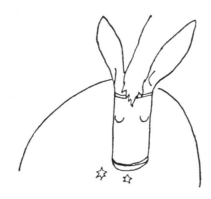

즐거움

플라테로는 초승달처럼 하얗고 아름다운 개 디아나, 나이든 잿빛 암 산양과 함께 아이들과 뛰어논다……

디아나는 작은 방울소리를 딸랑이며 플라테로 앞에서 깡충깡충 뛰어올라 그의 콧등을 무는 시늉을 한다. 플라테로는 뾰족한 용설란 이파리처럼 두 귀를 빳빳이 세우고 디아나에게 다정하게 달려들어 꽃이 핀 풀밭 위로 넘어뜨린다.

암 산양은 플라테로에게 다가가 다리에 몸을 비벼대고, 등에 지고 있는 갈대 이삭 끄트머리를 이빨로 잡아당긴다. 또 패랭이꽃과 들국화를 입에 물고 당나귀 앞에 서서 이마에 박치기를 한다. 그러고는 폴짝 뛰어올라 계집아이처럼 아양을 떨며 즐겁게 울어댄다……

아이들에게 플라테로는 말 그대로 장난감이다. 아이들의 짓궂은 장난도 얼마나 잘 참아내는지! 등에 태운 아이들을 떨어뜨리지 않도록 조심하면서 멈춰 서거나 바보 흉내를 내며 천천히 걷는다! 일부러 냅다 달려서 아이들을 깜짝 놀라게 하기도 한다!

모게르의 눈부신 가을 오후! 10월의 맑은 바람이 투명한 공기를 뒤흔들면 골짜기에서 목가적인 술렁임이 터져 나온다. 산양과 당나귀의 울음소리, 아이들의 웃음소리, 개 짖는 소리, 종이 울리는 소리……

날아가는 오리들

나는 플라테로에게 물을 주러 갔다. 구름이 떠다니고 별이 반짝이는 고즈넉한 밤, 위쪽의 고요한 사육장에서 기운차게 날갯짓하며 끊임없이 지나가는 소리가 들린다.

오리 떼다. 폭풍우 치는 바다를 피해 육지 안쪽으로 날아가는 길이다. 이따금 마치 우리가 날아올랐거나 아니면 오리가 내려앉은 것처럼, 아주 가벼운 날갯짓소리는 물론 부리를 맞부딪히는 소리까지 고스란히 들려온다. 마치 들판 너머로 멀리 떠나가는 사람의 말소리가 또렷이 들리는 것처럼……

플라테로는 이따금 물을 마시다 말고 나와 같이 별을 향해 고개를 든다. 밀레가 그린 아낙들처럼 끝없이 정겨운 향수를 담고서……

어린 소녀

　그 아이는 플라테로의 기쁨이었다. 플라테로는 그 아이가 앙증맞은 새하얀 옷을 입고, 밀짚모자를 쓰고 라일락 꽃 사이에서—플라테로! 플라테리요!—하고 노래하듯 이름을 부르면서 다가오는 모습을 보면, 다짜고짜 고삐를 끊으려고 하고 아이처럼 껑충껑충 뛰며 세차게 울어댔다.

　아이는 아무 두려움도 없이 몇 번이고 플라테로의 밑으로 지나가기도 하고 가볍게 발길질도 한다. 그리고 누렇고 큼지막한 이빨이 가지런한 저 커다란 장밋빛 주둥이 속으로 하얀 수선화 같은 손을 쏙 집어넣곤 했다. 플라테로가 가까이 다가와 몸을 비비면, 그 귀를 붙잡고 플라테로라는 이름을 여러 가지로 귀엽게 바꾸어 불렀다. —플라테로! 플라테론! 플라테리요! 플라테레테! 플라테루초!

　몇 날 며칠 동안 하얀 요람을 타고 아이가 죽음의 강을 항해할 때, 아무도 플라테로를 떠올리지 않았다. 아이는 헛소리를 하면서 쓸쓸히 당나귀의 이름을 불렀다. 플라테리요!…… 어둡고 한숨소리만 가득한 집에서는, 이따금 멀리서 그 아이의 이름을 부르는 친구의 애타는 목소리가 들렸다. 아, 서글픈 여름날이여!

　장례식 날 오후는 하느님의 축복으로 화려하게 단장했다! 장밋빛과 황금빛으로 빛나는 9월은 지금처럼 저물어갔다. 천국으로 이어진 길을 비추는 석양 아래 묘지에서 울려 퍼지는 저녁 종소리! 상심한 나는 홀로 토담을 따라 집으로 돌아와 뒷문으로 들어갔다. 그리고 사람들을 피해 마구간으로 가서 자리를 잡고 앉았다. 플라테로와 함께 생각하기 위해서……

양치기 소년

보랏빛 밤의 장막이 언덕을 어둡고 음침하게 뒤덮는다. 양치기 소년이 수정처럼 투명한 녹색 저녁 하늘을 등지고 검은 그림자가 되어, 초저녁 샛별이 반짝이는 언덕 위에서 피리를 불고 있다. 어둠에 묻혀 이제는 보이지도 않는 들꽃이 점점 더 짙은 향기를 뿜어내더니 나중에는 그 향기로 어둠 속에서 꽃의 형상을 만들어간다. 양 떼는 평소 다니던 길을 따라 마을로 들어오다가 마을 어귀에서 잠깐 뿔뿔이 흩어지더니, 잠시 뒤 맑고 달콤한 방울소리가 들꽃과 어우러져 움직이지 않고 가만히 울린다.

—나리, 이 당나귀가 제 거라면 얼마나 좋을까요……

짙은 어스름 속에서 더욱 거무스름하고 더욱 목가적으로 보이는 그 사내아이는 약삭빠른 눈으로 깜짝이는 순간의 빛까지도 잡아낸다. 그는 세비야의 뛰어난 화가 바르톨로메 에스테반이 그린 어느 거지 소년과 닮았다.

나는 저 아이에게 당나귀를 줄 수도 있어…… 하지만 너 없이 어떻게 살지, 플라테로?

몬테마요르 언덕의 예배당 위로 솟아오른 둥그런 달이, 한낮의 햇빛이 아직 아스라이 어려 있는 목장에 부드러운 빛을 흩뿌리고 있다. 꽃이 흐드러지게 핀 목장이 지금은 환상처럼 떠오른다. 그 모습은 어쩐지 소박하고 아름다운 레이스 같다. 바위더미는 더욱 크고, 더욱 음침하고, 더욱 쓸쓸해 보인다. 보이지 않는 시냇물이 더욱 소리 높여 운다……

이미 멀어져 간 양치기 소년이 여전히 아쉬운 듯 소리친다.

—아, 저 당나귀가 내 거라면……

카나리아 죽다

보렴, 플라테로. 아이들의 카나리아가 오늘 아침 은빛 새장 안에서 죽어 있더구나. 불쌍한 카나리아는 이미 나이가 꽤 많았지…… 머리를 가슴에 파묻고 조용히 마지막 겨울을 보내던 모습을 너도 기억할 거야. 그리고 봄이 찾아와 햇살이 너른 대문 앞을 아름다운 뜰로 바꾸고 안뜰에서 더없이 훌륭한 장미가 꽃망울을 터뜨릴 때, 카나리아도 새로운 생명을 장식하려고 노래했어. 하지만 그 목소리는 망가진 피리 소리처럼 가느다랗고 갈라져 있었지.

새를 돌보던 아이들 가운데 제일 큰 사내아이가 새장 바닥에서 뻣뻣하게 굳어 있는 카나리아를 발견하고는 당황하여 울먹였어.

—모자란 것 없이 다 해주는데! 모이도 물도 다 주었는데!

그래. 모자란 것은 없었단다, 플라테로야. 죽을 때가 되어 죽었다고, 또 다른 카나리아인, 늙은 시인 캄포아모르는 말하겠지……

플라테로, 새들에게도 천국이 있을까? 푸른 하늘 아래 황금빛 장미꽃이 피는 초록 꽃밭이 있을까? 하얀색, 분홍색, 하늘색, 노란색 새들의 영혼이 편히 쉴 수 있는 꽃밭이.

자, 밤이 되면 아이들과 너와 내가 죽은 카나리아를 뜰에 묻어주자꾸나. 오늘은 보름달이 떴어. 파르스름한 은색 달빛 아래, 불쌍한 노래꾼은 어린 블랑카의 하얀 손 안에서 노란 붓꽃의 시든 꽃잎처럼 보이겠지. 그 새를 커다란 장미나무 아래 묻어주자꾸나.

플라테로, 봄이 오면 하얀 장미의 가슴에서 그 새가 튀어나오는 모습을 틀림없이 볼 수 있을 거야. 아름다운 선율이 향기로운 공기를 감싸고, 눈에 보이지 않는 날개가 4월의 햇빛을 머금고 황홀하게 날아오르겠지. 그리고 투명하고 맑은 금빛 노랫소리가 비밀스럽게 흘러나올 거야.

언덕

내가 그 언덕 위에 누워 있는 모습을 너는 한 번도 보지 못했지? 플라테로. 낭만적이고도 고상한 내 모습을 말이야.

……소와 개와 까마귀가 지나가는구나. 하지만 나는 움직이지 않아. 눈길 한 번 주지 않지. 밤이 되어 어둠이 나를 쫓아내면 나는 그제야 집으로 발걸음을 옮긴단다. 내가 언제부터 그곳에 가게 되었는지 나도 모르겠구나. 아니, 내가 그곳에 있었는지 아닌지조차 분명하지 않을 정도야. 어느 언덕을 말하는지 알고 있지? 코바노의 오래된 포도밭 위에 남자나 여자 흉상처럼 솟아 있는 그 붉은 언덕 말이야.

내가 지금까지 읽은 책은 모두 그 언덕에서 읽었어. 내 모든 사상도 그곳에서 태어났지. 나는 사색 속의 모든 미술관에서 내 자화상을 보았단다. 그 그림 속의 나는 검은 옷을 입고 모래 위에 누워, 내게서 등을 돌리고 있더구나. 즉 나는 너에게도, 내 그림을 보고 있는 사람에게도 등을 돌리고 있어. 그리고 내 눈과 서쪽 끝 사이에서 자유롭게 사색하지.

피냐의 집에서, 돌아와 식사를 할 것인지 잠을 잘 것인지 묻는구나. 나는 돌아갈 생각이지만, 그 자리에 그대로 머물지도 몰라. 즉 나는 지금 너와 마찬가지로 이곳에 없고, 있어야 할 곳에도 없으며, 설령 죽더라도 무덤 속에도 없어 ─나는 그렇게 확신한단다, 플라테로. 나는 고전적이면서도 낭만적인 붉은 언덕에서, 책 한 권 손에 들고 태양이 강으로 가라앉는 모습을 보고 있을 뿐이란다……

가을

플라테로, 태양이 벌써 잠자리에서 일어나기가 귀찮아진 모양이야. 그래서 농부가 태양보다 일찍 눈을 뜨는 거야. 확실히 햇빛이 서늘하고 선선한 계절이 되었구나.

북풍이 어찌나 야멸차게 몰아치는지! 땅에 떨어진 잔가지들을 보렴. 바람이 너무 세차게 불어대니 모든 가지들이 다 남쪽을 가리키고 있어.

농부들이 허름한 무기처럼 쟁기를 둘러메고 평화롭고 즐거운 밭일을 하러 기운차게 출발하는구나, 플라테로. 그리고 널찍하고 축축한 논두렁에는 양쪽에 늘어선 노란 나무들이 언젠가 초록 옷으로 갈아입을 날을 기약하며, 지금은 부드럽고 밝은 금빛 화톳불처럼, 잰걸음으로 걷는 우리를 생생하게 비춰주고 있단다.

묶인 개

플라테로, 나에게 가을의 시작은 해질 무렵 쌀쌀하고 쓸쓸해진 뒤뜰과 안뜰과 밭의 인적 없는 곳에서 맑은 목소리로 길게 짖어대는, 묶인 개와 같단다…… 나날이 노랗게 물들어 가는 요즘에는 어디에 있더라도 저물어가는 해를 향해 짖어대는 개의 울음소리를 늘 듣는단다, 플라테로……

그 울음소리는 언제나 구슬픈 노래로밖에 들리지 않아. 그때 인간의 생명은, 탐욕스러운 마음이 마지막 남은 보물을 움켜쥐듯이 남아 있는 황금에 매달리려 하지. 하지만 닥치는 대로 긁어모아 여기저기 묻어둔 황금도 이제는 거의 남아 있지 않아. 그건 마치 아이들이 나비나 마른 이파리 모으듯 거울 조각으로 햇빛을 모아 그늘진 벽을 비추려는 것과 같단다……

참새와 구관조는 오렌지 나무와 아카시아 나무에서 이 가지 저 가지로 옮겨 다니며 더욱 높이 태양을 쫓아간단다. 하지만 태양은 붉은색으로, 연보라색으로 변해가지…… 아주 잠깐 숨을 멈춘 그 한 순간을, 아직 목숨이 붙어 있는데도 영원히 죽은 것처럼, 아름다움이 그것을 영원하게 만드는 거야. 그리고 개는 그 아름다움이 죽어간다고 생각하고는 불꽃처럼 격렬하게 짖어대는 거란다……

그리스 거북이

어느 날 낮에 형과 나는 뒷골목으로 학교에서 돌아오는 길에 그 거북이를 발견했단다. 8월이었어, 플라테로. —컴컴하고 낮은, 감청색 하늘! —우리는 되도록 더위를 피하기 위해 지름길로 돌아왔지⋯⋯ 거북이는 창고 담벼락 밑에 자란 잡초 사이에서 마치 흙덩이처럼 뒹굴고 있었어. 그래도 한쪽 구석에서 썩어가는 노랗고 낯익은 늙은 카나리오 나무 그림자가, 아주 살며시 거북이를 감싸 안아주고 있었단다. 우리는 가정부의 도움을 받아 조심스럽게 거북이를 집어 들었어. 그리고 흥분하며 집으로 들어가 소리쳤단다. 거북이야! 거북이에요! 거북이는 너무 더러웠기 때문에 물을 뿌려 닦아 주었어. 그러자 데칼코마니 같은 금색과 검은색 무늬가 나타나더구나⋯⋯

이 이야기를 전해들은 올리바의 돈 호아킨 선생님이 그리스 거북이라고 가르쳐 주었어. 나중에 예수회 학교에서 자연사 공부를 할 때도 똑같은 거북이가 그 책에 실려 있는 것을 발견했지. 또 커다란 유리병에 방부 처리되어 있는 거북이도 보았는데, 역시 같은 이름의 팻말이 달려 있었어. 그러니까, 플라테로, 그 거북이는 그리스 거북이가 틀림없어.

그때부터 거북이는 쭉 그곳에서 지내고 있어. 우리는 어렸기 때문에 거북이를 꽤나 괴롭혔단다. 망에 넣고 돌리기도 하고, 개 로드에게 던져주기도 하고, 며칠씩 거꾸로 뒤집어놓기도 했지…… 어느 날 거북이가 얼마나 단단한지 우리에게 보여주겠다며 귀머거리 녀석이 총을 쏘았어. 납으로 된 총알은 튕겨 나왔지만 마지막 한 발에, 불쌍하게도, 배나무 밑에서 물을 마시고 있던 하얀 비둘기가 죽고 말았단다.

거북이는 몇 달이 지나도 모습을 보이지 않다가, 어느 날 갑자기 죽은 듯이 꼼짝도 않은 채 석탄 더미 속에서 발견되거나, 때로는 하수구 속에서 나타나곤 했어…… 이따금 둥지 안에서 썩은 달걀이 나오면 거북이가 어딘가에 있다는 사실만 알 수 있었단다. 닭과 비둘기와 참새와 똑같은 먹이를 먹지만, 토마토를 가장 좋아해. 봄이 되면 가끔 뒤뜰을 제멋대로 돌아다니곤 하지. 그럴 때면 마치 말라비틀어지고 고독한 늙은 불사신이 젊은 가지를 뻗어, 이 새로운 생명의 탄생을 통해 앞으로 한 세기 더 살아가려는 것처럼 보였어……

10월 저녁

　방학이 끝나고 나뭇잎이 노랗게 물들기 시작하면 아이들은 학교로 돌아갔다. 고독. 집의 양지바른 뜰도 낙엽이 쌓여 텅 비어 보인다. 멀리서 고함과 아스라한 웃음소리가 꿈결처럼 울려 퍼진다……

　아직 꽃이 피어 있는 장미나무에 천천히 해가 기운다. 석양빛이 마지막을 앞둔 장미꽃들에게 등불을 밝힌다. 저녁놀에 물들어 향기로운 불꽃처럼 타오르는 뜰에는, 장미꽃이 불타는 향기가 가득하다. 정적.

　플라테로도 나처럼 할 일이 없어 지루해하고 있다. 조금씩 내 쪽으로 다가와 잠시 망설인다. 그러나 결국에는 안심하고, 바짝 마른 단단한 벽돌을 야무지게 밟으며 나와 함께 집 안으로 들어간다……

안토니아

　시냇물이 너무 많이 불어나는 바람에, 황금 띠처럼 여름 냇가를 장식하고 있던 노란 붓꽃이 저마다 외따로 떨어져 물속에 잠긴 채 흐르는 물줄기에 꽃잎을 흩뿌리며 그 아름다움을 바치고 있다.

　안토냐*1는 나들이옷을 저토록 곱게 차려 입고 어떻게 이 개울을 건너려는 걸까? 우리가 물속에 놓은 징검다리도 진흙 속에 파묻혀 버렸다. 안토냐는 기슭을 따라 상류로 올라가, 혹시 건널 수 없을까 하고 미루나무 울타리가 있는 곳까지 가 보았다…… 부질없었다…… 그래서 내가 먼저 플라테로를 빌려주겠다고 말했다.

　내가 안토냐에게 말을 걸자 그녀는 얼굴이 화끈 달아오르며, 잿빛 눈망울 주변의 사랑스런 주근깨가 저녁놀처럼 붉게 물들었다. 그러더니 나무 쪽을 보며 갑자기 웃음을 터뜨렸다…… 그녀는 마침내 마음을 정했다. 분홍색 뜨개숄을 풀밭 위에 던지고 종종걸음으로 도움닫기를 해서 그레이하운드처럼 날래게 플라테로의 등에 올라타 두 다리를 아래로 늘어뜨렸는데, 그 튼튼한 다리는 깜짝 놀랄 만큼 여성스럽고, 올이 성긴 양말의 빨갛고 하얀 줄무늬에 오동통하게 감싸여 있었다.

---

*1 안토니아의 애칭.

플라테로는 잠깐 생각하더니 껑충 뛰어올라 건너편 기슭에 올라섰다. 수줍은 안토냐와 나 사이에 이미 개울이 가로지르고 있었다. 그녀는 곧장 플라테로의 옆구리에 박차를 가하더니, 볕에 그을린 말괄량이 아가씨의 금빛 은빛 웃음을 남기고 들판으로 달려갔다.

······붓꽃과 물과 사랑의 향기. 가시 돋친 장미 화관처럼, 셰익스피어가 클레오파트라의 입을 빌려 했던 말이 내 마음에 되살아났다.

아, 행복한 말이여, 안토니우스의 무게를 실어 나를 수 있다니!

—플라테로! —나는 조금 화가 나서 소리쳤다. 무뚝뚝하고 거친 목소리로······

남겨진 포도송이

기나긴 시월비가 걷힌 황금빛 화창한 날, 우리는 다 같이 포도밭으로 갔다. 플라테로는 양쪽으로 둘러 멘 가죽 주머니 한쪽에 과자와 계집아이들의 모자를 싣고, 다른 한쪽에는 무게를 맞추느라 복숭아꽃처럼 발그스레한 볼을 가진 사랑스런 소녀 블랑카를 태웠다.

되살아난 들판의 아름다움! 시냇물은 남실남실하고, 쟁기질한 밭은 부드럽게 부풀어 있다. 여전히 노란 이파리를 달고 있는 물가의 미루나무에는 작은 새들의 그림자가 보인다.

갑자기 계집아이들이 잇따라 소리 지르며 달려간다.

—포도다! 포도다!

버석버석한 검붉은 이파리 몇 장만 매단 채 어지러이 얽혀 있는 덩굴 밑동에 가을 여인처럼 반드르르하고, 밝고 건강한, 호박색 포도송이 하나가 강렬한 햇살 아래 탐스럽게 빛나고 있다. 모두가 그 포도를 원했다! 처음 그 포도를 딴 빅토리아는 등 뒤로 감추며 내놓지 않으려고 했다. 나는 그녀에게 졸라 보았다. 그러자 여인의 문턱에 선 소녀가 남자에게 보이는 그 달콤하고 몸에 밴 온순함을 보이며 나에게 기꺼이 내주었다.

그 포도송이에는 굵은 포도가 다섯 알 달려 있었다. 나는 한 알을 빅토리아에게, 한 알을 블랑카에게, 한 알을 롤라에게, 한 알을 페파에게, 즉 아이들 모두에게 나누어 주었다. 마지막 한 알은 모두의 웃음소리와 박수 속에서 플라테로에게 주었다. 플라테로는 커다란 이빨로 포도알을 덥석 물었다.

알미란테

너는 그 말을 본 적이 없지. 네가 우리 집에 왔을 때 그 말은 이미 다른 곳으로 가 버렸으니까. 나는 기품이 무엇인지 그 말에게 배웠단다. 봐, 그 말이 쓰던 마구간 위에는 이름표도 아직 붙어 있잖아. 그곳에는 그의 안장과 재갈과 고삐도 있어.

알미란테가 처음 뒤뜰에 들어섰을 때 나는 얼마나 흥분했는지 몰라, 플라테로! 바닷가에서 자란 그는 내게 힘과 활기와 기쁨을 모두 주었단다. 얼마나 아름답던지! 아침마다 나는 일찍 일어나 그를 타고 강어귀까지 내려갔어. 늪지를 전속력으로 달리며 사람 없는 물방앗간에서 곡식을 훔쳐 먹는 까마귀 떼를 날려 보냈지. 그리고 큰길을 따라 달려 올라가 또각또각 야무지고 힘차게 걸으며 누에바 거리로 들어섰단다.

어느 겨울 오후, 산후안 양조장 주인 뒤퐁 씨가 한 손에 채찍을 들고 우리 집에 왔어. 거실의 둥근 탁자 위에 지폐 몇 장을 올려놓더니 라우로와 함께 뒤뜰로 가더구나. 한참이 지나 어느덧 땅거미가 깔릴 무렵, 창문 밖으로, 뒤퐁 씨가 알미란테를 자기 마차에 매고는 빗속을 뚫으며 누에바 거리를 달려 올라가는 모습을 나는 망연하게 바라보았단다.

하루가 가고 또 하루가 가도 내 마음은 찢어질 듯 아팠어.

의사를 불러야 했지. 의사는 진정제와 무언지 모를 약들을 처방해 주었어. 그리고 모든 것을 지워주는 시간이 내 슬픔을 씻어내 주었단다. 로드와 그 어린 소녀에 대한 슬픔까지도 지워주었던 것처럼 말이야, 플라테로.

그래, 플라테로. 알미란테와 너는 참으로 좋은 친구가 되었을 텐데.

가을 그림

플라테로, 이제 막 쟁기질을 끝낸 거무스레한 밭에 촉촉하고 보드라운 이랑이 생기고, 그 이랑마다 벌써 작고 푸른 싹이 줄지어 움트기 시작했어. 이미 날이 많이 짧아져서 저녁해가 고운 금빛 햇살을 흩뿌리고 있구나. 추위를 못 견디는 새들은 높이, 커다란 무리를 지어 모로(아프리카 북쪽 해 안 지방의 옛 지명)로 날아간다. 바람이 살짝만 불어도 노랗게 물든 마지막 잎사귀들이 저 가지에서 우수수 떨어지고 말테지.

플라테로, 이 계절은 우리를 명상으로 이끈단다. 이럴 때 우리에게 다른 친구가 생기지. 잘 고른 훌륭한 새 책 말이야. 책을 펼쳐들면 우리 눈앞에, 들판이 어디까지나 순수하고 고독하여 사색에 잠기기 딱 좋은 그 모습을 아낌없이 보여 줄 거야.

이 나무를 보렴, 플라테로. 바람과 속삭이는 그 초록 나무가 우리의 낮잠을 감싸주던 때로부터 아직 한 달도 지나지 않았어. 그런데 지금은 홀로, 초라하게 버석버석 말라서, 몇 장 남지 않은 이파리 사이로 검은 새 한 마리를 맞이한 채, 종종거리는 노란 저녁해의 깊은 슬픔을 등지고 선명하게 그려져 있구나.

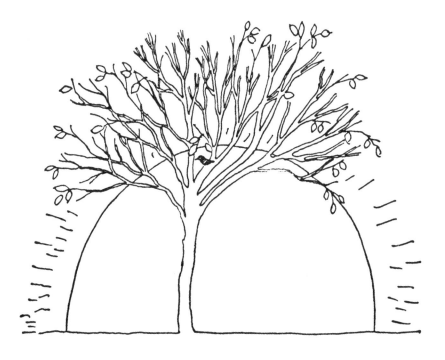

비늘

같은 모게르라도 아세냐 거리부터는 완전히 다른 마을이란다, 플라테로. 거기부터는 뱃사람들의 마을이야. 사람들은 뱃사람 말을 쓰고, 몸놀림이 느긋하고 화려하며, 다른 말투를 쓰지. 사내들은 훨씬 잘 차려입는단다. 묵직한 시곗줄을 달고 고급 궐련을 피우며, 기다란 담배파이프를 사용해. 마차제작소 거리의 라포소처럼 수수하고 무뚝뚝하고 단순한 사람과, 리베라 거리의, 너도 잘 아는 피콘처럼 호탕하고 구릿빛 피부에 금발머리를 한 사람은 얼마나 다르니!

산프란시스코 성당의 성당지기 딸 그라나디야는 코랄 거리에서 자랐어. 그녀가 우리 집에 오면 그 활기찬 입담에 온 부엌이 들썩였지. 프리세타와 몬투리오와 오르노스에서 온 우리 집의 세 하녀는 입을 쩍 벌리고 그녀의 이야기에 귀를 기울인단다. 그녀는 카디스와 타리파와 섬 이야기를 해. 또 밀수한 담배며, 영국 옷감이며, 비단 스타킹이며, 금붙이 은붙이 이야기며…… 그러고는 하늘하늘한 검은 숄을, 주름이 잡힌 얇은 옷을 입은 가무잡잡한 몸에 두르고는, 구둣발을 또각거리고 엉덩이를 실룩거리며 돌아간단다……

하녀들은 그녀의 현란한 이야기를 자기들끼리 하고 또 하지. 몬테마요르가 왼눈을 손으로 가리고, 생선 비늘을 태양에 비춰보고 있더구나. 뭘 하느냐고 물었더니, 수놓은 망토를 두르고 무지개 밑에 있는 카르멘 성녀가 비늘 안에 보인다고 대답하지 뭐냐. 뱃사람들의 수호신 카르멘 성녀. 그건 사실이야. 그라나디야가 그렇게 말했으니까……

피니토

메롱!…… 메롱!…… 메롱!…… 피니토보다 더 바보!……

피니토가 누구인지 거의 잊고 있었구나. 그런데 지금 붉은 토담을 불꽃처럼 물들이는 포근한 가을 햇살 속에서, 이 아이의 목소리에 문득 피니토의 모습이 되살아났어. 불쌍한 피니토가 거무죽죽한 포도덩굴을 짊어지고 언덕을 올라 우리 쪽으로 오는 모습이 말이야, 플라테로.

그는 내 기억 속에 나타났다가도 이내 사라지고 말아. 나는 그를 좀처럼 떠올리지 못해. 말라깽이에 까무스름하고 날랜 피니토, 어딘가에 아름다움을 간직하고 있는 그의 모습이 순간 떠오르다가도, 그 모습을 자세히 살펴보려고 하면 아침해가 비칠 때의 꿈처럼 홀연히 사라져 버리고 말아. 그러면 내가 생각하고 있던 사람이 그였는지조차 알 수 없게 되지……

아마도, 어느 비오는 아침, 그는 아이들의 돌팔매를 맞으며 거의 알몸으로 누에바 거리를 달려갔을 거야. 또 겨울의 어느 해질녘에 고개를 푹 숙이고 터덜터덜, 낡은 묘지 담장을 따라 물방앗간을 지나, 죽은 개들과 쓰레기더미가 있는, 타지에서 흘러든 거지들이 모여 살며 집세도 내지 않는 동굴 속으로 돌아갔겠지.

—……피니토보다도 더 바보!…… 메롱!

피니토와는 딱 한 번 이야기해 봤어, 플라테로! 마카리아의 말에 따르면, 불쌍한 피니토는 술을 떡이 되도록 마시고 성의 수로 근처에 있는 콜리야 모녀의 집에서 죽었다고 하더구나. 아주 오래 전, 내가 지금 너처럼 아직 어린아이였을 때의 일이야, 플라테로. 그런데 그는 정말로 바보였을까? 사실은 어땠을까?

그는 죽었고, 그가 어떤 사람이었는지 나는 몰라. 하지만 저 아이의 어머니는 틀림없이 그를 알고 있었고, 저 아이가 그렇게 말하는 것을 보면, 나는 피니토보다 훨씬 바보인가 봐, 플라테로.

강

보렴, 플라테로. 염치없는 욕망 때문에 강이 완전히 광산의 희생양이 되어 버렸어! 오늘 오후, 여기저기서 보라색과 누런 진흙 사이에 고인 붉은 물은 저녁해를 거의 비추지 못하는구나. 그렁저렁 강바닥을 지날 수 있는 것이 조그만 장난감배뿐이라니. 정말 비참한 일이야!

옛날에는 포도주상인들의 커다란 배와 외돛배, 쌍돛배, 삼각돛배가 어지러이 뒤얽혀 돛대 숲으로 산후안의 하늘을 화려하게 장식했단다. 늑대호, 엘로이사 주니어 호, 불쌍한 킨테로가 키를 잡았던 아버지의 산 카예타 호, 피콘이 부리던 작은아버지의 스타 호 등─그 배의 엄청나게 큰 돛은 아이들에게 동경의 대상이었는데! 배들은 포도주를 잔뜩 싣고 말라가와 카디스와 지브롤터로 항해했단다…… 그러한 배들 사이에 섞여 뱃머리의 눈과 성상과 배 이름을 녹색, 파란색, 흰색, 노란색, 빨간색으로 칠한 거룻배들이 파도를 알록달록하게 물들였어…… 그리고 어부들은 정어리와 굴, 장어, 광어, 게를 뭍으로 올렸지…… 그런데 리오틴토 광산에서 흘러나온 폐수가 그 모든 것을 더럽혀 버렸어. 하지만 플라테로, 그나마 좋은 점은, 부자들이 거들떠보지도 않게 된 덕에 지금은 얼마 안 되는 그 생선을 가난한 사람들이 먹을 수 있게 되었다는 거야…… 하지만 외돛배, 쌍돛배, 삼각돛배는 모두 사라져 버렸단다.

얼마나 비참한 일이냐! 밀물이 되어도 뱃머리의 그리스도상이 큰 파도에 몸을 씻는 일은 볼 수 없어! 그곳에는 이 붉은 저녁해처럼 검붉게 말라붙은 강줄기가 볼품없이 남아 있을 뿐이야. 마치 누더기를 걸친 동냥아치의 쭈그러진 시체에서 흘러나오는 핏방울처럼. 그곳에는 해체되어 검게 썩어가는 스타 호가 부서진 용골을 하늘로 향한 채 생선 가시 같은 잔해를 저녁햇살 아래 드러내고 있단다. 그 위에서 감시인의 아이들이 뛰어놀고 있어. 마치 내 쓸쓸한 마음속을 괴로움이 휘젓고 다니듯.

석류

석류가 어쩜 이리 예쁘니, 플라테로! 아게디야가 몬하스의 개울가에 있는 석류나무에서 가장 잘 익은 것으로 골라 보내주었어. 이 석류만큼, 과일을 영글게 하는 물의 싱그러움을 떠올리게 해주는 과일은 없단다. 싱싱한 건강미를 자랑하며 툭 벌어져 있구나. 자, 같이 나누어 먹자!

땅속으로 파고드는 뿌리처럼 다부진 석류 껍질─쌉싸래하고 투박한 풍미가 상쾌하기도 하지, 플라테로! 봐, 껍질에 딱 달라붙어 나온 과육을, 처음 입 안에 털어 넣을 때의 달콤함─마치 자그마한 루비처럼 빨갛지. 봐, 플라테로, 얇은 막으로 둘러싸인 조롱조롱한 알맹이는 신선하게 잘 익었고, 젊은 여왕님의 심장처럼 싱싱하고 견고해서, 먹을 수 있는 자수정이라 불리는 진귀한 보석이야. 플라테로, 어쩌면 이렇게 옹골지게 차 있을까! 떼서 먹어 보렴! 정말 맛있구나! 싱싱하고 빨갛게 익은 속살을 한 입 베어 물 때의 상쾌함! 기다려 봐. 말을 할 수가 없구나. 석류를 맛볼 때의 감동은 꼭 만화경의 현란한 색채에 홀렸을 때와 같아. 참 맛있었지?

그런데 우리 집에는 이제 석류나무가 한 그루도 없단다, 플라테로. 플로레스 거리의 양조장에 있던 석류나무를 본 적이 없지. 우리는 저녁이면 곧잘 그리로 가곤 했는데…… 허물어진 토담 사이로 코랄 거리의 멋스러운 집들의 뒤뜰과 들판과 강이 보였어. 감시인의 뿔피리 소리와 시에라 대장간 소리도 들려왔지…… 평범한 일상의 시적 정취가 넘치는 이 마을은 언제나 내가 아직 모르는 새로운 부분을 보여주었단다. 해가 저물면 석류나무는, 도롱뇽이 잔뜩 모여드는 무화과나무 밑의 우물가에서 보석처럼 반짝였지……

석류, 모게르의 과일, 그 화려한 문장(紋章)! 자줏빛 석양을 향해 입을 벌린 석류!

몬하스 과수원의 석류도, 페랄 계곡의 석류도, 사바리에고의 석류도 고요하고 깊은 골짜기에 자리잡고 있고, 그 곁을 흐르는 시냇물은 밤이 내려앉을 때까지 장밋빛 하늘을 비춘단다. 내 마음이 언제까지나 장밋빛 하늘을 비추고 있듯이 말이야.

오래된 묘지

나는 널 이곳에 데려오고 싶었어, 플라테로. 그래서 매장꾼들에게 들키지 않도록 벽돌장이의 나귀들 사이에 너를 숨겨두었던 거야. 이제 정적만이 우리를 감싸안으니…… 자, 가자……

보렴, 여기는 산호세의 안뜰이야. 철책이 다 내려앉은 적막한 그 녹색 구석은 사제들의 묘지야…… 번쩍번쩍 빛나는 세 시의 서쪽 태양이 내리쬐는, 석회를 바른 이 작은 구역은 어린아이들의 묘지란다…… 계속 가자…… 제독…… 베니타 아주머니…… 이 낮은 곳은 가난한 사람들의 자리란다, 플라테로……

참새들이 측백나무 가지 사이로 들락날락하는구나! 보렴, 얼마나 유쾌하니! 저기 샐비어 덤불에 숨어 있는 오디새는 돌담의 오목하게 패인 곳에 둥지를 틀었어…… 매장꾼의 아이들이다. 보렴, 저렇게 기쁜 얼굴로 붉은 버터를 바른 빵을 먹고 있구나…… 플라테로, 보렴, 저기 흰나비 두 마리가 있어……

새로운 구역이다…… 기다려 봐…… 들리니? 방울소리…… 도로를 따라 역으로 가는 세 시 역마차 소리야……

저건 풍차방앗간의 소나무야…… 루트가르다 아주머니…… 대위…… 어린 알프레도 라모스…… 어린 시절 어느 봄날 오후 나는 형과 페페 사엔스, 안토니오 리베로와 함께 그 아이를 작고 하얀 관에 넣어 이곳으로 데리고 왔단다…… 쉿!…… 리오틴토의 기차가 철교를 지나가는구나…… 계속 가자…… 폐병을 앓던, 그토록 어여쁘던 불쌍한 카르멘이야, 플라테로…… 보렴, 햇살을 머금은 이 장미꽃을…… 여기에는 그 수선화 같던 소녀가 잠들어 있어. 새카만 눈동자를 간직할 수 없었던 그 소녀…… 그리고 이곳에 우리 아버지가 계시단다……

플라테로……

리피아니

자, 옆으로 비켜서서 학교 아이들이 지나갈 수 있게 해주렴, 플라테로.

오늘은 목요일이잖니, 그래서 아이들이 들판으로 나왔단다. 리피아니는 아이들을 카스티야노스 신부님에게 데려가기도 하고, 앙구스티아스의 다리나, 필라로 데려가기도 한다. 오늘은 리피아니가 기분이 좋은 듯하구나. 아이들을 에르미타까지 데려간 걸 보니.

리피아니가 너까지 구워삶으면 어쩌나 하고 이따금 생각한단다. —시장이 입버릇처럼 말하는 '애 취급한다'는 뜻이란 건 알고 있지?—네가 굶어 죽을까봐 걱정스러워서 그래. 왜냐하면 가난한 리피아니는 하느님의 우애를 구실 삼아 아이들을 데리고 나와서는, 유창한 입담으로 아이들이 가져온 오후 산책 간식을 자기와 반씩 나누어 먹도록 부추기거든. 이렇게 해서 그는 늘 아이들 열세 명이 가지고 온 간식의 절반을 먹어치운단다.

보렴, 다들 행복해 보이지 않니! 옷 밖으로 튀어나올 듯한 커다란 심장처럼 발갛게 상기된 아이들이 불타는 시월 오후의 강렬한 햇살을 받으며 지나가는구나. 리피아니는 보리아에게 받은 황갈색 체크무늬 옷을 억지로 껴입고 포동포동한 몸을 뒤뚱거리면서, 저 소나무 아래에서 기다리는 맛있는 음식들을 떠올리며 반백의 턱수염으로 뒤덮인 큼직한 입가에 웃음을 띠고 있어…… 리피아니가 지나간 뒤에도 들판은 여전히 색색의 금속처럼 진동하는구나. 마치 바다가 내려다보이는 저 금빛 종탑에서 교회의 커다란 종이, 저녁종을 다 친 뒤에도 커다란 녹색 풍이처럼 마을 하늘에 윙윙거리는 여운을 남기는 것처럼.

요새

오늘 오후는 하늘이 어쩜 이렇게 아름다울까, 플라테로. 널따란 순금 칼날 같은 서늘한 가을빛으로 반짝이고 있어! 나는 이곳이 좋아. 황량한 이 언덕 위에서는 해가 지는 모습이 잘 보일뿐더러, 아무도 우릴 귀찮게 하지 않고, 우리 역시 누구도 귀찮게 하지 않으니까……

그곳에는 양조장 몇 채와, 개갓냉이와 쐐기풀로 뒤덮인 지저분한 토담 사이로 하얗고 파란 집 한 채가 아무도 살지 않는 것처럼 덩그러니 서 있어. 그러나 그곳은 살결이 희고 아름다운 착한 콜리야와 그 딸, 언제나 검은 옷을 입고 있는 똑 닮은 모녀의 사랑이 넘치는 밤의 요새란다. 이곳 해자에서 피니토가 죽었지만 이틀 동안 아무도 발견하지 못했지. 포병대가 왔을 때는 이곳에 대포를 몇 대나 설치했어. 위스키 밀조를 자랑삼아 떠벌리는 돈 이그나시오를 너도 여기서 만난 적이 있을 거야. 또 앙구스티아스의 소 떼도 이 길을 통해 마을로 들어온단다. 여기에는 아이들도 찾아오지 않아.

……해자에 걸린 아치 모양의 다리 위에서, 불그죽죽하게 말라비틀어진 포도밭을 좀 보렴. 그 너머로 벽돌 굽는 가마와 보라색 강이 보이지? 보렴, 인적 없는 늪지를. 보렴, 저녁해가 눈에 보이는 하느님처럼 커다란 자줏빛으로 바뀌어 모두의 마음을 빼앗고는 우엘바 마을 너머의 한줄기 바다로 가라앉는구나…… 온 세상이, 즉 모게르와 들판과 플라테로와 내가 고이 바치는 절대적인 침묵 속에서.

옛 투우장

플라테로. ……언제였는지 기억나지 않지만…… 어느 날 오후 불타버린 그 옛 투우장의 환영이 붙잡을 수 없는 질풍처럼 수도 없이 내 마음을 스치고 가는구나……

투우장 안이 어떻게 생겼는지는 나도 몰라…… 하지만 그것을 본 기억은 있어. —아니면 마놀리토 플로레스가 곧잘 나에게 주었던 초콜릿 포장지 그림에서 보았을까?— 시커먼 황소가 딱딱한 고무로 만든 듯한 납작코를 가진 조그만 회색 개를 공중으로 던져 날리는 그림이었지…… 짙푸른 풀 한 포기가 높이 자란, 인적이라곤 전혀 없는 투우장의 둥그런 공간…… 투우장이 어떻게 생겼는지, 나는 멀리서, 즉 위에서 내려다보고 알 뿐이야. 나는 투우장에는 내려가지 않았거든…… 하지만 그곳에 사람은 없었어…… 나는 그 그림처럼 훌륭한 진짜 투우장에 있다는 꿈을 꾸면서, 소나무 계단을 달음박질해 점차 위로 올라갔지. 비에 젖은 땅거미가 나를 감쌀 때, 저 멀리 차가운 먹구름에 뒤덮인 짙은 녹음이 가득한 풍경이 언제까지나 내 마음을 사로잡았어. 그리고 솔숲 지평선이, 머나먼 바다에 아스라이 흐르는 하얀 빛 위로 선명하게 그려져 있었단다……

그게 다야…… 그곳에 얼마나 오래 있었을까? 누가 나를 데리고 돌아갔지? 언제였을까? 나는 기억하지 못하고 아무도 나에게 알려 주지 않았어, 플라테로…… 하지만 내가 그 이야기를 하면 모두들 이렇게 말한단다.

—그래. 거긴 불타버린 성의 투우장이야……

그 시절에는 모게르에도 어김없이 투우사들이 왔었단다……

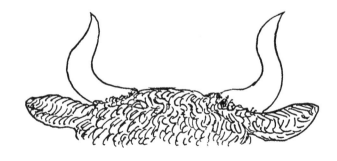

메아리

그곳은 너무 쓸쓸해서 항상 누군가가 숨어 있을 것만 같다. 사냥꾼은 산에서 돌아오는 길에 이 근처까지 오면 걸음을 재촉하며 더 먼 곳을 보려고 울타리 위로 올라간다. 도둑 파랄레스는 이 지방을 털러 왔을 때 여기서 밤을 지새웠다고 한다…… 붉은 바위가 동쪽에서 모습을 나타내면, 그 위로 이따금 무리에서 떨어져 나온 산양이 해질 녘 노란 달을 등에 지고 선명한 그림자를 드리운다. 너른 목장에는 8월이 되면 바싹 마르는 연못이 있어, 노란색과 초록색과 분홍색 하늘을 한 조각씩 담는다. 그 연못은 아이들이 개구리를 잡거나 물보라를 일으키려고 높은 곳에서 돌멩이를 던져대는 바람에 거의 막혀 버렸다.

……나는 길모퉁이에 있는 쥐엄나무 곁에서 플라테로를 멈춰 세웠다. 바삭바삭 마른 그 나무의 칼날 같은 콩깍지가 온통 거무스름하게 물들어 목장 입구를 가로막고 있다. 나는 손을 입가에 대고 바위 쪽을 향해, 플라테로! 하고 불렀다.

바위가 플라테로! 하고 대답했는데, 그 메마른 목소리는 근처에 있는 연못 때문에 조금 부드러워져 있었다.

플라테로는 고개를 번쩍 들어 돌아보더니 느닷없이 달려가려고 하며 몸을 부르르 떨었다.

플라테로! 나는 또 바위를 향해 소리쳤다.

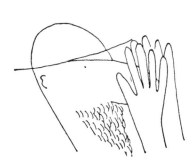

바위도 또 대답했다. 플라테로!

플라테로는 나를 보고 바위를 보았다. 그리고 윗입술을 젖히며 산꼭대기를 향해 길게 울었다.

바위도 그의 울음소리에 답하느라 길게 꼬리를 빼면서 음울하게 울었다.

플라테로가 다시 울었다.

바위도 다시 울었다.

그러자 플라테로는 날씨가 안 좋은 날처럼 거세게 반항하며, 머리를 박고, 빙글빙글 돌고, 굴레를 빼내려고 날뛰다가, 나를 내버려 두고 혼자 달아나려고 했다. 나는 다정하게 달래며 플라테로를 데리고 그 자리를 떠났다. 이윽고 그의 울음소리가 조금씩 선인장 사이로 잦아들었다.

깜짝 놀라다

아이들이 밥을 먹고 있었다. 엷은 분홍빛 전등불이 새하얀 식탁보를 아련하게 감싸고 있다. 그리고 붉은 제라늄과 새빨간 사과가, 천진한 얼굴이 둘러앉은 소박한 그 풍경을 생기 넘치는 기쁨으로 물들였다. 계집아이들은 숙녀처럼 먹고, 사내녀석들은 어른들처럼 말다툼을 했다. 그 뒤쪽에서 금발의 젊고 아름다운 어머니가 갓난아기에게 하얀 젖을 물리며 자상하게 아이들을 바라보고 있다. 정원이 바라보이는 창문에는 별빛 환한 밤이 오들오들 떨고 있었다.

별안간 블랑카가 가냘픈 빛줄기처럼 달려가 어머니 팔에 찰싹 달라붙었다. 주위가 갑자기 조용해지더니 곧이어 우당탕 의자 넘어지는 소리가 나고, 다들 겁에 질려 창문을 힐끗거리며 너도나도 블랑카의 뒤를 따랐다.

플라테로 이 바보! 창문에 달라붙은 당나귀의 희고 커다란 머리는, 그림자와 유리창과 아이들의 두려움 때문에 더욱 거대하게 보였다. 플라테로는 이 밝고 푸근한 식탁을 조금 쓸쓸한 눈으로 조용히 바라보고 있었을 뿐이건만.

오래된 샘물

변함없이 푸르른 솔숲 옆에서 변함없이 하얗다. 하얗지만 동틀 녘에는 분홍색 아니면 푸른색. 하얗지만 저녁에는 황금색 아니면 연보라색. 하얗지만 밤에는 녹색 아니면 하늘색. —이 오래된 샘물가에서 내가 오래도록 서 있는 모습을 너는 수없이 보아왔지, 플라테로. 이 샘물은 어떤 열쇠 또는 무덤과도 같아서, 이 세상의 모든 애수, 인생의 거의 모든 감정을 그 안에 감추고 있단다.

그 샘물 안에서 나는 파르테논과 피라미드와 수많은 대성당을 보았어. 어떤 샘물과 묘지와 회랑이 그 눈부신 아름다움으로 내 마음을 사로잡아 잠 못 들게 할 때면, 그러한 영상은 얕은 잠결에 이 오래된 샘물로 모습을 바꾼단다.

아무리 아름다운 것을 보더라도 나는 이 샘에서 출발해. 그리고 아무리 아름다운 것에서도 이 샘으로 돌아오지. 그렇게, 샘은 언제나 그곳에 있었어. 조화로운 순수가 샘물에 영원한 생명을 부여하고, 색채와 빛은 모조리 샘의 것이 되며, 사람들은 이 샘에서 손으로 물을 퍼내듯 모든 생명의 양식을 퍼 올릴 수도 있단다. 뵈클린은 그리스의 그림에 그것을 그렸지. 프라이 루이스는 그것을 글로 표현했어. 베토벤은 환희의 눈물로 그것을 흘러넘치게 했단다. 미켈란젤로는 그것을 로댕에게 건네주었고.

샘물은 요람이고 결혼이야. 노래고 시야. 현실이고 기쁨이야. 그리고 죽음이야.

플라테로, 오래된 샘물은 오늘밤 여기서, 어둡고 보드라운 녹음의 속삭임을 들으며 대리석상처럼 죽어 있구나. 하지만 비록 죽더라도 내 영혼에서는 영원한 샘물이 솟아나온단다.

길

밤사이 이렇게 많은 나뭇잎이 떨어져 버리다니, 플라테로. 마치 나무들이 하늘에 뿌리를 내리기 위해 이파리로 땅을 딛고, 뿌리를 하늘로 들어올려 물구나무를 서고 있는 것 같아. 저 미루나무 좀 보렴. 꼭 서커스단의 곡예사 소녀 루시아 같아. 그녀가 불꽃같은 머리털을 양탄자에 늘어뜨리고, 코가 성긴 잿빛 스타킹을 신은 늘씬하고 아름다운 다리를 모아서 올릴 때 말이야.

지금, 벌거벗은 가지에 내려앉은 새들에게는 우리가 금빛 이파리에 감싸여 있는 것처럼 보이겠지, 플라테로. 봄날 우리가 푸르른 이파리에 감싸인 새들을 올려다보았던 것처럼. 얼마 전까지 가지마다 속삭이던 나뭇잎의 노래도 지금은 땅 위에서 무뚝뚝하고 초라한 중얼거림으로 바뀌어 버렸어!

플라테로, 낙엽으로 잔뜩 뒤덮인 들판이 보이지? 하지만 다음 일요일, 우리가 다시 이리로 걸음을 옮길 때면 이파리가 한 장도 남아 있지 않을 거야. 어디에서 죽어가는지 나는 모르겠어. 새들은 봄에 사랑을 지저귀면서 이 아름답고 남모르는 죽음의 비밀을 나뭇잎에게 말해 주었을 거야. 하지만 너랑 나는 영원히 알 길이 없겠지, 플라테로……

솔방울

저기, 솔방울 파는 계집아이가 햇볕 쨍쨍한 누에바 거리에서 오고 있구나. 날것과 구운 것을 모두 가지고 왔겠지. 너와 내 몫으로 구운 솔방울을 10센티모[1] 어치 사자꾸나, 플라테로.

황금 같은 태양과 푸른 하늘이 어우러진 11월에는 겨울과 여름이 서로 덧걸려 있어. 햇살이 쨍쨍하고 더워 혈관이 거머리처럼 둥그렇고 푸르뎅뎅하게 부풀어 오를 지경이야…… 라만차에서 온 포목장수가 잿빛 등짐을 지고 조용하고 깨끗한 거리를 지나가는구나. 루세나의 양은장수가 노란 빛에 물들어 종을 울리면 그 울림 하나하나에 햇빛이 녹아들어가지…… 이윽고 모래톱에서 온 그 계집아이가 하얀 회벽에 천천히 다가가 바구니를 든 채 몸을 굽히고, 목탄 조각으로 기다란 선을 하나 그으면서 길고 구슬프게 외친다.

—잘 구운 솔방울 사려……

연인들이 불꽃같은 미소를 주고받으며, 잘 고른 솔방울을 반씩 나누어 문간에서 함께 먹고 있어. 학교에 가던 아이들도 문간에서 작은 돌멩이로 껍질을 부수고 있고…… 어릴 때 겨울 오후면 언제나 친구들과 함께 아로요스에 있는 마리아노의 오렌지 밭에 갔던 일이 떠오르는구나. 우리는 구운 솔방울을 손수건에 싸서 가지고 갔는데, 내 가장 큰 즐거움은, 그것을 까기 위해 물고기 모양의 파리제 주머니칼을 가지고 가는 것이었어. 그 주머니칼에는 진주조개 손잡이가 달려 있고, 작은 두 눈에는 루비가 박혀 있었어. 그 눈을 보며 우리는 에펠 탑을 상상하곤 했지……

---

[1] 스페인의 전 화폐 단위로, 100분의 1 페세타.

구운 솔방울은 뒷맛이 어쩜 이렇게 상쾌할까, 플라테로! 그것을 먹으면 우리는 기운이 나고 밝은 희망에 불타지! 사람들은 마치 불사신이 된 것처럼 추운 겨울 햇볕 속에서 마음의 안정을 느낀단다. 발걸음에 힘이 들어가고 겨울옷의 무게도 잊지. 레온과 역마차꾼 만키토에게 팔씨름을 도전할 만큼 말이야, 플라테로……

달아난 황소

내가 플라테로를 데리고 오렌지 밭에 도착했을 때, 골짜기에는 아직 어둠이 깔려 있고 하얀 크리스마스로즈가 송송히 박혀 있었다. 아스라이 밝아오는 하늘이 황금색으로 물들기 전이었다. 언덕 위의 떡갈나무 숲은 그 하늘 아래 가느다란 가시금작화 무늬를 그리고 있다…… 이따금 부드럽고 널찍한 웅성거림이 길게 울려 퍼진다. 고개를 든다. 찌르레기다. 새 떼가 길게 줄을 지어 방향을 휙휙 바꾸면서 올리브 밭으로 날아간다……

손뼉을 쳐본다…… 메아리가 돌아온다…… 마누엘! 소리쳐 불러본다…… 아무도 없다…… 갑자기 크고 둔중한 소리가 어수선하게 울린다…… 내 심장이 심상치 않은 기적을 느끼고 세차게 요동친다. 나는 플라테로를 데리고 오래된 무화과나무 뒤로 숨는다……

그래, 저기 가는구나. 붉은 황소 한 마리. 황소는 이 아침이 제 것이라도 되는 양 여기저기 쿵쿵거리고 울부짖으며 가리지 않고 다짜고짜 부순다. 그러더니 언덕 위에 잠깐 멈춰 선다. 골짜기에서 하늘까지 닿는 짧고 소름끼치는 울음소리. 겁 없는 찌르레기가 경쾌하게 날갯짓하며 장밋빛 하늘을 날아다니고 있지만, 그 소리도 쿵쿵거리는 내 심장 소리에 묻혀 사라진다.

고개를 내미는 햇살에 붉게 물든 흙먼지를 일으키며, 황소는 용설란 사이를 가로질러 우물 쪽으로 내려간다. 소는 잠깐 물을 마신다. 그리고 뿔에 포도덩굴을 휘감은 채 언덕을 올라와 초원의 왕자처럼 위풍당당하게 산으로 달려간다. 그리고 마침내 모습을 감춘다. 그 뒤를 쫓는 불안스러운 나의 눈동자. 어느새 황금빛 여명이 눈부시게 빛나고 있다.

11월의 전원시

해질녘, 플라테로가 땔감으로 쓸 솔가지를 한 짐 가득 짊어지고 들판에서 돌아온다. 플라테로의 모습은 축 늘어진 산더미 같은 이파리에 가려서 거의 보이지도 않는다. 플라테로의 걸음은 가지런하게 발을 모아 종종거리며 줄타기를 하는 서커스단 소녀처럼 경쾌하게 통통거린다…… 걷는 것 같지가 않다. 두 귀를 쫑긋 세운 모양새가 꼭 집을 짊어진 달팽이 같다.

녹색 가지, 하늘을 찌르던 그 가지에는 햇빛, 검은방울새, 바람, 달, 까마귀가 머물렀었다. — 맙소사! 바로 거기에 머물러 있었는데, 플라테로! 그런데 불쌍하게도 지금은 축 늘어져서, 땅거미가 내려앉은 메마른 오솔길의 뽀얀 먼지를 뒤집어쓰고 있다.

주변은 서늘한 연보라색으로 부드럽게 감싸여 있다. 벌써 12월의 옷을 입은 들판에서, 등짐을 진 당나귀의 평온하고 온순한 모습은 올해도 여전히 거룩하게 보인다……

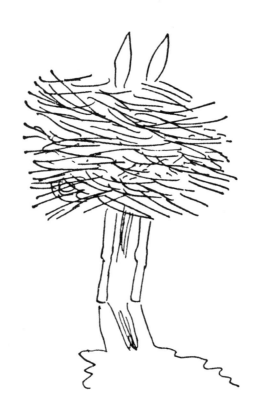

하얀 암말

나는 마음에 깊은 상처를 입고 돌아왔단다, 플라테로…… 플로레스 거리를 지나 포르타다에 다 와갈 무렵, 쌍둥이 꼬마들이 번개에 맞아 죽은 바로 그 자리에 귀머거리네 하얀 암말이 죽어 있지 뭐냐. 거의 벌거벗다시피 한 계집아이들이 조용히 그 말을 둘러싸고 있었어.

지나가던 재봉사 푸리타가 말해 주더구나. 귀머거리가 그 말을 돌보기가 지겨워져서 오늘 아침 말 폐사장으로 데리고 갔다고. 그 암말이 돈 훌리안처럼 늙고 아둔했던 것 알지? 제대로 보지도 듣지도 못하고, 거의 걷지도 못했잖아…… 그런데 점심 무렵에 암말이 다시 주인집 문 앞에 돌아와 있었다는구나. 화가 난 주인은 막대기를 휘두르며 쫓아내려고 했지. 하지만 말은 떠나지 않았어. 그러자 주인이 낫으로 찔러버린 거야. 구경꾼들에게 둘러싸인 암말은 욕설과 농담이 쏟아지는 가운데를 지나, 절뚝거리고 비틀거리며 윗길로 달아났단다. 아이들이 돌멩이를 던지고 소리를 지르며 쫓아갔지…… 결국 암말은 땅바닥에 쓰러졌고 그 자리에서 사람들에게 목숨을 잃고 말았단다. 측은해하는 마음이 그 위에 쏟아졌어. —편히 죽게 해줘! —너나 내가 그 자리에 있었더라면, 역시 그렇게 말했겠지, 플라테로. 하지만 그런 말도 거센 바람 속에서 춤추는 나비나 다름없단다.

내가 보았을 때는, 돌멩이가 수두룩하게 주변에 나뒹굴고 있고, 암말은 이미 그 돌멩이처럼 싸늘하게 식어 있었단다. 살아있을 때도 보이지 않던 한쪽 눈을 크게 뜨고 있어서, 숨이 끊어진 지금도 무언가를 보고 있는 것만 같았어. 암말의 하얀 빛깔만이 어두운 거리에 등불처럼 남아 있었지. 그리고 암말 위에 펼쳐진 해질녘의 높고 차가운 겨울 하늘이 장밋빛 엷은 구름 뒤로 숨고 있었단다……

센세라다*1

정말로 잘 만들어지지 않았니, 플라테로. 카밀라 아주머니 인형은 흰색과 분홍색 옷을 입고 꽤도와 회초리를 손에 들고서 새끼돼지에게 설교를 하고 있어. 신랑 사타나스는 한 손에 포도주를 담은 빈 가죽자루를 들고, 다른 손으로 신부의 주머니에서 지갑을 슬쩍하고 있구나. 이 인형은 '교활한 페페'와, 우리 집에서 이런저런 헌옷가지를 가져가는 '알랑쟁이 콘차'가 같이 만들었을 거야. 사제 옷을 입은 '흉내쟁이 페피토'가 검은 나귀를 타고 깃발을 들고서 행렬의 선두에 섰어. 그 뒤로 온 마을의 아이들—엔메디오 거리, 푸엔테 거리, 카레테리아 거리, 에스크리바노스 소광장, 페드로 테요 아저씨네 골목길의 아이들이 양철깡통, 방울, 주전자, 막자사발, 냄비와 솥을 들고 나와, 거리를 가득 채운 달빛 속에서 박자에 맞춰 두드려대는구나.

알다시피, 도냐 카밀라는 세 번이나 재혼을 했고 나이는 예순이야. 사타나스도 홀아비지만 딱 한 번 결혼했고, 이미 일흔 번이나 수확제의 포도주를 마셔 온 나이지. 오늘밤은 말이야, 닫혀 있는 그들 집 창문에서, 신랑과 신부가 저마다의 몸짓과 섞어 풀어놓는 이야기를 보거나 들어야 한단다!

재혼한 사람들의 첫날밤을 놀리는 행사는 사흘이나 계속된단다, 플라테로. 그리고 나서 이웃 아낙들은 광장 제단에서 자기 물건을 가지고 돌아가지. 두 사람의 인형을 장식한 제단에 불이 켜지고 그 앞에서 주정뱅이들이 춤을 추는구나. 아이들의 소란도 몇 날 밤 이어진단다. 그리고 마지막에는 보름달과 사랑만이 남지⋯⋯

---

*1 재혼한 사람들의 첫날밤을 놀려대며 방울을 울리고 나팔을 불어대는 스페인의 풍습.

집시

플라테로, 저 집시 여인을 좀 보려무나. 저기 말이야, 구릿빛 햇볕 속에 숄도 걸치지 않고 똑바로, 단정하게 걸어 내려오는구나. 누구에게 눈길조차 주지 않고…… 어쩜 저리도 아름답던 시절의 흔적을 고스란히 간직하고 있을까. 노란 천을 허리에 두르고 하얀 물방울무늬가 그려진 파란 치마를 입은 모습은, 겨울인데도 떡갈나무처럼 거침이 없구나! 언제나처럼 묘지 뒤쪽에 천막을 치기 위해 시청에 허락을 받으러 가는 길이야. 집시들의 더러운 천막을 너도 금방 떠올릴 거야—천막 주변의 화톳불, 화려한 옷을 입은 여자들, 굶주려서 금방이라도 숨이 넘어갈 것 같은 당나귀들도 말이야.

당나귀들, 플라테로! 프리세타의 당나귀들은 야트막한 우리 안에서 집시의 기적을 느끼고 바들바들 떨고 있겠지! —플라테로는 걱정이 없다. 집시들이 플라테로의 마구간까지 오려면 마을을 절반이나 가로질러야 하는 데다가, 파수꾼 렌헬이 나와 플라테로를 좋아하기 때문이다…… 하지만 나는 장난삼아 플라테로를 놀래 주려고 낮고 음침한 목소리로 말했다.

—안으로 들어가거라, 플라테로, 어서! 문을 닫아야겠다. 잡혀가면 큰일이 잖니!

플라테로는 집시들에게 잡혀갈 리 없다는 사실을 알고 있으므로 발걸음도 가볍게 안으로 들어갔다. 그 순간, 등 뒤에서 철책과 유리로 된 문이 크고 요란한 소리를 내며 닫혔다. 플라테로는 몸을 휙 돌려 대리석 안뜰에서 화단으로, 화단에서 안뜰로 쏜살처럼 달려갔다. 그 짧은 순간에, 이 못된 녀석! 푸른 메꽃을 꺾어버렸다.

불꽃

좀더 가까이 다가오렴, 플라테로. 어서…… 여기서는 점잔 뺄 필요 없단다. 우리 집 문지기는 네 친구니까 네가 곁에 오면 기뻐한단다. 그의 개 알리도 널 좋아하는 거 알지? 나 역시 이제 와서 새삼스럽게 말하지 않아도 다 알잖아, 플라테로?…… 오렌지 밭은 꽁꽁 얼어붙을 것 같구나. 들어 봐, 라포소의 말소리가 들리지. ─하느님, 오늘 밤 오렌지들이 냉해를 입지 않게 해주세요!

너는 불이 싫니? 플라테로. 어떤 미녀의 알몸도 불꽃과는 비교가 안 된다고 생각하는데. 아무리 긴 머리카락도, 그 어떤 팔과 다리도 이 불꽃에 비할 수는 없지. 이 불꽃보다 대자연을 잘 나타내는 건 아마 없을 거야. 대문이 닫히고 밤이 홀로 밖에 남아 있지만, 난로 아궁이 앞에 있는 우리는 들판 한가운데에 있을 때보다 훨씬 더 대자연과 가까이 있단다, 플라테로. 불은 집안에 있는 우주야. 상처에서 흐르는 피처럼 붉고 끊임이 없지. 그리고 피를 끓어오르게 하는 추억처럼 우리 몸을 따듯하게 덥히고 강철 같은 힘을 우리에게 준단다.

플라테로, 불은 정말 아름다워! 보렴, 알리도 거의 델 정도로 가까이 다가가서 초롱초롱한 눈망울을 동그랗게 뜨고 불을 바라보고 있잖아. 참으로 즐겁구나! 우리는 황금 춤과 그림자 춤에 둘러싸여 있어. 러시아 사람들의 춤처럼 자유자재로 작아지기도 하고 커지기도 하면서 온 집 안이 춤을 추는구나. 온갖 형상이 마법처럼 불꽃 속에서 끊임없이 생겨나잖니. 나뭇가지와 새, 사자와 물, 산과 장미. 보렴, 우리도 모르는 사이에 벽과 바닥과 천장에서 춤추고 있어.

이 광란, 이 도취, 이 기쁨! 불꽃에 비하면 사랑도 죽어버린 것 같구나, 플라테로.

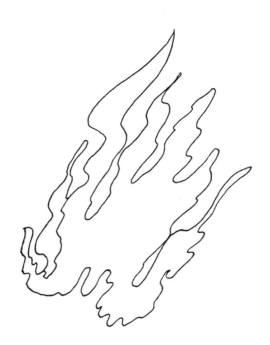

병석에서 일어나

밭에서 돌아오는 당나귀들의 경쾌한 발소리와 아이들이 웃고 떠드는 소리가 밤거리를 쓸고 간다. 병석에서 갓 일어난 나는 융단이 깔린 안락한 방의 노랗고 은은한 불빛 아래에서 별이슬을 꿈꾸며 그 소리를 듣는다.

나는 당나귀들의 검고 큰 머리와 나귀 울음 사이로 맑고 투명한 목소리로 크리스마스캐럴을 부르는 아이들의 작고 사랑스러운 머리를 떠올린다. 마을이 밤 굽는 연기와 마구간 냄새, 그리고 평화로운 가정의 숨결에 감싸여 있는 듯하다······

그때 천상의 급류가 마음속 깊은 곳 바위틈에서 솟아나듯 내 영혼이 충만해지고 순수해진다. 모든 죄를 용서받는 해질녘! 한없이 맑은 순간! 차가우면서도 따뜻한 내면의 시간!

때로는 높이, 때로는 멀리, 종소리가 하늘의 별빛 사이로 울려 퍼진다. 플라테로가 그 소리를 따라 마구간에서 길게 운다. 하느님에게 성큼 다가간 이 한 순간, 그 목소리도 아주 멀리서 들려오는 듯하다······ 나는 가슴이 벅차올라, 홀로, 남몰래 눈물을 흘린다. 파우스트처럼······

늙은 당나귀

……마침내, 지치고 지쳐서
옮기는 걸음걸음 파멸을 밟누나

《벨레스 성주의 잿빛 망아지》
—《사시집(史詩集)》

　도저히 발걸음이 떨어지지 않는구나, 플라테로. 아무도 도와주지 않고 의지할 곳도 없는 불쌍한 당나귀를 어떻게 버려둘 수 있겠니?
　말 폐사장에서 도망쳐 나온 게 틀림없어. 우리 말을 듣지도 못하거니와 우리를 보지도 못하는 것 같아. 오늘 아침 이 돌담 안에서 하얀 구름 아래 있던 그 당나귀를 너도 보았지. 눈부신 태양이 그 비쩍 마른 서글프고 비참한 몸뚱이를 비추고, 파리가 움직이는 섬처럼 우글우글 들러붙어 있었잖아. 그 당나귀는 겨울날의 신비로운 아름다움조차 알아보지 못했어. 그는 네 다리를 절뚝거리면서 방향을 잃었는지, 천천히 한 바퀴 돌아서 다시 원래 있던 곳으로 되돌아갔단다. 단지 방향을 바꾸었을 뿐이야. 아침에는 서쪽으로 향했지만 지금은 동쪽을 보고 있어.

그게 늙음이라는 족쇄야, 플라테로! 자유롭지만 어디에도 가지 못하는 불쌍한 친구들이 저기 있단다. 봄은 벌써 이렇게 성큼 다가왔는데 말이야. 아니면 베케르(세비야 출신의 시인·작가, 1836~1870)의 시처럼, 이미 죽었는데도 여전히 서 있는 걸까? 꼬마들조차도 해 지는 하늘에 그의 윤곽을 그릴 수 있을 만큼, 가만히 움직이지 않고 서 있구나.

알겠니?…… 나는 그를 밀어보았지만 꼼짝도 하지 않아…… 불러도 대답하지 않아…… 죽음의 고통이 그를 땅바닥에 단단히 박아놓은 것만 같구나……

플라테로, 오늘밤 이 높은 돌담 안에 있으면 북쪽에서 불어오는 찬바람에 얼어 죽고 말 거야. 나는 도저히 발걸음이 떨어지지 않는구나. 어떻게 해야 좋을지 모르겠다, 플라테로……

먼동이 트면

겨울날의 느지막한 새벽녘. 잠귀 밝은 수탉이 장밋빛 새벽의 기척에 상냥하게 인사할 때, 잘 만큼 잔 플라테로가 길고 길게 울어댄다. 침실 창문 사이로 스며드는 파르란 빛과 함께 멀리서 들려오는 그의 아침인사는 참으로 상쾌하다! 나도 평화로운 오늘 하루를 기도하며 포근한 이불 속에서 태양을 생각한다.

그리고 불쌍한 플라테로를 생각한다. 만일 시인인 내 곁으로 오지 않고, 먼동이 트기도 전부터 쓸쓸한 산길의 서릿발을 밟으며 소나무 장작을 훔치러 가는 숯쟁이에게 팔려갔더라면…… 아니면 당나귀에게 색칠을 하고, 쓰러지지 않도록 비소를 먹이고, 귀에 핀을 꼽는 저 야만스러운 집시들의 손아귀에 넘어갔더라면 어쩔 뻔했을까.

플라테로가 또 한 번 운다. 내가 자기 생각을 하고 있단 걸 아는 걸까? 아무렴 어떠랴. 동틀 녘의 달콤한 한때, 플라테로를 생각하는 것이 새벽 그 자체인 것처럼 나는 행복하다. 그리고 다행스럽게도 플라테로는 요람처럼 따뜻하고 포근한 마구간, 내 마음처럼 포근한 집을 가지고 있다.

작은 꽃
어머니를 그리며

　테레사 수녀는 눈을 감기 전 헛소리를 할 때도 꽃 이름을 불렀다고 어머니가 말씀해주셨단다. 플라테로, 그녀가 헛소리를 하면서 부른 꽃은 분홍색, 푸른색, 진보라색 마편초였던 것 같아. 어째선지 모르지만, 내가 어릴 때 꿈꾸던 색색의 작은 별과 그 꽃이 하나로 어우러져, 테레사 수녀를 떠올릴 때마다 자꾸 그런 생각이 들어.

　나는 다만, 하늘색 화분과 하얀 화단에 핀 꽃 앞에 가만히 앉아 있는 테레사 수녀를, 안뜰 문 색유리 너머로 보았을 뿐이란다. 그 색유리 뒤에서는 달과 해가 빨갛고 파랗게 보였지. 시에스타 시간에 내리쬐는 8월 태양 아래, 또는 9월의 비와 폭풍우 속에 우두커니 서 있는 그 그림자는 절대 내 쪽으로 고개를 돌리지 않아. 왜냐하면 그녀의 얼굴이 어땠는지 생각나지 않거든……

　테레사 수녀는 헛소리를 하면서 어딘가의, 눈에 보이지도 않는 정원사를 불렀다고, 어머니가 말씀해 주셨단다, 플라테로. 틀림없이 누군지 알지도 못하는 그 사람이 마편초 꽃이 핀 오솔길을 지나 그녀를 조심스럽게 모시고 갔을 거야. 내 기억 속에서 그녀는 그 오솔길을 따라 내게로 온단다. 나는 그녀를 전혀 모르지만, 그녀는 언제나 뜰에 온통 흩뿌려져 있는 헬리오트로프와 어린 날 보았던 밤하늘의 별과도 같은 작은 꽃들이 잔뜩 박힌 아름다운 비단옷을 입고, 그녀가 좋아하던 모습 그대로, 내 마음속에 따뜻하게 간직되어 있는 기억 속에서 찾아온단다.

크리스마스 밤

들판의 모닥불……! 크리스마스 오후, 기운 없이 아슴푸레한 태양이 구름과 푸른 하늘 한 조각 보이지 않는 잿빛 겨울 하늘에 무디게 빛나고, 서쪽 지평선은 아련한 노란색으로 물들어 있다…… 갑자기 타닥타닥 튀는 소리가 나며 녹색 가지가 타오르기 시작한다. 흰 담비처럼 하얗고 짙은 연기가 피어오른다. 그리고 불꽃. 마지막으로 불꽃이 연기를 몰아내고 그 순결하고 덧없는 혓바닥을 날름거리며 공간을 핥는다.

아, 바람을 타고 휘날리는 불꽃! 분홍색, 노란색, 연보라색, 푸른색 불꽃의 영혼이 낮게 깔린 하늘로 올라가더니 어디론가 빨려 들어간다. 활활 타오르는 불꽃 냄새가 싸늘한 공기 속에 감돈다! 이제 12월의 들판은 따뜻해졌다! 자애로 충만한 겨울! 행복한 사람들의 크리스마스 밤!

얼어붙은 근처의 시스투스도 따뜻해진다. 달아오른 대기 너머로 보는 풍경은 불에 녹인 유리처럼 흔들리며 투명해진다. 크리스마스 구유를 갖지 못한 파수꾼의 아이들은 모닥불 주위에 둘러앉아 쓸쓸하고 애처롭게 곱은 손을 녹인다. 아이들이 활활 타오르는 불 속에 도토리며 밤을 던져 넣으면 순식간에 펑 하고 터진다.

이윽고 아이들도 쾌활해져서, 밤이 깊어갈수록 빨갛게 물드는 불꽃 위를 뛰어넘으며 노래한다.

……걸어가요, 마리아

걸어가요, 요셉……

나는 플라테로를 데리고 가서 함께 놀라며 아이들에게 건네준다.

리베라 거리

여기야, 플라테로. 지금은 경찰 기숙사가 된 이 큰 집에서 나는 태어났단다. 색색의 유리별이 잔뜩 박힌, 무데하르 양식으로 거장 가르피아가 만든 저 소박한 발코니. 어린 시절 나는 그 발코니를 얼마나 사랑했는지 몰라! 얼마나 아름답던지! 쇠창살문 사이로 들여다보렴, 플라테로. 흰색과 연보라색 라일락과 푸른 방울꽃이, 어린 시절 내가 정말 좋아하던 안뜰 구석의, 세월과 함께 거무스레해진 나무 울타리를 지금도 장식하고 있구나.

플라테로, 플로레스 거리 모퉁이에는, 오후가 되면 뱃사람들이 다양한 푸른 옷을 입고 10월의 밭이랑처럼 한 줄로 서 있었단다. 그들이 얼마나 커 보이던지 지금도 기억이 생생해. 바다 위에서 지내던 습관대로 다리를 쩍 벌리고 선 그들의 가랑이 사이로, 저 아래에서 흐르는 강을 내려다볼 수 있었어. 그 반짝반짝 빛나는 강물과 바싹 마른 노란 모래땅이 띠처럼 길게 이어져 있고, 강 지류에 떠 있는 돛단배가 정취를 더하며, 서쪽 하늘이 새빨갛게 물들어 있었어…… 그 뒤 우리 아버지는 누에바 거리로 이사했단다. 뱃사람들은 언제나 칼을 들고 다니고, 아이들이 밤마다 현관 가로등이나 초인종을 고장 내고, 거리 모퉁이에서 언제나 세찬 바람이 휘몰아쳤거든……

전망대에서는 바다가 보였어. 나는 그날 밤 일을 결코 잊지 못할 거야. 오들오들 떠는 어린 우리들을 전망대로 모두 불러 모아서, 여울에서 불타고 있던 영국배를 보여준 밤을……

겨울

하느님이 크리스탈 궁전에 계시는구나. 그러니까 비가 오고 있다는 말이야, 플라테로. 비가 내리고 있어. 가을이 바싹 마른 가지에 붙들어 매어두었던 마지막 꽃송이에도 다이아몬드 같은 물방울이 맺혀 있어. 그 방울방울마다 하늘과 크리스탈 궁전과 하느님이 깃들어 있단다. 이 장미꽃을 보렴. 그 안에 물방울 장미가 또 한 송이 피어 있잖니. 살짝 흔들면, 이것 봐, 그 영혼처럼 눈부신 물방울 꽃이 떨어진단다. 내 마음처럼, 어쩐지 서글프고 쓸쓸하구나.

비는 햇살만큼 즐거운 거란다. 정말이야, 저기 봐, 종아리를 드러낸 기운찬 아이들이 볼을 발갛게 물들이고 빗속을 즐겁게 뛰어다니고 있잖아. 보렴, 플라테로. 참새 떼가 느닷없이 요란하게 날아올라 네 의사선생님 다르봉 씨가 학교라고 이름 붙인 담쟁이덩굴 속으로 들어가잖아.

비가 내린다. 오늘은 들판에 나가지 말자꾸나. 오늘은 사색하는 날이야. 보렴, 지붕 홈통의 물이 세차게 달음박질하는구나. 보렴, 이미 거무죽죽해졌지만 여전히 노란색이 남아 있는 아카시아 나무가 빗물에 세수하는구나. 어제까지만 해도 풀밭 사이에서 가만히 멈춰 서 있던 아이들의 장난감배가 수로를 타고 미끄러져 나가고 있어. 자, 보렴, 아름다운 무지개야. 연약하고 순간적인 햇빛을 받아 교회에서 뻗어 나와 비단벌레처럼 엷은 광택을 띠며 우리 옆으로 사라지는구나.

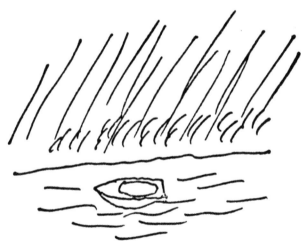

나귀젖

사람들은 12월 아침의 고요한 거리를 평소보다 바삐 걸어가며 콜록거린다. 바람이 마을 저편에서 울려 퍼지는 미사 종소리를 날려 버린다. 7시 마차가 텅 빈 채로 지나간다…… 창문 철창이 흔들리는 소리에 나는 다시 눈을 뜬다…… 그 눈먼 사내가 매년 그렇듯 또 암나귀를 내 방 철창에 묶어 놓은 것일까?

나귀젖 파는 여자들이 양철 주전자를 끌어안고 그 하얀 보물을 소리 높여 외치면서, 추위 속을 이리저리 부산스럽게 뛰어다닌다. 사내가 암나귀에게서 짜낸 그 젖은 감기 걸린 사람에게 특히 좋다고 한다.

그 사내는 앞이 보이지 않기 때문에 자신의 암나귀가 하루하루, 순간순간 쇠약해져 가는 것을 알지 못한다. 쇠약해진 암나귀의 모습은, 고스란히, 주인이 장님이라는 사실을 나타낸다…… 어느 날 오후, 플라테로와 함께 아니마스 골짜기를 지날 때, 그 사내가 암나귀를 뒤쫓으며 마구잡이로 몽둥이질하는 것을 보았다. 불쌍한 암나귀는 목장에서 도망쳐 다니다가 젖은 풀밭 위에 고꾸라질 뻔했다. 몽둥이는 오렌지 나무와 우물을 때리고 하늘을 갈랐다. 하지만 몽둥이질보다 나귀에게 퍼붓는 욕설은 더 지독했다. 그 말들이 단단한 형태를 하고 있었다면 성의 망루까지도 무너뜨렸을 것이다……

하지만 늙고 쇠약해진 암나귀는 새끼를 그만 낳고 싶었으므로, 수나귀를 거부하며 슬픈 운명으로부터 몸을 지켰다…… 눈먼 사내는 고작 동전 한 닢과 나중에 주겠다는 약속만 믿고, 태어난 새끼들이 먹어야 할 젖을 노인들에게 팔아 그 돈으로 근근이 살아간다. 그래서 이 암나귀가 새끼를 낳아 효험 있는 젖을 계속 만들어내도록 수나귀의 씨를 받게 하려는 것이었다.

저기에 그 암나귀가 와 있다. 창문 철창에 비참한 몸뚱이를 비비고 있는 암나귀는, 이 기나긴 겨울 동안 늙은 골초들과 폐병쟁이와 주정뱅이들을 위해 가없은 약국이 된다.

순수한 밤

톱니 같은 옥상의 하얀 난간이 얼어붙은 청명한 별하늘에 선명하게 도드라지고, 칼날처럼 날카로운 삭풍이 소리도 없이 부는구나.

다들 추운지 집 안에 틀어박혀 창문을 닫아걸고 있어. 플라테로야, 우리는 이 고요하고 청아한 마을을 천천히 걷자꾸나. 너는 네 털가죽과 내 담요를 두르고, 나는 내 영혼이 이끄는 대로 걸어가는 거야.

내 마음속에 깃든 힘이 나를 얼마나 북돋워주는지 몰라! 마치 자유의 종이 달린 수수한 돌탑이 된 것 같아. 보렴, 하늘 가득한 별들을! 너무 많아서 어지러울 지경이야. 하늘은 아이들의 세계인가 봐. 이상적인 사랑으로 빛나는 로사리오의 기도를 지상을 향해 속삭이고 있어.

플라테로, 플라테로! 고독하고 밝고 매정한 밤, 높고 투명한 1월의 이 순수한 밤을 위해 나는 목숨을 바쳐도 좋아. 물론 너도 그렇겠지.

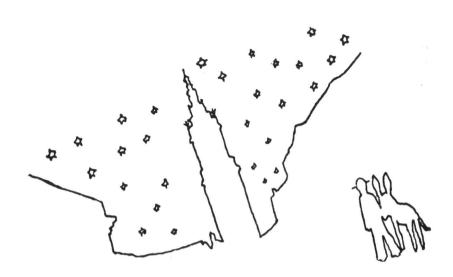

파슬리 왕관

—자, 누가 누가 일등일까!

상품은 전날 빈에서 온 그림책이었다.

—자, 누가 먼저 제비꽃까지 도착할까!······ 하나······ 두울······ 셋!

노란 햇볕 아래, 하얀 장밋빛 계집아이들이 왁자그르르 떠들면서 달려 나갔다. 아이들이 숨을 할딱이며 열심히 달려 나간 그 자리에 이윽고 아침의 고요가 내리자, 갑자기 온갖 소리가 밀려들기 시작했다. 마을 교회의 시계가 느릿느릿 시간을 알리는 소리, 푸른 붓꽃이 잔뜩 핀 솔숲 언덕에서 들려오는 아련한 잎벌레 소리, 시냇물이 졸졸 흐르는 소리······ 계집아이들이 첫 번째 오렌지 나무에 도착했을 때, 그 근처에서 태평하게 놀고 있던 플라테로가 아이들의 기운찬 달음박질에 신이 나서 덩달아 달리기 시작했다. 계집아이들은 뒤처질세라 뭐라고 항의하지도 못하고 웃지도 못한 채 그냥 달렸다······

나는 소리쳤다. 플라테로 이겨라! 플라테로 이겨라!

그럼 그렇지. 플라테로가 누구보다도 먼저 제비꽃이 핀 곳에 도착했다. 그리고 그곳에 멈춰 서서 모래밭에 뒹굴고 있었다.

계집아이들은 가쁜 숨을 몰아쉬며 투덜거리고, 양말을 끌어올리고, 머리를 다시 빗으며 돌아왔다.

—이건 반칙이에요! 반칙! 반칙! 반칙이라니까요!

나는 아이들에게 말했다. —조금 전 경주는 플라테로가 이겼어. 그러니 당연히 상을 줘야지. 하지만 플라테로는 책을 읽지 못하니까 그건 다음 경주를 위해 남겨두고 대신 다른 상을 주자꾸나—

아이들은 책이 무사한 걸 알자 뺨을 물들이며 깡충깡충 뛰고 까르르 웃어댔다. 좋아요! 좋아요! 그렇게 해요!

나는 나 자신을 떠올리며 여러모로 생각해 보았다. 내가 내 시로 상을 받았듯이, 플라테로도 그의 노력에 걸맞은 최고의 상을 받아야 했다. 그래서 파수꾼의 오두막 문간에 있는 상자에서 파슬리를 한 줌 집어 왕관을 만들었다. 그리고 스파르타 용사에게 하사하듯 최고의, 하지만 곧 사라질 영예의 증표로서 플라테로의 머리에 씌워 주었다.

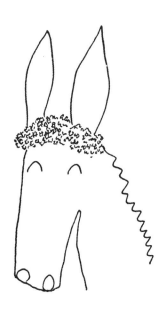

동방박사*1

오늘 밤 아이들이 얼마나 들떠 있었는지 몰라, 플라테로. 도저히 재울 수가 없었단다. 하지만 마침내 졸음이 아이들을 사로잡기 시작했지. 계집아이 하나는 팔걸이의자에서, 사내아이 하나는 난롯가 바닥에서, 블랑카는 낮은 의자에서, 페페는 동방박사가 지나가지 못하도록 문의 장식못에 머리를 기댄 채 창문 밑 벤치에서 잠이 들었어…… 낮이 멀찍이 물러선 지금, 아이들의 생생하고 깊디깊은 잠은 건강하게 고동치는 커다란 심장과 같구나.

저녁식사 전에 다함께 옥상 발코니로 올라갔단다. 아이들이 다른 날 밤에는 그토록 무서워하던 계단도 얼마나 즐겁던지! 블랑카는 내 손을 꼭 잡으면서 사내아이에게 말했어. "유리지붕 같은 건 하나도 안 무서워, 페페, 넌?" 그리고 우리는 발코니의 시트론 나무 밑에 모두의 신발을 놔두었단다.

자, 플라테로. 몬테마요르, 티타, 마리아 테레사, 폴리야, 페리코 그리고 너와 나는 이제 침대보를 두르고 낡은 모자를 쓰자꾸나. 그리고 12시가 되면 분장을 하고, 등불을 들고 절구통을 두드리고 나팔과 가장 안쪽 방에 있는 소라나팔을 불면서 아이들이 잠들어 있는 창문 아래로 지나가자꾸나.

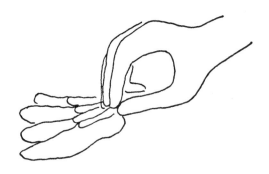

---

*1 1월 6일은 동방박사 가스파르, 발타사르, 멜키오르가 낙타를 타고 베들레헴의 아기 예수를 만나러 간 것을 축하하는 날이다. 어른들은 동방박사로 변장하여 아이들을 즐겁게 해주고, 전날 밤 아이들이 창문이나 발코니에 신발을 내놓으면 부모가 그 신발에 선물을 넣어둔다.

너는 가스파르 역인 나와 함께 행렬의 맨 앞에서 걸으렴. 나는 삼 부스러기로 만든 하얀 턱수염을 달 거야. 너는 영사를 지낸 작은아버지 집에서 가지고 온 콜롬비아 국기를 앞치마처럼 두를 거야…… 아이들은 벌떡 일어나 눈을 동그랗게 뜨고 반쯤 졸면서 잠옷 바람으로 깜짝 놀라 황홀하게 창밖을 바라보겠지. 그러면 우리는 동이 틀 때까지 아이들 꿈속에 머물자꾸나. 느지막한 아침, 푸른 하늘이 곁문으로 아이들을 눈부시게 비추면, 아이들은 옷을 반쯤 갈아입다 말고 발코니로 달려가 보물을 모두 차지할 거야.

작년에 우리는 배꼽이 빠지도록 웃었지. 자, 오늘 밤도 얼마나 재미있을지 곧 알게 될 거야, 플라테로, 내 작은 낙타야!

몬스우리움*1

지금의 몬투리오 언덕. 모래장수들이 퍼 나르는 바람에 날이 갈수록 볼품없어지는 작고 붉은 언덕들은, 바다에서 바라보면 황금색으로 보인다고 해. 그래서 로마 사람들은 그 언덕에 몬스우리움이라는 찬란하고 고상한 이름을 붙여주었지. 풍차까지 가려면 묘지를 가로지르기보다 이 언덕을 지나는 쪽이 더 빨라. 곳곳에 유적이 고개를 내밀고 있고 저 포도밭에서는 도굴꾼들이 뼈와 동전과 항아리들을 파내고 있단다.

……콜럼버스는, 내가 보기엔 그다지 좋은 일을 하지 않았어, 플라테로. 그는 우리 집에도 들렀을까? 산타클라라 교회에서 성체를 모셨을까? 이 종려나무와 여관은 그가 살던 시대부터 있었을까?…… 하지만 콜럼버스가 부근을 걸어 다닌 건 틀림없는 사실이야.*2 너도 알다시피, 그는 신대륙에서 보물만 가지고 돌아오지 않았어. 나는 땅에 뿌리를 내리고 사는 로마 사람들이 더 좋단다. 때리고 찔러도 굴하지 않고, 황새 풍향계를 박아 세울 수도 없을 듯한 콘크리트 성을, 로마 사람들은 만들었단다.

- -

*1 라틴어로 '황금으로 만든 산'이라는 뜻.
*2 콜럼버스는 1492년, 모게르 근처에 있는 파로스 항에서 출항하여 서인도제도의 산살바도르 섬을 발견했다.

아주 어릴 때, '몬스우리움'이라는 이름을 처음 알게 된 날을 나는 결코 잊지 못할 거야. 나에게 몬투리오 언덕이 갑자기, 그리고 영원히 고귀한 존재가 된 날이거든. 최고를 동경하는 내 마음은 그곳에서 기분 좋은 위안을 얻을 수 있었지. 그만큼 아무것도 없는 가난한 마을이었단다! 이제 누구를 더 부러워하겠니! 아무리 오래된 것도, 어떠한 유적도—대성당과 성조차도—이제는 내 마음을 공상 세계에 오래 붙들어 두지 못하는 걸. 문득 나는 불멸의 보물 위에 서 있다는 느낌이 들었어. 모게르여, 황금산이여. 너는 행복하게 살다가 행복하게 죽을 수 있을 거야, 플라테로.

포도주

플라테로, 모게르의 영혼은 빵이라고 전에 얘기한 적이 있지. 아니었어. 모게르는 둥글고 푸른 하늘 아래 일 년 내내 황금 포도주를 기다리는 맑고 두꺼운 유리잔과 같아. 9월이 오고, 악마가 축제를 망치지만 않는다면, 유리잔에는 포도주가 그득그득 차올라 너그러운 마음처럼 아낌없이 흘러넘친단다.

그때는 온 마을에 포도주 향기가 진동하고, 유리잔 부딪치는 소리가 울려 퍼지지. 마치 태양이 이 하얀 마을의 투명한 유리잔 속으로 들어와, 그 건강한 피를 칭송하기 위해 동전 몇 푼에 아름다운 액체로 변신한 것 같아. 거리거리의 집들이 저녁햇살을 받아, 후아니토 미겔이나 레알리스타 가게의 찬장에 있는 술병처럼 보이는구나.

터너가 그린 '비정한 샘'이 떠올라. 그 그림은 마치 노란 물감에 햇포도주를 섞어 그린 듯하거든. 모게르는 포도주의 샘. 끊임없이 상처를 씻어내는 피와 같은 포도주. 4월의 태양이 해마다 봄을 알리면서도 나날이 저물어가는 것처럼, 서글픈 기쁨의 샘이란다.

우화

　나는 말야, 플라테로, 어릴 때부터 교회와 경찰과 투우사와 아코디언 따위와 마찬가지로 우화에 본능적인 두려움을 느꼈단다. 불쌍한 동물들이 우화작가의 입을 대신해 시시한 말을 떠벌리기 시작하면, 마치 저 과학실의 역겨운 유리진열장 안에서 떠들어대는 것처럼 아주 불쾌하고 징그러워 보였거든. 동물들이 하는 말—얼굴이 누렇게 뜬 어른들이 꾸며낸 갈라진 목소리—은 저 유리 눈알과, 철사로 만든 날개와, 가짜 횃대처럼 아주 부자연스러워 보였단다. 나중에 우엘바와 세비야의 서커스단에서 조련된 동물들을 보았을 때, 구석에 내팽개쳐둔 학창시절의 공책과 상장처럼 까맣게 잊고 있던 우화가 내 사춘기 시절의 악몽처럼 되살아났어.

　내가 어른이 된 뒤에야, 네게도 여러 번 얘기한 적이 있는 우화작가 장 드 라퐁텐(프랑스 시인, 우 화작가, 1621~95)이 수다스런 동물들과 나를 화해시켜 주었단다, 플라테로. 그의 작품에 나오는 까마귀와 비둘기와 산양들의 이야기는 꼭 진짜 같았어. 하

지만 이야기 끄트머리에 나오는 '교훈'—말라비틀어진 꼬리, 타다 남은 재, 빠진 깃털 같은 '교훈'만은 결코 읽지 않았단다.

플라테로야, 사람들이 흔히 하는 말이나, 스페인 한림원에서 편찬한 사전에 나와 있는 정의에 비추어 보아도, 당연히 너는 평범한 당나귀가 아니야. 너는 내가 알고 있고 내가 이해하는 뜻에서의 당나귀야. 너에게는 네 말이 있지만 내 말과는 달라. 내가 장미의 말을 모르고, 장미가 휘파람새의 말을 모르듯이 말이야. 그러니까 걱정하지 않아도 돼. 네가 내 책 속에서 생각할 수 있다고 해서 너를 우화 속의 수다스런 영웅 나부랭이로는 절대 만들지 않을 테니까. 맑게 울리는 네 말과, 까마귀와 홍방울새의 말을 대화로 엮어 일부러 굵은 글씨로 차갑고 의미 없는 '교훈'을 끄집어내거나 하진 않을 거야. 그런 짓은 절대 하지 않을 거란다, 플라테로……

사육제

플라테로는 오늘따라 어쩜 이렇게 횐칠할까! 사육제가 시작되는 월요일이다. 투우사와 어릿광대와 신사로 화려하게 가장한 아이들은 플라테로에게도 빨강, 초록, 하양, 노랑 덩굴무늬를 빼곡하게 수놓은 모로코풍 장식덮개를 씌워 주었다.

비와 태양과 추위. 동그란 종이 눈꽃이 살을 에는 저녁 칼바람에 흩날리며 길가에 나뒹굴었다. 추위에 꽁꽁 얼어붙은 가장한 사람들은 무엇이건 호주머니 삼아 새파래진 손을 녹이려고 한다.

우리가 광장에 도착하자, 몇몇 처녀들이 길고 하얀 잠옷을 입고 산발한 검은 머리칼에 초록 이파리로 만든 관을 쓴 미친 여자로 분장하고 있었다. 그녀들은 플라테로를 자기들의 흥겨운 원 안으로 끌어들이더니 손에 손을 잡고 즐겁게 플라테로 주위를 돌았다.

플라테로는 안절부절못하며 귀를 쫑긋 세우고 고개를 든다. 그리고 불길에 휩싸인 전갈처럼 긴장해서 어디론가 달아나려고 한다. 그러나 몸집이 너무 작다보니 처녀들은 플라테로를 무서워하지도 않고, 노래하고 웃으면서 당나귀를 둘러싸고 계속 빙글빙글 돈다. 아이들은 플라테로가 그렇게 잡혀 있는 것을 보고는 울어보라고, 자기들이 먼저 나귀 울음소리를 흉내 낸다. 이미 온 광장은 노란 관악기 소리와 당나귀 울음소리, 웃음소리, 노랫소리, 탬버린 소리, 놋쇠 사발 소리 따위가 제멋대로 어우러진 콘서트장이었다……

마침내 플라테로는 사내답게 결심을 굳혔는지 사람들을 뚫고 화려한 장식덮개를 떨어뜨릴락 말락 걸친 채, 울면서 잰걸음으로 나에게 달려온다. 플라테로는 나와 마찬가지로 사육제에 관심이 없다…… 우리는 이러한 일에는 전혀 쓸모가 없다……

레온

나는 플라테로와 함께, 아직 2월인데도 무더운 오후에, 사람들의 발길 닿지 않는 밝은 몬하스 광장의 벤치 한쪽에서 천천히 거닐고 있었다. 종종걸음 치는 겨울 태양은 벌써부터 황금빛이 녹아든 연보라색으로 물들어 병원 주위를 감싸기 시작했다. 그때 문득 우리 곁에 누군가의 인기척이 났다. 돌아보니 내 눈이, 돈 후안…… 하고 나를 부르는 목소리를 포착했다. 레온이 손뼉을 짝 친다……

그렇다, 레온이다. 그는 저녁 음악회에 나가기 위해 체크무늬 재킷을 입고 향수를 뿌리고 있었다. 그리고 하얀 끈이 달린 검은 에나멜 장화를 신고, 녹색 비단 손수건을 늘어뜨리고, 옆구리에는 번쩍번쩍 빛나는 심벌즈를 끼고 있다. 그는 다시 한 번 손뼉을 짝 치더니, 하느님은 모든 사람에게 저마다의 자리를 마련해 주셨다고 나에게 말했다. 나는 신문에 글을 쓰고…… 그는 그의 귀로 도움을 주고 있다……고.

—보시우, 돈 후안, 이 심벌즈를…… 이게 가장 어려운 악기란 말이우…… 악보 없이 치는 건 이놈뿐이거든……

만약 그가 그 귀로 지휘자 모데스토를 괴롭히려고만 든다면, 악단이 새로운 곡을 시작하기 전에 그 곡을 휘파람으로 불기만 하면 되었다. ─보시우, 누구에게나 제자리가 있는 법이라우…… 나리는 신문에 글을 쓰고…… 나는 플라테로보다 힘이 세지요…… 여기 좀 만져 보시우……

그는 나이 들어 머리털이 숭숭 빠진 머리를 나에게 보여준다. 한가운데에 가스티야 고원처럼 크고, 말라비틀어진 멜론처럼 단단한 굳은살이 박여 있어서, 그가 평소 하는 일이 얼마나 고된지를 분명히 보여준다.

그는 손뼉을 짝 치고, 조금 뛰어 보더니, 곰보자국이 있는 눈으로 윙크를 하고는 저녁 연주회에서 연주할 새로운 곡인 듯한 파소도블레를 휘파람으로 불면서 가버린다. 그러나 이내 다시 돌아와 나에게 명함을 내민다.

모게르 청년현악단장 레온

풍차

그땐 이 연못이 왜 그렇게 커보이고, 저기 붉은 모래로 된 상류는 왜 그렇게 높아 보였을까! 플라테로. 솔숲이 저 날선 모습을 비추며 그 아름다운 그림자로 내 꿈을 채워주던 곳이 이 연못이었다니! 언젠가 내가 햇살이 연주하는 음악에 넋을 잃고, 살면서 가장 눈부신 경치를 본 곳이 저 풍차 오두막 창문이었을까?

그렇다. 집시 여인들이 있었다. 황소를 두려워하던 기억도 되살아났다. 또한 언제나처럼 홀로 고독을 씹던 사내도 그곳에 있었다. —같은 사내일까? 아니면 다른 사내였을까? 우리가 지나갈 때면, 술 취한 카인[*1] 같은 그 사내는 누가 오는가 싶어 한쪽 눈으로 길을 바라보며 혼잣말을 중얼거렸다…… 그러나 이내 그만두었다…… 그곳에는 고독이 있고 애수가 있었다. 하지만 그 고독만이 생생하게 남고 애수는 이미 빛바래 버렸다!

플라테로야, 나는 그 사내의 모습을 다시 떠올려보다가, 어린 시절 내가 좋아하던 그 풍경을 쿠르베와 뵈클린의 그림에서 본 듯한 기분이 들었단다. 가을 저녁놀에 물든 풍차의 붉은 빛, 거울 같은 연못 수면에 소나무들과 함께 그림자를 드리우고 있는 붉은 풍차 오두막의 빛을 나는 늘 그려보고 싶었는데…… 그러나 남은 것은 겨자 잎으로 장식한 추억뿐. 그것은 타오르는 불꽃 옆에 놓인 비단종이처럼, 어린 날의 신비로운 햇볕이 뿜는 맹렬한 기세를 견디지 못했다.

[*1] 성서에서 아담과 이브의 맏아들로, 동생 아벨을 죽였다.

종탑

안 돼. 너는 그 탑에 올라가지 못해. 너는 너무 크거든. 세비아 히랄다[*2]의 종탑이라면 모를까!

네가 탑에 올라갈 수 있다면 나는 얼마나 기쁠까! 시계탑 발코니에서는 마을의 하얀 옥상과, 색유리를 끼운 유리지붕, 꽃이 핀 쪽빛 화분이 보여. 그리고 큰 종을 끌어올리느라 부서진 남쪽 발코니에서는 성 안뜰과 디에스모 양조장이 보이지. 또 밀물이 되면 바다도 보인단다. 더 위쪽의 종이 매달려 있는 곳에서는 마을 네 곳과, 세비야로 가는 기차, 리오틴토 철도, 페냐 성모상이 보여. 그 위쪽으로는 철봉에 매달려서 올라가야 해. 올라가면 벼락을 맞아 부서진 후아나 성녀상의 발을 만질 수 있어. 흰색과 파란색 타일이 햇빛을 받아 금빛으로 반짝이는 가운데 네가 예배당 문으로 머리를 불쑥 내밀면 교회 광장에서 투우 놀이를 하던 아이들이 소스라치게 놀라겠지. 그리고 곧 밝고 명랑한 탄성이 네가 있는 곳까지 닿을 거야.

가여운 플라테로! 몇 번이나 승리를 포기해야 하다니. 네 삶은 오래된 묘지로 향하는 짧은 길처럼 그렇게 단조롭구나!

[*2] 세비야 대성당의 이름.

모래장수의 나귀

　케마도의 나귀들을 보렴, 플라테로. 끝이 비죽하게 튀어나온 붉고 축축한 모래자루를 등에 지고 느릿느릿 녹초가 되어 걷고 있어. 그 자루에는 나귀를 때릴 때 쓰는 녹색 올리브 가지가 심장을 찌르듯 꽂혀 있구나……

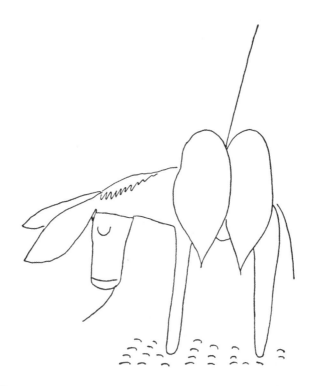

목가

저 나비 좀 봐, 플라테로. 서커스단 조랑말이 빙글빙글 돌듯이 뜰을 둥그렇게 세 바퀴나 돌았어. 마치 보드라운 빛의 바다에서 장난치는 작디작은 하얀 파도 같구나. 또 담장을 넘었어. 담장 너머의 들장미 나무에 내려앉았나봐. 회벽 너머로 간신히 그 모습이 보여. 좀 보렴. 어느 결에 다시 돌아왔네. 잘 보니 나비가 두 마리야. 한 마리는 흰나비, 한 마리는 검정나비, 바로 흰나비의 그림자란다.

플라테로, 그 나비는 무엇과도 비교할 수 없는 아름다움을 간직하고 있어. 다른 아름다움으로 그것을 가리려고 해도 헛수고야. 네 얼굴에서 가장 매력적인 곳은 두 눈이고, 밤의 매력은 별인 것처럼, 아침 뜰의 매력은 장미꽃과 나비란다.

플라테로, 어쩜 저렇게 잘 날까! 저렇게 날 수 있다면 얼마나 기쁠까! 시인인 내게 시가 무한한 기쁨이듯이 말이야. 나비는 몸도 마음도 하나가 되어 장난치고 있어. 마치 이 세상, 곧 이 뜰에 자기밖에 없다는 듯이 말이야.

쉿, 조용히 하렴, 플라테로…… 나비를 봐. 청아하고 순결하게 나는 나비를 보는 건 참 멋진 일이야!

죽음

플라테로가 슬픈 듯이 눈물을 글썽이며 짚을 깐 자리에 누워 있는 것을 보았다. 나는 곁으로 다가가 말을 걸면서 몸을 어루만져 주었다. 그리고 다시 일어나주기를 기도했다……

가여운 플라테로는 갑자기 몸을 부르르 떨더니, 앞발을 접은 채 일어서려고 했다…… 일어서지 못했다…… 나는 플라테로의 앞발을 바닥에 내려주고 다시 한 번 다정하게 어루만졌다. 그리고 의사를 오라고 했다.

늙은 다르봉 씨는 녀석을 한 번 보더니, 이가 빠진 커다란 입이 턱에 묻히도록 고개를 푹 숙이고 가슴 위에서 충혈된 얼굴을 시계추처럼 절레절레 내저었다.

—도저히 가망이 없죠?

나는 그가 뭐라고 대답했는지 모른다…… 안됐지만 이미…… 아니…… 고통이…… 무슨 나쁜 뿌리를…… 풀이랑 같이 흙을……

정오 무렵 플라테로는 죽어 있었다. 목화솜 같이 자그마한 배가 지구처럼 둥그렇게 부풀어 오르고, 딱딱하게 굳은 파리한 네 다리가 허공에 떠 있었다. 곱슬곱슬한 털은 슬픈 먼지로 뒤덮여, 손을 대면 우수수 빠지는 낡은 인형의 벌레 먹은 삼 부스러기로 만든 머리털 같았다……

고요한 마구간에는 세 가지 색깔이 아름답게 어우러진 나비 한 마리가, 작은 창문으로 쏟아지는 빛줄기 속을 지날 때마다 붉게 반짝이며 날아다녔다……

그리움

플라테로, 너는 우리를 보고 있지, 그렇지?

정말로 보고 있니? 채소밭의 노리아 우물물이 평화롭게, 그리고 투명하고 차갑게 미소 짓고 있는 모습을. 바지런한 꿀벌들이 해질 녘의 아스라한 빛 속에서 로즈마리 사이로 날아다니는 모습을. 초록색과 연보라색 로즈마리가 언덕을 붉게 물들이는 석양 아래 장밋빛과 황금빛으로 빛나고 있지?

플라테로, 너는 우리를 보고 있지, 그렇지?

대지와 하늘을 잇는 유리처럼 반짝반짝 빛나는 끝없는 순수 속에서, 세탁장이들의 작은 당나귀 무리가 기진맥진해서 절뚝절뚝 서글프게 오래된 샘물로 이어진 붉은 언덕을 올라가는 모습을, 정말로 너는 보고 있지?

플라테로, 우리를 보고 있지, 그렇지?

아이들이 시스투스 사이로 왁자지껄하게 뛰어다니는 모습을, 너는 보고 있지? 그 가지에는 진홍색 물방울이 방울방울 맺힌 하얀 꽃이 나비처럼 무리지어 얌전하게 피어 있지?

플라테로, 너는 우리를 보고 있지, 그렇지?

플라테로, 너는 정말로 우리를 보고 있지? 그래, 너는 나를 보고 있어. 그리고 나는 골짜기의 포도밭을 달콤하게 감싸는 너의 애잔하고 다정한 울음소리가, 투명한 서쪽하늘에서 들릴 거라고 믿어. 그럼, 그렇고 말고, 나한테는 들린단다……

받침대

나는 불쌍한 플라테로의 안장과 재갈과 고삐를 받침대 위에 올려놓았다. 그리고 그것을 커다란 곡식창고 구석으로 옮겼다. 그곳에는 아이들의 요람이 기억에서 지워진 채 놓여 있었다. 곡식창고는 넓고 조용하고 볕이 따사롭다. 그곳에서는 모게르의 들판이 한눈에 바라보인다. 왼쪽에 빨간 풍찻간, 정면에는 솔숲으로 뒤덮인 몬테마요르 언덕과 하얀 예배당이 보인다. 그리고 그 뒤에는 피냐의 과수원이 숨어 있다. 서쪽으로는 여름에 만조가 되면 반짝반짝 빛나는 바다가 펼쳐져 있다.

방학이 되면 아이들이 곡식창고로 놀러 온다. 의자들을 쓰러뜨려 기다랗게 잇고는 그것을 말 삼아 마차 놀이를 한다. 신문지를 붉게 칠해 극장을 만든다. 교회와 학교도……

이따금 아이들은 영혼 없는 받침대 위에 올라가 손이나 발로 세차게 다그치고 소리 지르며 꿈속 목장을 거침없이 내달린다.

—이랴, 플라테로! 이랴, 플라테로!

우수

오늘 오후, 나는 아이들과 함께 플라테로의 무덤에 찾아갔다. 그 무덤은 피냐 언덕의, 둥근 우산을 쓴 자애로운 소나무 아래에 있었다. 주변에는 큼직하고 노란 4월의 붓꽃이 축축하게 젖은 땅을 장식하고 있었다.

소나무 위, 푸른 하늘을 가득 머금은 초록 이파리 사이에서 검은방울새가 노래한다. 작은 새들의 가련하고도 화려한 지저귐은, 첫사랑이 자아내는 맑은 꿈처럼 따뜻한 오후의 금빛 공기 속으로 사라진다.

아이들은 그곳에 도착하자 입을 다물었다. 조용하고 진지하게, 동그란 눈으로 내 눈을 바라보며 불안스레 질문을 쏟아냈다.

—내 친구 플라테로야!…… 나는 땅에 대고 불렀다. 내가 생각한 대로, 너는 지금 천국의 목장에서 천진난만한 천사들을 네 폭신한 등에 태우고 있겠지. 너는 나를 잊었을까? 플라테로, 대답해주렴. 날 아직 기억하니?

그때 내 물음에 답이라도 하듯, 이제껏 한 번도 본 적 없는 가볍고 새하얀 나비 한 마리가 이 꽃에서 저 꽃으로, 영혼처럼 사라지지 않고 팔랑거렸다……

모게르 하늘에 있는 플라테로에게

사랑스런 플라테로, 달음박질 잘하는 내 작은 당나귀야. 너는 내 마음을, 내 마음만을! 선인장과 접시꽃과 인동덩굴이 무성한 길로 몇 번이고 몇 번이고 데려가 주었지. 네 이야기가 쓰여 있는 이 책을 너에게 바친다. 지금이라면 너도 이해할 수 있을 테니까.

이 책은 너와 함께 하늘로 올라간 우리의 산과 들, 모게르의 영혼에 의해 지금 천국에서 풀을 뜯는 네 곁에 도착할 거야. 그리고 내 영혼도 그 종이의 등에 타고, 흐드러지게 핀 들장미 사이를 지나 하늘로 올라가, 날이 갈수록 더욱 부드럽고, 더욱 평온하고, 더욱 순결해질 거야.

그래, 나는 알고 있어. 개개비가 울고 오렌지 꽃향기 가득한 해거름, 내가 생각에 잠겨 천천히 쓸쓸한 오렌지 밭을 지나 너의 죽음을 슬퍼하는 이 소나무 밑에 도착하면, 플라테로야, 행복한 네가 영원히 장미꽃 피는 목장에서, 노란 붓꽃 앞에 우두커니 서 있는 나를 보고 있을 거란 걸. 그 붓꽃은 흙으로 돌아간 네 가슴에서 피어났구나.

마분지 플라테로

플라테로야, 1년 전, 너를 추억하며 쓴 이 책의 일부가 세상에 나왔을 때, 너와 내 여자 친구들이 이 마분지 플라테로를 나에게 선물로 주었단다. 네가 있는 곳에서도 보이니? 보렴, 반은 잿빛이고 반은 하얀빛이야. 주둥이는 검은색과 붉은색으로 칠해져 있고, 두 눈은 터무니없이 크고 터무니없이 새카맣단다. 흙으로 만든 길마(짐을 싣기 위한 안장)에는 화분이 6개 실려 있는데, 분홍색과 흰색과 노란색 비단종이로 만든 꽃이 담겨 있어. 머리도 움직여. 그리고 파랗게 칠한 발판 위에는 투박한 바퀴가 네 개 달려 있어서, 당나귀는 그 발판을 타고 걷는단다.

플라테로, 나는 너를 떠올리다가 이 조그만 장난감 당나귀에게 애정을 품게 되었단다. 내 서재로 찾아오는 사람은 누구나 미소 지으며 "플라테로" 하고 말을 건네지. 그것이 뭔지 몰라 물어보는 사람이 있으면 "플라테로예요……"라고 나는 대답한다. 그렇게, 네 이름이 가슴에 사무쳐서, 비록 나는 지금 혼자지만 그것이 너라고 믿으며 무심코 눈을 들어 사랑스런 너를 바라본다.

플라테로? 사람의 기억은 왜 이렇게 간사할까! 이 마분지 플라테로가 지금은 너보다도 훨씬 더 플라테로같아 보이는구나, 플라테로……

                                        1915년 마드리드에서

고향땅에 잠든 플라테로에게

플라테로, 나는 아주 잠깐 동안 네 죽음 곁에 머물려고 찾아왔어. 나는 넋 나간 사람처럼 살아왔어. 모든 것이 부질없었단다. 너는 여기에 살아 있어. 그리고 나는 네 곁에 있어…… 나는 혼자 왔어. 아이들은 이미 사내가 되고, 여인이 되었지. 너도 이미 알겠지만, 파괴가, 우리 세 사람에게 제 역할을 완수했단다. 하지만 그 사막 위에, 마음이라는 가장 큰 재산을 가진 우리가 서 있어.

내 마음! 그 마음이 나와, 그 둘에게도 충분하기를! 내 생각이 역시 그들의 생각이기를. 아니, 아니야, 그들은 아무것도 생각하지 않는 게 낫겠어…… 그러면 내 죄악과, 내 가시 돋친 말과, 내 무례한 행동에 대한 슬픈 기억도 남지 않을 테니까.

나는 기쁜 마음으로 너에게 말할게! 그 누구도 아닌 너만 아는 거야…… 현재가 삶의 전부가 되고, 또 그들의 추억이 되기를. 그리고 평온한 미래가 그늘에 핀 한 그루 제비꽃처럼 고운 빛깔과 달콤한 향기를 지닌 과거가 되도록, 나는 내 행동을 바로잡을 거란다.

플라테로야, 너는 과거에만 홀로 있지. 하지만 과거가 너에게 무엇을 더 주겠니? 너는 영원 속에 살며, 여기 있는 나와 마찬가지로 불멸하는 하느님의 심장처럼 붉은 여명의 태양과 함께 있는데.

1916년 모게르에서

히메네스의 시

사랑

너는 죽지 않았지, 그럼.
너는 다시 태어나리,
해마다 봄이 오면, 장미꽃들과 더불어
인간의 삶과 같이, 너는
메말라버린 낙엽들을 날리고
눈보라를 치는구나, 인생
다름없이……

하지만 사랑
너의 땅에는 굳건한 약속의 씨앗들이
뿌려져 있어라,
그것이 망각 속이라도
꼭 이루어지고 말 거야
네가 바라지 않더라도 어찌 할 수 없으리!
싱그러운 바람은 어느 날 영혼을 흔들어 놓고,
별들이 빛나는 밤에
사랑, 너는 마치 첫 만남인 듯이
순결한 감각들에 내려앉으리.
사랑이여, 너는 순수하며, 너는
영원하리! 네 앞에 서면
죽었으리라 믿은 연약한 비둘기들이
하얗게 무리 지어 푸르름을 찾아 돌아오네……
너는 잎새에 단 오직 하나의 꽃을 피어오르게 하며
새로운 언어로 불멸의 빛을 황금색으로 물들이네……
사랑아, 너는 영원하리,
그것은 새 봄날처럼!

사랑으로 가득히

우리는 모두 말없이 일하러 간다.
기관사는 쇳덩이를 단련하고,
경비원은 날짜를 적어놓고
화가는 붓을 놀리고
전신원은 귀를 기울이고
목수는 망치를 내려치고
대장은 명령을 내린다.

그리고 여자는
스스로를 가꾸며, 한숨을 내쉬며, 맥박이 두근거림을 느낀다.

그리고 나는…… 욕망받으며 욕망하는 신(神)인 나는,
태양처럼, 달처럼,
사랑으로 우주를 가득 채우는
일을 한다.
내 의식의 마지막 순간까지……

노랑 봄

사월이 왔네.
노랑 꽃들로 가득하다.
노랑 실개천,

계곡과 언덕 아이의 무덤들
사랑이 머물렀던 과수원까지
모두 노랑색이다.

태양은 내리쬐는 햇살로
온 세상에 노랑색 성유(聖油)를 바른다.
아아! 황금빛 창포꽃들 사이로
따스한 금빛 물이 흐르고
노랑 장미꽃 위로는
노랑 나비들!

노랑 덩굴장미들은 나무들을 휘감고
올라갔다. 삶을 일깨우는
금빛 향기의 은총으로
모두 뒤덮인 하루.
죽은 이들의 뼈 사이에
신은 자신의 노랑 손을 열었다.

오월의 환희

환희 가득한 오월이
오늘 아침 시작되었어.
꽃이 흐드러진 계곡과 해돋이는
더없이 아름다웠지!

물빛 하늘이 한 줄기 빛을
나의 창가로 비추고,
보드라운 햇살이
내 눈물을 그치게 했어,

오월아, 넌 어찌하여
내 영혼을 어루만지려 하니?
영원히 차가움에 묻혀
지낼 걸 알면서.

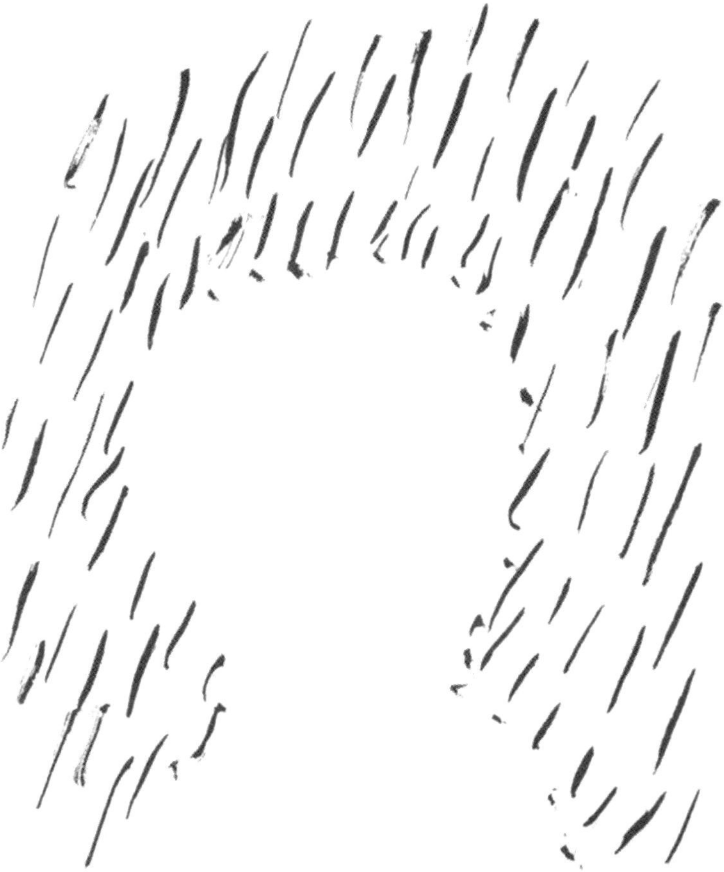

나의 영혼에게

너는 언제나 아름다운 장미꽃을
피우기 위해 가지를 준비하지, 또 언제나
네 몸의 문에 귀를 쫑긋 대며 예기치 않은
화살에 대비하지.

파도는 무(無)에서 일렁이지 않는 법,
너의 열린 어두움에서 더 좋은 빛을
가져가지 않기를, 한밤에도 너는 네 별에서
불면의 삶으로 깨어 있지.

너는 지울 수 없는 징표를 사물에 아로새기지.
그리고 지상의 모든 빛을 나타내고서
네가 기름 부은 모든 것을 소생시키리라.

네 장미는 모든 장미들의 본보기가 되리,
너의 귀는 별들의 조화로움이, 너의 생각은 별빛이,
그리고 너의 잠들지못함은 별들의 운명이 되리라.

마드리드

1916년 1월 17일

네 손이 가닿기에는 너무도 멀리
떨어져 있는 그것이
영혼에는 그토록 가까이 있다니!

한줄기 별빛처럼,
꿈결에 들려오는 이름 없는
목소리처럼, 멀리서 들려오는
말발굽 소리처럼, 우리는
듣기를 열망하지,
땅에서 울려오는 소리를,
전화선 너머 들려오는 바다처럼……

그리고 내 안에는 생명이
태어난다네, 행복한 어느 하루
또 다른 곳을 비추는
꺼지지 않는 저 빛과 함께.
오! 달콤하여라! 아직 실체가 없는
달콤한 진실! 참으로 달콤하여라!

바다

바다여, 너는 너 자신을 찾기 위해
—오, 끝없는 무질서, 멈추지 않는 무쇠 파도!—
또는 내가 너를 찾을 수 있도록 싸우는 듯하네.
너를 드러냄은
그 얼마나 웅혼한가,
오늘날 우리가 살아가는 이 세상
완벽한 이미지를 만들며
—함께하는 그 누구도 없이—
네 외로운 맨몸을 보여 줌은!
너는, 마치 아이를 낳는 듯
—그 얼마나 고통스러운 일인지!—
너 자신을, 유일한 바다를!
너는 너 자신을, 유일한 너를,
많고 많은 그 가운데 오직 유일한 너 자신을,
낳는 중이네!
……너 자신을 찾기 위해 또는 내가 너를 찾기 위해!

하늘

하늘이여, 나는 너를 잊었네,
그렇게 피곤하고 무심한 내 눈에
비친 너는―이름 없는―
그저 아득한 빛에
지나지 않았지.
그리고 꿈속에서 만난 물의 세계에서
듬성듬성 이어지던 연못의 모습처럼
너는 방랑자의 한가롭고 희망 없는
단어들 사이에서 나타났다네.

오늘 나는 너를 천천히 바라보았고
너는 네 이름까지 올라가 버렸다네.

야상곡

안토니오 마차도에게

……그것은-검고, 세련된,
작은 탑들이 끝없이 이어진…… -
높은 도시를 내려다보는
늙은 천문학자의 뛰어난 기하학.

마치 마지막 전망대에서
점성가가
그것을 바라보고 있는 듯하네.

푸르고
깊고 투명한 맑은 대기 전 아래
미묘한 그의 비밀들과 함께
정확한-불길들과 색깔들-
그리고 기호들.

낯선 진리의
결정적인 절박함에서
얼마나 반짝이는가, 얼마나 위협적인가,
얼마나 끄떡없는가, 얼마나 예언적인가! 하늘이여,
제 스스로 움직이고 우리를 위해 움직이는
운동의 과학과 하늘의 해부!

-길을 읽은 별처럼
날카롭고, 거대하며 외로운 비명소리-
……얼마나 멀리 왔는지!
그 옛날 우리가 머물던 곳으로부터,

어제의 오후 같기만 한 그 봄날로부터
—고요하고 달콤했던 워싱턴 스퀘어—
그 옛날의 꿈과 사랑으로부터!

새벽

먼동은
자신의 역이 아닌 곳에
기차를 타고 도착한 듯한 슬픔이 있다.

잠시 지나가는 존재일 뿐임을 아는
어느 하루 소리들은 얼마나 쓸쓸한가.
—오 내 인생이여!—

—일어나라, 새벽빛, 한 아이가 운다.—

동틀 무렵

봄의 잔잔한 바람
나라는 존재 흠뻑 취하게 하네.
물과 장미, 초록빛 잎사귀
거친 향기 내뿜는구나.

순수하고 깨끗한 심장은
쓰디씀을 달콤하게 바꿔놓는다.

아직
내 종이에는 해가 그려지지 않았다.
단단하고 순진한 손으로 그려지지 않았다.
하지만
놀라운 평온과 행운이
무한 속에 빙긋 웃으며
해를 맞이한다.

단테에게

순결한 벌거숭이 여자와도
같은 당신의 소네트가
그 순수한 무릎에 앉은 나를
아름다운 두 팔로 감싸 안았다네.

그리고 나는 소네트와 함께 꿈을 꾸었지.
분수가 있었지.
두 줄기 물이 활처럼 휘어 물받이로 떨어졌지.
그리고 그곳에서 또 다른 두 개의 여린
물줄기가 흘러나왔다네.

안개 속에서

안개에 휩싸인 채 물은 돌에게
자신의 오래된 노래의 고통을 보여준다.
덩굴 속 개똥벌레는
초록빛 은빛으로 날아오르기를 꿈꾼다.

하늘로 뻗어 오르며 가지 사이로
별들의 향기를 머금은 재스민
안개일까, 우물일까, 하늘일까?
그것은 낭만적인 달에게 흠뻑 빠져 버린
한 나이팅게일…… 푸른
목소리…… 달에게 말을 건네는
마법처럼 날아오르는 새……

기억

강물은 나를 갉아먹으며 내 영혼 깊은 그곳을 지나간다네.
나는 서 있기조차
힘들다. 하늘은
나를 지탱해 주지 않는다. 별들은
나를 속인다. 아니야, 별들은 저 위에
있지 않고 아래, 저 밑바닥에 있다……

지금의 나? 나는 미래이다!
나는 되리. 기억의 강에
흐르는 물결이 되리……

흐르는 물, 너와 함께!

바다

진실로 유감이다, 나의 배가
저 깊은 바닷속에서
무언가 거대한 것에 충돌당했다니.

그러나 아무 일도
일어나지 않는다. 아무 일도…… 정적…… 파도들…….

―아무 일도 없었던 것인가, 아니면 이제는 모두 정리되어,
우리는 이미 새로운 것에 고요히 적응되었는가?

꿈의 야상곡

땅은 땅이 끌고 가는데,
바다여, 너는
하늘이 끌고 가는구나.

금빛, 은빛으로 반짝이는 별들은 우리에게
얼마나 안전하게 길을
인도하는가!– 땅이 몸의
길이라면 바다는 영혼의 길이라
말하리.

그렇지, 영혼은
바다의 외로운 방랑자라네.
몸만 호올로
영혼 없이, 그것과 이별한 채
시체처럼 무겁고 차갑게
저어기 백사장에 남아 있다네.

바다의 여행은
얼마나 닮았는가!
죽음으로의 여행, 영원한 삶으로의 여행과.

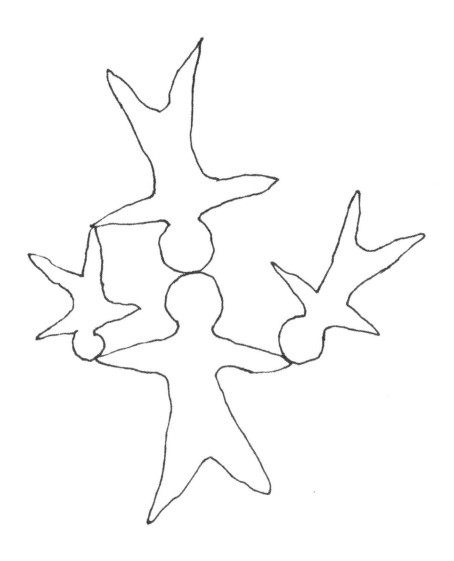

어느 뱃사람의 이상적인 묘비명

너의 무덤이 어디에 있는지 알기 위해
우리는 하늘을 두루 찾아야만 한다네.
−너의 죽음은 어느 별에서 비가 되어 내린다.
묘석은 꿈을 담은 우주이기에
네게는 무겁지 않다.−
알아차리지 못하는 사이에 너는
모든 곳−하늘, 바다 그리고 땅−에서 죽어 있다.

오직 한 친구

친구여, 너는 나를 따라오지 못하리.
너는 미친 듯이 불안해하며 도착하겠지.
그러나 나는 이미 떠났을 거야.

-진정한 나 자신을 찾아
떠난 뒤 내가 남겨 놓은
그 공허는 얼마나 무시무시할까!

의도한 바는 아니었지만, 친구여
너와 나 사이에 내가 남겨 놓은
그 심연은 얼마나 절망적이리!-

친구여, 너는 남아 있을 수 없으리……
내가 혹시 이 세상으로 다시 돌아온다 해도
너는 이미 떠나고 없을 거야.

어머니

모든 것이 끝이란 말인가, 모든 것이?
바라봄, 미소,
모든 것이, 가장 위대한 것의
가장 사소한 부분까지 모두 끝이 났는가?

아니, 나는 알아요, 어머니.
영생하는 무(無)이신 당신은 영원한 하루에서
물끄러미 나를 바라보며 미소 짓고 계심을,
무한한 무(無)인 나를!

어머니

어머니, 제가 아기였을 때 당신이
나를 가슴에 안고 요람으로 데려가셨듯이
내가 당신을 두 팔에 안고
당신의 삶에서 무(無)로 모셔 갈 수 있으면 좋으련만!

하늘 꼭대기

죽음이여, 네가 나의 삶과 하나가 되어
나를 완성할 때,
나의 절반인 빛과 또 나의
절반인 어둠이 하나가 될 때, 그때 비로소
나는 내가 되리.
─그렇다면 내가 세상의 마음 안에서
영원한 균형을 잡을 수 있겠지.
어떤 때는 나의 반쪽이 환히 빛나고
또 어떤 때는 나의 다른 반쪽이 잊혀지겠지.─

죽음이여, 네가 때가 되어,
나의 해골에 내 영혼의 옷을 입혀 줄 때
비로소 나는 내가 되리.

첫사랑 여인에 대한 슬픈 발라드

내 첫사랑이었던 여인은 이 세상에 없다.
그녀의 추억이 가끔 머릿속을 맴돌지만
이미 지나가 버린 일이다.

내겐 마을 광장 위로 솟아오르던
한가득 별이 빛나던 높은 하늘
그 환상밖에 남아 있지 않다.

그때
그녀는 멀어져 갔고……
다른 마을 광장에 살던
투우사의 아내가 되어
하늘 높이 날아갔었지.

낭만이 가득한 한여름
바로 그때
그녀의 낯빛은 새하얬고
검은 옷을 입은 채
하늘나라로 떠났다.

이 사랑은 이젠 지나간 일일 뿐.
그런데 왜 그녀의 추억이 지워지지 않는 걸까?
마치 무덤가의 한 송이 장미처럼……

너의 벌거숭이 몸

장미 :
너의 벌거숭이 몸은 은총.

샘 :
너의 벌거숭이 몸은 물.

별 :
너의 벌거숭이 몸은 영혼

빛이여

수직의 빛
빛이여
숭고한 빛이여
금빛
사랑으로 울리는 빛,
빛이여.

그리고 나는 검고, 눈멀고, 귀먹고, 벙어리인 수평의 그림자.

머무름의 그 깊은 곳에서

머무름의 그 깊은 곳에
우리는 잠시 있었습니다.
어둠이 우리를 감싸왔고
아무도 우리에게 시선을 주지 않았습니다.

나는 그날 저녁
그녀의 새하얀 옷자락에서 풍겨나는 수선화향기에
취해 서서히 젖어갔습니다.

우리는 이미 꿈에서 서로 교감했으며
사랑을 나누는 이들처럼 뺨을 서로 마주 대고
입을 맞추었습니다.

어둠이 우리를 감싸 안아
누구도 우리를 바라보지 않는
침묵 속에서,
우리는 그렇게,
달콤한 입맞춤을 주고받았습니다.

사춘기

발코니에 잠시 동안,
우리 두 사람은 남아 있었어.
달콤했던 그날 아침부터
우리는 연인이 되었어.

시간이 흐르고 꿈꾸는 듯
풍경은
자신의 몽롱한 목소리를 잠재우고
회색빛과 장밋빛이 어우러진
하늘에서는
가을 석양이 지고 있었어.

입을 맞추고 싶다 말을 하자
그녀는 은은히 눈을 깔고
찬란한 보석을 내주는 듯
살며시 내게 두 뺨을 내밀었어.

고요한 침묵으로 덮인 정원에서는
시든 나뭇잎들이 떨어져 내렸고
아직은 데이지 향기가
바람을 타고 날아다녔어.

우리는 사랑하게 되었을까?
그녀는 나를 바라보지 않았고
그녀의 우울한 두 눈에서는
굵은 눈물이 흘러내렸어.

이별 이야기

그날 오후, 마을을 떠나겠노라
그녀에게 이야기했을 때,
그녀는 미소 띤 얼굴로,
그리고
슬프고도 멍한 표정으로 나를 바라보았어.

"왜 떠나나요?" 그녀가 물었을 때,
"이 계곡의 적막함이 마치
나의 죽음처럼, 수의처럼
느껴지기 때문이야." 나는 말했어.

"왜 떠나나요?" 그녀의 물음에
가슴은 크게 소리치고 싶어 했어,
하지만 이 호젓한 계곡에서는
차마 그럴 수 없었어.

"어디로 가나요?" 그녀가 또 물었을 때,
"하늘이 보다 더 높고
내 머리 위에 그렇게 많은 별들이
빛나지 않는 곳으로." 나는 말했어.

가련한 그녀는 황량한 계곡 저 아래로
아무 말 없이 슬프게 시선을 떨구고는
그저 바보같이 웃으며 서 있었어.

잠자는 숲

깊이 잠 든 숲 속
그늘과 환상 아래에서는
모든 것이 빛과 탄식
청초함으로 가득합니다.

새빨간 입술이 미소를 짓고,
마력적인 눈이 교태를 부립니다.
사랑과 환희에 찬
즐거운 소란 속에서.

나의 고통이 맑고 고요한 평정을
바람을 이제 그대들은 아실 겁니다.
인기척이 없는 좁은 길을
나는 산책을 하러 들어서봅니다.

밤은 감미롭고도 고요했으며
봄날의 푸르름과
이제 막 피어난 꽃의 향기와
몽롱한 애무로 가득 차 있었습니다.

나는 침묵 속에서 웃음을 머금으며
별들과 이야기를 나누었고
잔잔한 바람이 먼 곳의 입맞춤을 싣고
내게 불어왔습니다.

내 안에 잠든 영혼과 더불어
그윽한 향기를 덮고 나는 스르륵 잠이 듭니다.

아직 광채가 없는 두 눈 속에
감미로운 눈물이 글썽이고 있음을 느끼면서.

바이올린이 애조 띤 음조를
자아내는 동안
나는 울지 않으려고,
이야기를 꺼내다 울지 않으려고,
미소로 얼버무려 봅니다.

모든 것들이 웃음으로 가득 차 있었지만,
환희 속에서
내 영혼이
고통으로 죽어가고 있음은 누구도 몰랐습니다.

하얀 바위들

달은 지구 곁에 있기를 원했다.
아, 그 눈물의 달이여!
달은 왜 그랬을까?

너는 그 이유를 아는가?

내게 슬픔을 전하려 그랬을까?
너는 알고 있느냐?

아무튼
달은 지구 가까이 있기를 원했어.

저렇게 맑은 백합이
세상의 골짜기들을
온통 하얗게 가득 채우고 있는데……

내게 슬픔을 전하려 그랬을까?
너는 알고 있느냐?
이렇게 맑은 백합이
세상을 온통 하얗게 채우는 이유를

하얀 상복을 입은 달이
지구로 와서는
내게 입을 맞추었던 이유를?

왜 그랬을까? 너는 알고 있느냐?
내게 슬픔을 전하려 그랬을까?

하얀 상복을 입고
지구로 와서는
내게 입을 맞추었던 그 이유가 뭐지?

별과 새가 날아간 하늘

한겨울 혹독함으로
들녘은 깊이 잠들었고
오늘 저녁 하늘에는
별도 새도 없다.

꽃도 방울소리도 메아리도 없는
저 멀고 먼 계곡에
옛 마을이 하얀 연기 속에 희부옇게 사라져간다.

흐릿한 신비로 가득 찬
해변의 마른 백양나무들이
연기처럼 나풀거린다.

가슴속 얼음 같은 마음을 갖고 있으면서
왜 다른 이의 시선과 미소와
입맞춤을 그리워하는가……

다정했던 배들도 강을
건너지 못하고, 달콤하고 고요했던
풍경조차 안개와 환상을 싣고
사라져간다.

오늘 밤 하늘 아래는
달도 별도 뜨지 않겠지,
지금 들녘은 한겨울 혹독함으로
깊이 잠들어 있네.

시인

나는 꽃에 둘러싸여
책상을 마주하고 있었습니다.
꿈을 담은
시인의 슬프고도 고통스러운
글을 읽으면서.

그때 그녀는 내게 조용히 다가와 말했습니다.
"내 입술보다 시를 더 좋아한다면,
다시는 그대에게 입맞추지 않을 거예요."

그러고는 또 이렇게 물었습니다.
"저와 함께 숲으로 가지 않으실래요?
밤이 오기 전에
나는 재스민을 꺾으러
숲으로 가고 싶어요."

"그대가 원한다면 함께 가리다.
그대가 재스민을 꺾는 동안,
나는 내 꿈을 담은 시인의
슬프고도 고통스러운 책을 읽겠소."

"당신은 나를 사랑하지 않으시나요?
나 홀로 가겠어요."
그런 이야기를 들으며
나는 계속 책을 읽었습니다.

불쌍한 그녀는 그렇게 천천히 떠나갔습니다.

침묵 속에서 괴로워하며……
그녀는 재스민을 꺾으러 숲으로 떠났고……
나는 시와 함께 남았습니다.

그녀는 새하얀 옷을 입고 갔습니다.
시간이 흐르고
시인은 숲 속 어둠 저편에서 울며
재스민을 꺾고 있는 그녀를 볼 수 있었습니다.

목동

달콤한 그리움으로 가득한
계곡의 고요함.
파아란 하늘 아래
젖소의 방울소리 은은히 울려 퍼진다.

태양은 물 위에 잠들고
금빛으로 빛나는 연안(沿岸)에는
흠뻑 물먹은
푸르른 나무들이 꿈꾸고 있다.

봄날 오후의
태양을 바라보며
목동은 기다란 지팡이에
몸을 의지하고,
젖소들은 눈물 머금은
방울소리에 맞추어
황금빛 골짜기를 지나
산으로 올라간다.

목동아, 감미롭고 쓸쓸한 곡조를
네 피리로 불어보렴,
나른함과 그리움으로 가득한
이 계곡에서 목 놓아 울어보렴.

땅의 풀도 울고
물의 수면도 울고
태양의 몽상도 울고

그리고 영혼의 석양도 운다.

온 골짜기마다 너의 피리
소리로 가득하고
산 저편에는
스페인 들녘이 펼쳐진다.

꽃의 계절

꽃의 계절이 오면
누이는 나를 바라보면서 울곤 했다.
그렇게 울면서 나를 보면
나는 누이에게 "울지 마" 말하곤 했다.

꽃의 계절이 오면
누이는 다시 울면서 나를 바라보겠지,
누이가 그렇게 울면서 나를 바라보면,
나는 또 누이에게 말하겠지.
"울지 마."

그렇게 말하면
내 마음은 얼마나 편안해지는지……

그때
누이는 땀에 흠뻑 젖은
내 이마를 부드러이 어루만지고,
나는 홀로 고통을 느끼겠지.

누이는 나에게 말하겠지.
"무슨 일이니?"
나는 땅에 눈을 떨구고
누이는 다시 묻겠지.
"무슨 일이니?"

내가 하늘을 올려다보며
미소 지으면
누이는 놀라워하겠지,
그러면 나는 누이에게 이렇게 말하겠지
"누이, 아무 일도 아냐."

해는 나뭇잎을 금빛으로 물들이리
-시인 들녘에서 죽다

해는 소나무숲을 지나는 바람만으로
나뭇잎을 금빛으로 물들인다.
강에 다이아몬드를 나누어주고
황금과 미소의 노래를 만든다.

입에 장미를 가득 머금고
아이들은 마당으로 나와
창포 꽃들과 아무도 손대지 않은
황금빛 꿈을 깨뜨린다.

길가의 뽀얀 먼지를 헤치고
슬픈 소식을 전해 올 사람은
이슬 머금은 수정과
흰 나비들을 바라본다.

마리아, 하나님께서 함께하시길!
안녕!
웃음과 꽃을 사랑하는 우리 민족,

너는 태양과 흰 연기
그리고 푸른 연기와 평야,
초원으로 가득 차리.

너는 평화와 사랑을 싣고
한낮에 떠나겠지.
소나무숲을 지날 때

어쩌면 한 마리 새가 노래를 부를지도 몰라……
그러면 모든 것이 말을 잊고 노랑빛으로 변하리.

말을 탄 시인이여

해넘이 무렵
오솔길에 펼쳐진 오랑캐꽃의 고요함.
말을 탄 시인과 오랑캐꽃의 고요함.

등심초와 물 내음 안고서
강은 달콤한 미풍으로
시인의 엄숙함을 빛내고 있어라.
가벼운 미풍으로……

말을 탄 시인이여
그리고
오랑캐꽃의 고요함.

초록빛 덩굴 속에서
가슴이 정신을 잃고
고통과 향기에 취하리.

가슴이 정신을 잃었네.
말을 탄 시인 그리고
오랑캐꽃의 고요함.

언덕이 황금빛으로 물들고
태양의 마지막 사념이
언덕을 꿈에 잠겨들게 하네.

해넘이 무렵
오솔길을 따라 펼쳐진

오랑캐꽃의 고요함.

말을 탄 시인
그리고
오랑캐꽃의 고요함.

고독의 소리

한여름날 신성한 시간,
장미들이 고통스런 푸르름을 찾아 떠날 때,
비행기들이 마을을 굉음으로 뒤덮을 때,
계집아이들은 우물가에 모여 합창을 한다.

모든 것이 평화롭다.
정원은 신선하고.
피아노에는 장미가 있다.

하늘에서 떨어졌을까?
책들이 꿈을 꾸고,
유리는 먼 햇빛으로 푸르름과
여름의 순수한 영광을 수없이 만든다.

열린 발코니로 순수한 미풍이 불어 들어와
가구들은 우울한 빛을 내뿜는다.

내 달콤한 미소를 즐기려는 것일까,
노란 책 위에 놓인 아카시아 가지 하나가 나를 보네.

해와 달처럼 희고 금발인 나이팅게일에게

네 발밑을 구르는 모든 장미들이여,
내 영혼이 그 장미들의 싹을 키우면 좋겠다.
내가 꿈이 되었으면 좋겠다.
내가 백합이 되었으면 좋겠다.
그래서 너의 맑고 커다란 두 눈을
똑바로 바라볼 수 있기를.

내 삶이 무한한 빛을 가졌으면 좋겠다.
보석 같은 오솔길로 네 발길을 인도하고
내가 강변에 피어 있는 하나의 꽃이 되고
네가 그 꽃향기에 취했으면 좋겠다.

네 깊고 아득한 두 눈과
거기에 쓰인 이름 없는 풍경,
네 입술의 마지막 장소를 위한 물,
네 두 손으로 만든 죽지 않는 비둘기.

그것들이 모여 한낮의 땅을 이루고
그곳에서 네가 안식을 얻을 수 있으면 좋겠다.

아름다움이란

내 연인을 기다리려 정원으로 내려오니
봄의 찬란한 시간이 미소 짓는다.
사랑이 기다리는 밝은 광장에는
새벽 여명의 여운이 희미하게 남아 있다.

금강석 태양 밑을 흐르는 새로운 수액은
햇빛과 광선의 혼란.

싹이 터 오는 모든 소리가 들려오고
현란한 황금은
꽃에 칠보(七寶)로 후광을 두른다.

아! 아름다움, 영원함이여. 사랑은 오늘
여기 자신의 미소로 나의 모든 것을 아름답게 꾸미고,
어두움이 고고하게 퍼져 나가며,
내가 떠나가면
지평선은 아침을 향해 미소를 머금고 사라진다.

새벽

마술 같은 흰, 연지 빛 환상.
소나무에서 뚝뚝 떨어지는 녹음.
마술 같은 암홍색 황금.

종달새가 어둠을 물리치듯
여명은 이마에서부터 시작되고
그때,
산처럼 드넓은 바다는
밝은 바람을 감싸 안는다.

공간(空間)은
청아하게 수선화에 걸리고,
수선화는 맑고 소금기 어린 하늘 사이로
바람의 실을 털어
태양 광선을 잣는다.

조금 전,
마술처럼 새까맣던 세계는
곧 달과 태양으로
혹은 별로 변한다.

이제 우리를 취하게 할
최초의 장미가 다가온다.
그때 돌연
빛이 다른 빛으로 얼룩지고,
한 무리의 새가 지나간다.

여인과 장미

이제 나는 더없는 평온과 기쁨을 누립니다.
순결한 한 여인이 나에게 존경과 사랑을 바치고
이미 내 영혼의 나무에는
하얀 장미가 흐드러졌으므로.

바깥세상은 추위에 떨고
슬픈 가을이 탄식을 내뱉지만
이제 나뭇잎이 떨어지는 것을
나는 전혀 마음에 두지 않습니다.

마을

양은 애처롭게 슬피 울고,
여린 당나귀는 자기를 부르는
달콤한 소리에 기뻐한다네.
마치 별에게 이야기하듯
개는 그렇게 짖어대고……
나는 잠 못 이루며 밖을 서성이네……

하늘이
뒤집어져버린 듯
꽃들로 어지러운 땅바닥에
하늘 흔적들
눈에 들어오네.
부드럽고 희미한 연기가
나무숲을 어슬렁대고
달은 황금과 비단의 석양으로
조금씩 떨어지네,
마치 천상의 공간처럼……

심장이 포도주라도 마신 걸까
내 가슴은 이다지 뛰고
그분이 계신지
마구간을 살짝 열어보니,

아, 그분 오셨네!

시월

나는 흙에 누워 있었어, 끝없이 펼쳐진
카스티야의 들판을 바라보며.
가을은 노랑빛 달콤함으로
기울어 가는 해를 담아내고 있었어.

완만한 쟁기질은 검붉은 밭에
평행선을 만들고, 활짝 벌린
소박한 손에서 흩뿌려진 씨앗들은
흙의 갈라진 내장으로 들어갔어.

나는 심장을 뜯어내,
넓은 밭고랑 위에 던져버렸어.
사랑으로 넘쳐나는 내 심장을.

심장을 뜯어내 땅에 묻으면
새봄이 찾아와 영원한 사랑의
나무를 세상에 보여주리라 믿으며.

밤의 모습
마르티네스 시에라(Martínez Sierra)에게

그때 나는 오후의 달콤함에 취해 있었지만
어제 나는 혼자 있고
내 사랑은 먼 곳으로 떠났어라.

나의 영혼은 슬픔과 향수와 기억들로 죽어가고
수없이 많은 꿈속에서 거품처럼 지쳐 쓰러져 가네.

하늘 정원은 오늘 오후
꽃을 흐드러지게 피워냈고,
석양은 한겨울 모노톤의
석양처럼 그렇게 회색빛으로 물들었어라.

오늘 봄은 다시 태어났고
희뿌연 지평선에는
마을들이 희미한 모습을 드러내었어라.

내 영혼……
그 추억에 잠겨 떠도는
달콤했던 봄날의 저녁빛,
창공에는 푸른빛 장미와 오랑캐꽃이
마술처럼 모든 색과 모습을 물들이고 있었네.

깊고 투명한 어떤 것이 무(無)를 유영하고,
미풍의 흐름이 잠시
무섭게 떨며 그 모습을 드러낼 때,
오후의 신비는 파도가 되어 응답을 만들어내네.

신비한 하늘이 반쯤 열리고
저녁별들이 모습을 드러낼 때,
내 영혼은 우울하고 고즈넉한
곳에서 길을 잃고 말았지.

그때 나는 오후의 달콤함에 취해 있었지만
이제 나는 혼자 있고
내 사랑은 먼 곳으로 떠났지.

발코니를 반쯤 열었지,
동쪽으로 이때에 달이 태어나고,
잡초들의 진한 내음이
신선한 향수로 밤공기에 성유를 바를 때,
유성들은 슬픔에 잠기네.

사랑을 속삭이는 그 목소리들 리듬이 내 귀를 자극하네.
나의 육체와 혼자 맞서 있다는 두려움이……
침묵에 전염되어, 나는 벙어리가 되고……
내 두 입술은 한 글자도 만들어내지 못하네……

이 세상에 아무도 없는 느낌,
내 육체만 거인이 되어가는 느낌,
추위에 떨며 열이 나고
수천의 유령들이 나를 에워싸네……

삶이 사그러들고
오직 내 심장의 맥박만이 살아 있어라,
세상은 내 영혼에 살면서
공간들은 꿈으로 변하여라……

비 그친 하늘

빗줄기가 그쳤다.

대기는 젖은 대지의 내음을 풍기고
밤은 잿빛 오후를
푸르게 바꾸어 간다.

밖에 나가 하늘을 바라본다.

나뭇가지에 달린 방울방울
뚝뚝 떨어지고, 저 멀리
맑디맑은 풍경이 생기를 찾는다.

별들이 나무숲
저 밑에서 잠을 청한다.
내일 나는 공원의 싱그러움 속에서
내 꽃을 보게 되리라.

너와 나

너의 가슴과 나의 가슴은
무지개가 맺어준
꽃이 피어난 두 초원.

나의 가슴과 너의 가슴은
은하수가 맺어준
곤히 잠든 두 아이.

너의 가슴과 나의 가슴은
영원으로 가는 만족스러운 응시가 맺어준
두 송이 장미.

참회

영혼이여, 그대는 망각의
행위에 그저 순응만 하는가?

너의 가장 깊은 곳에
단단히 박힌 네 개의 못이

심장에 박혀 있는
저 창백한 네 마디의 말(言)에서 온

커다란 네 송이의 티 없는 장미를
열 수 있다 해도!

영혼이여, 그대는 행복의
행위에 그저 순응만 하는가?

사랑

꽃 내음들이 우리를
잠시나마 운명의 주인으로 만든다.

어느 오후, 반쯤 열린 대문이
푸르른 하늘과 해를 들어오라 유혹하고
왠지 기쁨의 징조.
창문으로 날아드는 한 마리 새와
어떤 예상치 않은 순간.

고독과 침묵 속에
존재하는 것은 오로지 우리 셋.
방문, 인간, 신비.

시간과 기억들은
지름길로 오지 않고,
빛과 바람을 타고 온다.

우리는 조용한 바다 위로
미소 지으며 걸어간다.

그 집은 달콤하고,
바라보는 것만으로도 한없이 아름답다.
그리고 한순간,
우리는 우리의 삶을 지배하리.

나 다시 태어나면

여자여
나 다시 돌이 되어 태어나면
그때는
그대를 사랑할 수 있으리.

여자여
나 다시 바람이 되어 태어나면
그때는
그대를 사랑할 수 있으리.

여자여
나 다시 파도가 되어 태어나면
그때는
그대를 사랑할 수 있으리.

여자여
나 다시 불이 되어 태어나면
그때는
그대를 사랑할 수 있으리.

그리고
나 다시 사람이 되어 태어나서.
여자여 그때는
그대를 사랑할 수 있으리.

마지막 아이

새하얀 마을이 그곳에 있어.
불을 환히 밝힌 채 나를 기다리며
모든 것이 멈추어 있는 마을이,
외침이 있는,
수정 같은 외침이 있는 광장이,

멈추어버린 날카로운 외침과
구름의 가장자리에 선
마지막 외침과
그리고 노란빛 외침을 들었어.

아이가 보았던 모든 것을
아이가 보고 싶어 하는 모든 것을
아이가 보지 못했던 모든 것을 보았어.

아이는 모든 사람
아이는 어린 시절의 나
아이는 나이 든 시절의 나
잃었다가 다시 찾은 아이.

이름들에서 얻어진 이름

신이여, 제가 세상을 창조해 당신에게 바쳤으며
당신은 그곳에 오셨습니다.
당신이 계신 세상이야말로 저의 온 희망입니다.

저는 희망을 언어로,
말하는 이름과 쓰는 이름으로 쌓아왔습니다.
저는 그 모든 것에 이름을 부여했고
당신은 모든 이 명명의 세계를 소유하십니다.

불꽃이 푸른빛을 띠며 활활 타오르는
불덩이 속에서 멎듯이
이제 저는 저의 동작을 멈출 수 있습니다,
저의 꺼지지 않을 상태와 존재의 불덩이 속에서.
이제 저는 제가 이름 지었던 바다
그 창백한 바다가 되었습니다.

당신을 위해 제가 창조했던 우주,
그 우주에 수놓았던 모든 이름은
하나가 되어 이제 당신이 되어가고 있습니다.
아무런 대가 없이
은총으로
창조되고 또다시 창조되는
이름들로부터 얻어진 이름.

우리들 자연스런 움직임에 대해

욕망받는 신이여
당신께서는 인간 세상뿐 아니라
(어느 때보다 인간들의 사막이 되어버린 이 지구에서)
여기 이 바다에도 존재합니다.
내 발걸음은 자연이란 당신의 발걸음을 기다리고 있습니다.
바다는 스스로를 버린 채, 우리와 하나가 됩니다.

이 바다에서
당신은 빛과 색들로 넘쳐흐르는 하나의 움직임이 됩니다.

당신의 존재와 나의 존재가 하나되어
움직임과 이미지가 됩니다.
여기서 당신은 추상화된 불안으로,
의식의 심연으로 다시 태어납니다.

당신은 마치 전체로부터 만들어진 듯,
마치 우리의 자연스런 움직임을 기대와 믿음으로 맞이하는 듯
바다에 존재합니다.

당신은 상상의 거울 속에서
그리고 움직이는 내 상상력 속에서 존재하며,
단단한 대지 위에 뿌리를 내린 채
물, 바람, 불로 존재합니다.

네 영혼의 색깔

내가 네게 입을 맞추자, 나무는
요란한 소리로 황금빛 태양을 흔들어댄다.
그러자 태양은 달아나며 내 사랑의 나무에게
덧없는 보물을 던져준다.

너를 경배하며 내가 받은 것은
광채도, 뜨거움도, 기품도 아니다.
그것은 오로지 사라지는 빛이며
너의 색깔인 응달로 만들어진 황금이다.

네 영혼의 색깔.
네 두 눈이 영혼을 만들고
태양이 자신의 황금으로 붉은색을 만들 때,
너는 창백하게 녹아내리고,
태양은 너의 두 눈에서 태어난다.
바로 그것이 나의 평화며, 나의 믿음이고,
나의 태양이며 나의 생명이다.

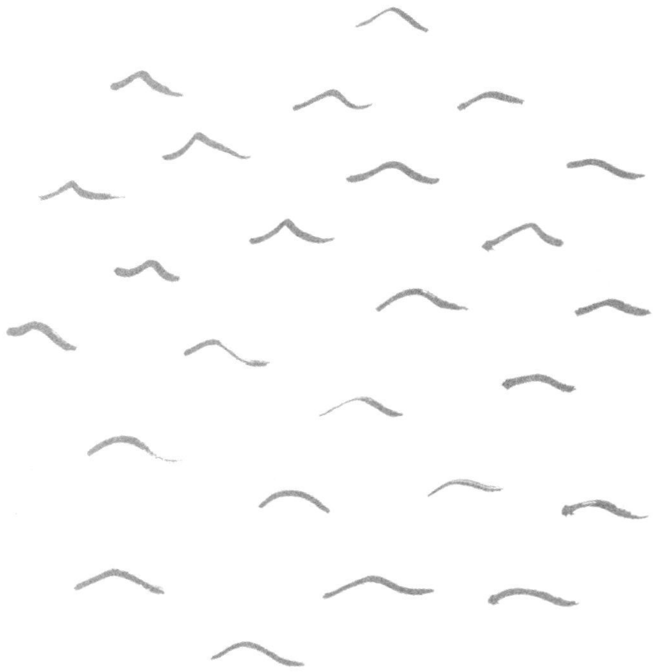

여행의 마지막

······나는 이제 가리라. 그래도 새들은 노래하겠지.
나의 과수원 나무들은 여전히 푸르를 테고
하얀 우물도 고스란히 있겠지.

날마다 오후의 하늘은 평화롭고 푸르르겠지.
그리고 오늘 오후의 종소리처럼
종탑의 종이 계속 울리겠지.

나를 사랑했던 사람들도 죽음으로 떠나고
해마다 마을은 새로워지겠지.
그리고 하얀 울타리 안에 꽃들이 가득한 나의 과수원
어느 한쪽에는 향수에 젖은 내 영혼이 떠돌며······.

이제 나는 가리라. 이제 홀로이면서. 가족도,
푸르른 나무도, 하얀 우물도 없어라,
푸르르고 평화로운 하늘도 없는 그곳에······.
그래도 새들은 여전히 지저귀겠지.

히메네스와 타고르의 시 세계 비교

1. 유년 세계를 중심으로

1) 머리글

비록 지금까지는 후안 라몬 히메네스(Juan Ramón Jiménez, 1881~1958)와 타고르의 유년시절 관계에 대한 조직적 연구는 없어 왔으나, 여러 비평가들과 학자들은 이러한 면에서 두 사람 사이의 공통점을 발견하고, 그들의 작품인 《플라테로와 나(Platero y Yo)》와 《초승달(La Luna Nueva)》을 바탕으로 비교 연구하고 있다.

1913년 마드리드에서 《초승달》이 발간됐을 때, 라몬 고메스 데 라 세르나(Ramón Gómez de la Serna)는 이 작품에 대해 논문을 발표했는데, 그 논문에서 그는 두 사람의 작품에 나타난 유년 세계에 영혼적 유사성이 있음을 지적한 바 있다. 아르투로 세라노 플라하(Arturo Serrano Plaja) 또한 그의 논문에서, 《플라테로와 나》에서 출발하여 《해(El Sol)》에 이르기까지의 후안 라몬과 타고르의 유사성을 간단히 논한 바 있다.

유럽과 아시아 지도를 비교해 보면, 두 반도인 인도와 스페인은 저마다 대륙의 남쪽에 그려져 있다. 마치 문학 세계에서 두 반도가 후안 라몬과 타고르를 낳은 것처럼, 그들에게도 하늘만은 똑같은 것이었다. 스페인의 모게르(Moguer)에서 아시아의 카담(Kadam)에 이르기까지 달로써 다리를 만들고, 공간을 뛰어넘어, 나귀를 탄 아이가 초승달의 빛을 받으며 동쪽에서 서쪽으로 건너간다.[1]

---

[1] Arturo Serrano Plaja, Interpretaciones : Juan Ramón-Tagore, en el Sol, (Míercoles 24 de febrero de 1932. Sala Zenobia-J.R.J. Puerto Rico)

그라시엘라 팔라우(Graciela Palau)는 저서 《타고르와 히메네스 연구》에서, 두 시인을 비교 연구하는 데 가장 직접적이고 쉬운 방법은 타고르의 《초승달》과 후안 라몬의 《플라테로와 나》 사이의 유사성을 설정하는 것이라고 지적한 바 있다. 후안 라몬에게 있어서 절대적인 것, 보편적인 것은 기타의 세계적인 시인들처럼 말로 표현할 수 없는 것이었으며, 어린아이들과 자연의 심상(心象)을 잘 아는 사람들은 그러한 것들을 염두에 두게 되는 것이다.

이러한 관점에서 에우헤니오 페르난데스 맨데스(Eugenio Fernándes Méndes)는 세 시인, 즉 후안 라몬, 타고르, 한스 크리스천 엔더슨(Hans Christian Anderson)에 대한 비교연구의 출발점을 수필 《아기 신(神)(El niño Dios)》에서 설정한 바 있다.*2 이런 시인들에게는 불멸의 시적(詩的) 판타지아를 산출해 내는 데 한 국가나 한 시기의 특별한 어떤 것이나 역사적인 무엇이 필요하지 않았다. 어린아이와 시는 보편성의 쌍극이라 할 수 있다. "한스 크리스천 앤더슨의 《작은 납병정(El Soldadito de plomo)》, 타고르의 《나의 어린 주인(Mi senor el nino)》, 그리고 후안 라몬의 《플라테로와 나》를 읽으면, 그것이 누구의 것인지를 누구나 쉽게 알게 된다."고 하면서 페르난데스 멘데스는 세 작가에게 있어서 어린아이의 환상적 세계를 논하고 있다.

이탈리아의 타고르 연구가인 벨리니 필리피(Bellini Fillipi)는, 타고르와 지오바니 파스콜리(Giovanni Pascoli), 이 두 시인 간의 유년 시절이 어떤 일치성을 가지고 있다고 비교, 분석한 적이 있다. 그의 논리에 의하면 우리는 타고르, 히메네스, 파스콜리 사이의 유사성을 비교할 수 있다는 것이다. 왜냐하면 세 사람은 유년 세계에서뿐만 아니라, 비록 같은 것은 아니고 비슷한 것에 지나지 않더라도, 자연에 대한 반응에 있어서 어떤 일치성을 갖고 있기 때문이라는 것이다.

《플라테로와 나》와 《초승달》은 결국 두 시인의 개인적 생활 경험과 정신적 자서전이라 할 수 있다. 그럼에도 불구하고 독자들에게, 특히 어린 독자들에게 커다란 희열을 안겨 줌으로써 이 두 작품이 어린이들을 위해 쓰였다고 말할 정도였다. 예를 들면 《플라테로와 나》가 발행됐을 때 많은 사람들은 히메네스가 어린이들을 위해서 쓴 것이라고 성급하게 말하기도 했으며, 몇몇 사람은 그에 대한 타낭한 이유를 제시하기도 했다. 오르테가 이 가셋(Ortega y Gasset) 역시,

---

*2 En Homenaje a Juan Ramón Jiménez(La Torre, Puerto Rico, Año V, núm. 19−20, Julio−Diciembre, 1957), pp. 140−143.

"이 책은 스페인의 모든 학교에서 어린이를 위해 쓰여야 한다."고 말한 적이 있다. 그러나 후안 라몬은, 타고르가 《초승달》을 썼을 때처럼, 어린이들보다는 자신을 위해 이것을 썼다고 했다. 그렇다고 해서 이러한 사실이, 이 두 권의 책이 어린이들을 위해 쓰이지 않았음을 뜻하는 것은 아니다. 왜냐하면 그들이 영혼의 내부에 간직하고 있는 아이는 보편적인 아이, 즉 모든 아이의 마음과 직접 감정을 통할 수 있는 그런 아이를 뜻하기 때문이다. 타고르는 자신의 일기에서 《초승달》은 사람들을 즐겁게 하기 위해서가 아니라, 자신의 관심 때문에 썼다고 했다.

미국여행에서 타고르는 그 기계적이고 물질적인 사회에서, 자신의 생활과는 너무나 동떨어진 문명 속에서 숨이 막히고 포로가 된 느낌이었다. 이런 정신적 충격 속에서 《초승달》을 쓸 수 있는 영감이 떠올랐다. 타고르는 자신의 경험을 이렇게 쓰고 있다.

> 나는 미국을, 즉 견고한 물질 문명의 세계를 벗어났을 때부터 《초승달》을 쓰기 시작했다. 마치 포로가 자유의 몸이 되자마자 싱그러운 바람을 마시기 위해 바닷가로 달려가듯이, 나는 그 책에 몰두했다. 그렇게 함으로써 유년 시절로 되돌아가 나의 상상력을 풍부하게 해 주었다. 나는 그 상상력의 물결 속에서 헤엄치고 싶었다. 그럼으로써 나는 나의 영혼을 침묵시키고, 정화하고, 해방할 수 있었다[*3]

그러나 《초승달》을 다룰 때는 역시 그의 막내아들 사미(Sami)와의 개인적 비극의 이야기를 잊어서는 안 될 것이다. 시인은 그에 대해 모든 애정을 기울였고, 그는 그의 아들이 가장 감수성이 예민한 나이에 세상을 떠났을 때, 그를 통해서 《시수(sisu)》 중의 많은 시를 쓰게 되었다.

《플라테로와 나》와 《초승달》에서 쓰인 형식을 살펴볼 때 우리는 이 두 작품에 대한 비평의 비슷한 반응을 생각하게 된다. 《플라테로와 나》는 히메네스 자신의, 또한 그 무렵의 가장 대표적인 산문시였고, 시에 있어서 전통적인 운율과의 결별을 암시하고 있다. 이 점에 대해 몇몇 비평가들은, 비록 산문시가 스페

---

*3 R. Tagore, The Diary of a westward voyage(Asia Publishing House, Bombay, 1962), p. 65.

인 문학의 전통과 동떨어진 것도 아니고, 시인이 살던 시대나 그 이전의 유럽 시와 무관한 것도 아니지만, 후안 라몬의 독창성을 부인하면서 타고르의 영향을 유추하기를 바라기도 했다. 아마 타고르는 《초승달》의 산문 형식 때문에 히메네스보다 더욱 고통스러운 비평에 맞닥뜨려야만 했을 것이다. 많은 비평가들, 아니 거의 대부분의 비평가들은 《시수》의 산문 형식이 벵갈 시의 전통적인 운율과 크게 다르기 때문에 반발하고 있다. 심지어 몇몇 타고르 추종자들은 《시수》의 이러한 새로운 형식이 타고르 시 세계의 어떤 쇠퇴가 아닌가 우려했던 것이다. 그럼에도 불구하고 타고르는 그의 새로운 문제적 형식을 받아들이기를 거부하는 신랄한 비평 앞에도 굽히지 않고, 끊임없이 그 형식을 지켜 나갔다.

두 시인의 유년 세계의 일치성은 《플라테로와 나》와 《시수》에서 끝나는 것이 아니고 그들의 많은 작품을 포함하고 있다. 다른 말로 하면, 어린아이라는 테마는 두 시인에게 있어서 삶의 문학적 창조이며, 시적 영감의 가장 두드러진 소재의 하나로 쓰였던 것이다. 그들 저마다의, 각 시대 차이점은 어린이가 가지고 있는 질이 아니라 농도에 있다. 어린이는 두 시인의 가장 위대한 작품 《욕망 받는 신과 욕망하는 신(神)(Dios deseado y dios deseante)》과 《기탄잘리(Gitanjali)》를 포함해서 가장 중요한 역할을 하고 있다. 만약에 인간의 위대함이 우리가 내부에 가지고 있는 유년 세계를 보존하고 영향을 주고 변형하는 것이라면, 두 시인은 의심할 수 없는 훌륭한 본보기를 보여 준 것이다. 후안 라몬의 전 생애는 시적 창조를 통해서 풍부하고 변화 있는 유년 세계를 창출하면서 자신 속에 남아 있는 유년성을 보존 내지는 재발견하려는 끊임없는 투쟁이었다. 그리고 동시에 두 시인은 그들이 다닌 모든 나라 어린이들의 위대함으로 친구가 되었던 것이다.

어린아이들을 위한 후안 라몬의 헌신은 그의 사회 활동에서도 나타난다. 타고르에 의한 산티니케탄(Santiniketan) 학교의 설립은 그의 어린이 교육에 대한 관심을 나타내 주고 있으며, 또한 히메네스는 푸에르토리코의 가난하고 눈이 먼 아이들을 위해 사회 활동을 벌인 일이 있다. 히메네스의 경우처럼 타고르가 어린이들에게 접근하는 길은 시였다. 유럽, 아시아, 미국 등의 여러 나라를 여행하면서 타고르는 그 나라의 어린이들과 우정을 갖게 되었다. 독립 백 주년 기념식에 참석하기 위해 페루로 떠나기 전날 밤에, 시인은 벵갈의 한 소녀로부터 그의 여행 일기를 잘 보존해 달라는 뜻밖의 편지를 받았다. 미지의 한 소녀로부터의 이 요구는 시인을 크게 감동시켰고, 그를 여행 기간 중 영감으로 가득 차게 했다. 그 소녀 덕택에 타고르는 인도를 떠난 직후부터 풍부한 감정으로 많은 시를 쓸 수 있었다. 타고르는 그의 어린이 친구들에게 장문의 편지를 쓰는 버릇이 있었는데, 답장은 언제나 손수 쓰기를 마다하지 않았다. 그가 그의 딸들에게 쓴 편지들은 그의 《딸들에게 보내는 편지》라는 제목으로 산티니케탄의 한 계간지인 〈비스바—바라티〉에 실려 출판되었다. 어느 날 시인은 《초승달》을 읽은 한 소녀의 편지를 받았다. 소녀는 편지에서 다음과 같이 썼다.

> 뉴욕 주. 버펄로 공원 학교.   1914. 3. 2
> 사랑하는 타고르 씨에게,
> 우리는 야외 학교의 3, 4학년 학생들입니다. 우리는 《초승달》에서 당신의 시를 읽고 대단히 기뻐했습니다. 오늘 〈아버지의 둑〉을 배웠는데, 그 배의 노지기가 되고 싶었던 작은 소녀은 당신이 아닌지요?[*4]

먼 곳에서 온 이 편지에, 타고르는 같은 해 8월 7일에 답장을 썼다.

> 나의 작은 친구에게,
> 나에게 커다란 기쁨을 안겨 준 너의 편지에 감사한다. 내가 벵갈에서 《초승달》을 쓸 때, 바다 건너의 귀여운 독자들을 위해 그 시들을 번역해야 할 때가 오리라고는 생각하지 않았다. 나는 그 시들이 너의 마음을 사로잡고 또한 그 소년이 바로 나였음을 안 것에 대해 대단히 기쁘게 생각한다.[*5]

2) 유년 시절의 회고

많은 시인들이 어린이를 노래했지만 모게르의 시인이나 산티니케탄의 시인들처럼 자신들의 모든 작품과 생애를 통해 지속적으로 노래했던 사람은 많지 않다. 어린이를 노래한 후안 라몬의 시는 〈어린 선원〉, 〈바보 아이〉, 〈페르난디요〉, 〈의로운 소녀〉, 〈데레시나〉, 〈거지 소녀〉, 〈어린 소녀〉, 〈어린 숯장수〉, 〈검은

---

*4 Krishna Kripalani, Tagore a biography, London Oxford University Press. 1962, p. 314.

*5 Ibidem.

방울새〉, 〈집시 소년들〉, 〈폐병 앓는 소녀〉, 〈헝가리 소년들〉, 〈다정한 플라테로〉, 〈어린이처럼〉 등을 들 수 있으며, 타고르의 작품에는 〈나의 어린 주인〉, 〈큰 누이〉, 〈초승달〉, 〈눈〉, 〈왕자가 된 어린이〉, 〈고아 아마(Ama)〉, 〈벙어리 소녀 사바(Saba)〉, 〈천사 어린이〉, 〈카불리왈라의 미니(mini)〉 등이 있다. 왜 이렇게 많은 어린이들이 나오는가?

두 시인의 작품을 주의 깊게 읽으면 그들에게 있어서 어린이는 시의 영감을 주는 요소의 역할을 하고 있음을 쉽게 발견할 수 있다. 완전에 대한 열정과 신성(神性)에 대한 접근의 노력은 늘 위인들의 큰 이상이었다. 이 두 시인은 그들 영혼의 가장 깊은 것을 통해 완전과 신성을 추구하는 데 조금도 망설이지 않은 사람들이었다. 히메네스는 이렇게 관찰하고 있다.

어린아이의 무지와 노인의 지식은 똑같이 순수함을 나타낸다. 그것은 최초이자 마지막이다. 우리는 순결을 가지고 왔다가 그것을 가지고 사라진다. 순결은 우리의 훌륭한 동반자이다.[6]

즉, 어린아이의 무지는 생활의 경험을 통해 성인들이 얻는 지식과 똑같다는 것이다. 거기에 후안 라몬은 그러한 무지와 지식은 똑같은 두 가지 순수성이라고 부언한 것이다. 후안 라몬에게서 우리는 유년 시절을 회고하는 수많은 시구를 찾아볼 수 있다. 그리고 그 회고 속에서 그는 잃어버린 순수성을 다시 불러보는 것이다.

나의 어린 시절의 추억
내가 살던 집은 마치
경이스러울 만큼 하얀 집이었지,
거대한 마술의 세계처럼
집들은 궁전과 같았고
성당은 아주 컸지,
그리고 푸른 평원 위를

---

*6 J.R.J., Estética y Ética Estética, opus. cit. p. 100.

즐겁게 뛰놀고 했었지,
행복으로 가득 찬
맑은 하늘을 보았을 때,
나의 영혼처럼 하늘색이었어,
나의 고요한 영혼처럼,
나는 믿고 있었지,
수평선은 저 땅의 끝이라고……
나는 그 무지 속에서 보지 못했어
나의 순결한 생각을,
나의 마음보다
더 아름다운 다른 세계를……
아 하얗구나 모든 것이!
모든 것이 크고, 아름답구나![*7]

백색은 순결과 투명을 상징한다. 이 어린이의 순결한 눈망울은 모게르 마을의 순백색 속에서 순결을 투과하여 볼 수 있었다. 후안 라몬은 어린 시절의 하늘처럼 그의 영혼이 하늘색이고 고요하다고 아직도 회상하고 있다. 맑다는 형용사는 그 자체가 순결, 청순에 해당하는 정신적인 성격을 가지고 있다. 우리는 이 유년 세계의 감정의 표출 속에서 어린 시절 후안 라몬의 영혼과 하늘 사이의 직접적인 교류를 발견할 수 있다.

이러한 추억의 감정은 타고르의 시에서도 발견할 수 있다. 《초승달》에 실린 대부분의 시는 실락원을 노래한 것이다. 이 실락원은 그가 살던 어린 시절의 모든 것을 말한다. 그래서 시인은 짙은 향수를 느끼며 이렇게 노래하고 있다.

먼지 속에 뒹굴며 작은 막대기를 가지고 시간 가는 줄도 모르는 소년이여, 너는 행복하구나! 네가 아침 내내 나뭇조각을 가지고 노는 것을 보면 나는 나 자신이 비웃어진다. 나는 시간 가는 줄도 모르고 내 돈이 걱정돼서 세고 또 세어 보았지, 그리고 아마도 네가 나의 모습을 보면 이렇

---

*7 J.R.J., Primeros libros de Poesía(Aguilar, Madrid), p. 1525.

게 생각할지도 몰라. "그것은 바보 놀음이에요, 즐거운 아침을 망치지 말
라고요!" 오, 소년이여. 나는 벌써 막대기놀이나 흙장난으로 즐거움을 느
끼는 방법을 잊어버리고 말았단다. 나도 비싼 장난감을 좋아하지. 그래서
금과 은조각을 모으길 좋아하지.[8]

어린아이는 성인이 전혀 만족감을 느끼지 못하는 대상인 막대기를 가지고
만족스럽게 놀이를 하고 있다. 어린이는 성인에게 무의미한 사물에 대해 행복
감을 발견하고 있는 것이다. 누구든지 자기가 가지고 있는 것에 만족할 줄 안
다면, 바로 그곳에 낙원이 있는 것이다. 이런 것은 모게르의 시인에게도 마찬가
지였다. 어른이 되자 모든 경이스러움은 삭막함과 고독으로 변신해 갔다. 시인
은 유년 시절과 같은 눈으로 사물을 보지만 이미 똑같을 수는 없는 것이다. 이
제 히메네스는 자신이 낙원에서 벗어나 있음을 깨달았고 실락원에 대한 거대
한 향수를 느끼게 된다.

> 길고 긴 여행 끝에
> 고향으로 돌아가던
> 그날이 생각나는구나.
> 그것은 묘지처럼 보였어
> 더러운 구석에서
> 내 시체는 부풀어 있었지……
> 집들은 이젠 궁전이 아니었고
> 성당은 크지 않았어,
> 그리고 사방에는
> 고독과 침묵이 흐르고 있었지……
> 나의 상념이
> 꿈을 꾸면서
> 내 고향으로 달려가던
> 그 먼 행복했던 시절의

---

[8] R. Tagore, La Luna Nueva en Obra Escojida, op. cit., pp. 81~82.

울적한 추억으로 바뀔 때,
나는 낯선 기분을 느낀다.[*9]

그에게 하얀 순수함으로만 보였던 모게르는 이제 묘지로 바뀌었다. 사회와
접하면서 인간은 순수함을 잃게 되고 영혼은 증오·질투·탐욕 등으로 오염되며,
이것은 모든 인간에게 공통된 현상이다. 타고르는 《초승달》의 〈아기 천사〉에서
같은 종류의 감정을 노래하고 있다.

그들의 싸움은 결코 끝나지 않으리! 나의 아들아, 너의 인생은 마치 한
줄기 빛처럼 순수하고 변함없이 그들 사이에 존재한다. 그리고 그 빛은
아름다움으로 그들을 침묵시킨다. 욕망과 질투는 얼마나 잔인한 것인가!
마치 피에 굶주린 숨겨진 칼처럼.[*10]

두 시인은 어린 시절로 돌아가기를 열렬히 원하고 있지만 너무나 멀리 떨어
져 있어서 향수에 젖은 노래를 부를 수밖에 없었다. 선악과를 따 먹은 최초 인
간의 후손으로서 모게르의 시인은 에덴 동산에 대한 향수가 날마다 심화되어
깊은 우수에 잠겨 있게 된다. 히메네스는 잃어버린 것을 되찾을 필요성을 느꼈
고, 재생을 위해 지칠 줄 모르는 투쟁을 이어 가고 있다. 그는 아담과 이브가
선과 악을 의식하지 못하고, 지상의 행복과 영생을 향유했던 그 동산으로 가
고 싶은 것이다.

몇 번씩이나, 눈물 속에서
나의 하얀 시절을
그 시절의 모습을
다시 그려 본다![*11]

모게르의 시인은 그의 행복하고 순결했던 날들을 나의 '하얀 시절'이라고 말

---

*9 J.R.J., Primeros libros de Poesía, op. cit., pp. 1525~1526.

*10 R. Tagore, La Luna Nueva en obras Escojidas, opus cit., pp. 169~110.

*11 J.R.J., Primeros libros de Poesía, opus cit. p. 1526.

한다. 유년의 행복했던 시절로 돌아가려는 열망이 너무 크기 때문에 꿈속에서 혹은 '하얀 시절'이라고 부르짖으며 필사적으로 몸부림치며 그 시절을 찾아 헤매고 있는 것이다. '하얀'이라는 형용사는 타고르의 시 세계에서도 같은 의미를 가지고 있다. 《초승달》 가운데 〈축복〉에서 타고르는 어린아이의 '하얀 영혼'을 노래하고 있다. 후안 라몬의 유년 시절에 대한 회고는 시간이 흐르면서 세련되어 가고, 우수 어린 분위기 속에서 그의 모든 시적 세계에 나타난다. 《정원사(El Jardinero)》의 70번 노래에서 타고르는 어렸을 때 그가 느꼈던 그러한 행복을 회상한다.

> 비오는 7월의 어느 날
> 내가 어렸을 때였지.
> 나는 종이배를 만들어
> 냇가에 띄우고, 그리고
> 나는 혼자였어!
> 아! 얼마나 행복했는지!

후안 라몬에게 있어서 아이는 신성(神性)을 나타내고 있다. 어린이의 영혼과 마음은 잔잔한 호수에 반사된 둥근 달이나 광활한 하늘에 있는 태양과 같다. 그래서 아이와 하늘 사이에는 직접적인 교류가 있고 그들 사이에는 이 교류를 가로막을 아무런 장해물이 없다. 잔잔한 호수 같은 어린아이의 마음은 변형됨이 없이 달의 모습을 받아들이며, 또렷하게 그 메시지를 알아보는 것이다. 사실이 어떤 것인가는 중요하지 않다. 중요한 것은 바다의 가장 깊은 곳에서 하늘의 가장 높은 곳까지 자유롭게 날아다닐 수 있는 상상력과 공상을 통해서 아이의 그 순수한 시선을 생각해 보는 일이다. 유년 세계는 언제 어디서든지 후안 라몬을 따라다녔다. 결실이 이루어져 가는 인생의 성숙기에서— 후안 라몬은 자신의 유년 시절을 잊어버리지 않는다. 오히려 시간의 흐름과 관계 없이 똑같은 크기와 같은 정도의 향수와 애정을 가지고 유년 시절을 돌이켜 보고 있다. 타고르의 잃어버린 유년 세계의 탐구는 시에서뿐만 아니라 그가 전 생애를 걸쳐 써 온 연극, 소설, 콩트 등에서도 나타난다. 단편집 《굶주린 돌》 가운데 〈카부리왈라〉, 《마쉬와 기타의 콩트》 가운데 〈지고한 밤〉은 우리를 영원히 상실한 저 먼 유년 세계로 되돌아가게 하는 정감 넘치는 작품들이다.

3) 근본적인 시의 테마로서의 어린이 : 죽음의 테마
젊은 시절의 후안 라몬은 낭만주의적 우수에 찼고 무덤처럼 침울한 고독을 동반하였다. 그는 묘지를 찾아가 그 옆에서 생각에 잠기기를 좋아했다. 그는 동시에 베케르(Bécquer), 로살리아 데 카스트로(Rasalía de Castro), 그리고 호세 아순시온 실바(José Asunción Silva)와 같은 대중적 성격의 낭만주의자들의 영향을 받기도 했다. 그는 매우 그늘지고 으스스한 낭만주의에 흠뻑 젖어 있어서, 그의 초기 작품들인 《제비꽃의 영혼(Almas de violeta)》, 《수련(Ninfeas)》, 《리마(Rimas)》, 《슬픈 아리아(Arias tristes)》, 《머나먼 정원(Jardines lejanos)》, 《비가(悲歌, Elegías)》 등에서는 무덤과 해골 따위의 테마(낭만주의의 가장 고유한 테마)들이 등장한다. 그래서 시인은 다음과 같이 그것을 입증하고 있다.

> 나의 최초의 낭만주의, 그것은 내 고향의 묘지에서 태어났다. 낙조(落照) 앞에서 서쪽을 등지고, 손에 해골을 들고 창백한 얼굴로, 열광하며 열변을 토했을지도 모른다.[12]

우리는 《제비꽃의 영혼》에서 어린아이들의 죽음을 노래한 몇 개의 시를 발견할 수 있다. 우수(憂愁)는 모든 시(詩)를 지배하고 있었다. 순결한 어린아이들이 죽어 갔고, 그것은 후안 라몬의 낭만주의적, 극적 성격에 더욱 힘을 주었으며, 전율의 분위기는 최고조에 이르게 된다. 어린 소녀의 창백한 미소, 상처 입은 가슴, 피, 묘지, 죽은 눈, 그리고 반쯤 벌어진 입 따위가 서슴없이 쓰였다.

> 분노와 질투에 눈이 멀어서,
> 그는 순진한 그 소녀를 죽였어요.
> 미소 지으며, 미소 지으며
> 그 소녀는 죽었어요."[13]

---

[12] J.R.J., Por el cristal amarillo(Aguilar, 1961), p. 169.
[13] Ibid., Primeros libros de poesía, op. cit. p. 1527.

《제비꽃의 영혼》과 《수련》이 출판되던 1900년에 후안 라몬의 아버지가 갑작스럽게 세상을 떠났고, 이 죽음은 그에게 커다란 충격과 그의 추억 속에 쓰디쓴 흔적을 남기게 되었다. 그는 죽음에 대해 강박관념을 갖게 되었고, 그의 정신은 어두운 초조감으로 사로잡히게 되었으며, 특히 갑작스러운 죽음에 대해 공포를 갖게 되었다. 그리고 이러한 현상은 몇 년 동안 이어졌다.

초원의 이슬이 아니면
무엇이란 말인가?

후안 라몬은 인생의 무상함과 어린아이들의 죽음의 공포를 노래하기 위해 호르헤 만리케의 이 두 시구를 인용하고 있다.

소녀를 보고 왔다.
작은 입을 벌린 채,
멍한 그녀의 눈망울은
죽음과 같은 슬픔을 담고 있었다.

가을이 그녀에게 다가왔다.
내 가슴이 왜 이다지도 아픈지 모르겠구나,
봄에 죽어 간
그 아이들이 생각난다.[14]

첫 번째 연(聯)에서의 죽은 소녀에 대한 표현은 전율을 느끼게 하는 것으로 일면 정신 상태의 반영이라고도 할 수 있다. 현실에서 일어나는 두렵고 즐거운 외부적인 조건들은 저마다의 정신 상태에 따라 인간의 영혼에 각기 다른 인상을 가져다 줄 수 있다. 따라서 후안 라몬의 그늘진 영혼 때문에 자기 주위의 모든 것이 몹시 어둡게 생각되었다고 할 수 있다. 두 번째 연에서, 시인은 시작 그리고 신선함을 상징하는 봄이란 말을 씀으로써, 만물이 소생하는 계절에 일

---

[14] Ibidem, p. 330.

어난 소녀의 죽음에 대해 그가 느꼈던 환멸, 의심을 또렷하게 나타내고 있다. 죽음 앞에서 인간 삶의 허무함이 그를 휘어잡고 있었다. 그러나 그의 낭만주의에서 나타났던 이러한 어둡고 부정적인 요소들은 시간이 가면서 순화되었다. 노력으로 이러한 낭만주의적 단계를 극복해 나갔으며, 오늘날 죽음의 개념은 더욱 추상적이고 심령화되었다. 그것은 하나의 깊은 잠이었다. 그 잠을 통해서 신성과 하늘의 세계로 다가가고, 후안 라몬의 어린이 세계가 형성돼 가고 있는 것이다. 이러한 죽음의 인식 형태는 초기 단계부터 죽음의 현실적인 개념인 전율의 분위기와 함께 나타나게 된다.

> 종(鐘)이여, 울지 마라!
> 잠자는 그 아이를,
> 꿈꾸는 그 아이를
> 깨울지도 모르잖니!
> 조용히! 아이가 하얀
> 궁전에 이를 때까지……!*15

아이를 방해하지 마라! 그 아이는 하늘로 가고 있어, 그곳에는 천사들이 사는 하얀 궁전이 있고, 그 아이는 천사들과 함께 그곳에서 자기의 신성한 삶을 이어나갈 거야! 어느 누구도 아기가 죽음이나 삶 속에서 신성(神性)과 교류하는 것을 막을 수는 없는 것이다.

16세 때 타고르는 센티멘털한 서정적 연극 《찢긴 마음(El corazón roto)》을 썼으며, 17세 때는 여덟 가지의 노래가 있는 《야생화(Las flores silvestres)》를, 20세 때는 《어린 시절의 노래(Cantos de la niñez)》를 썼다. 《밤의 노래》는 우수와 센티멘털리즘이 지배하는 작품이지만, 초기 작품 대부분은 분실되거나 그 무렵 타고르의 가치는 그다지 인식되지 않았기에, 서구어로 번역되지 않았다. 1881년에서 1886년까지는 타고르에게 심각한 위기의 시기였다. 이때에 그는 자신의 능력과 심지어 자기 자신에 대한 많은 회의까지 갖고 괴로워했다. 따라서 이 당시의 작품은 인생의 전반적인 관심과는 거리가 먼, 매우 이기적인 주관주의

---

*15 Ibidem, p. 1531.

와, 삶의 고통과 허무를 병적으로 고집하는 문장으로 가득 차 있었다. 영적인 고뇌와 어두움이 지배하고 있었으므로 《밤의 노래》에는 비가적(悲歌的)이고 눈물을 짜는 음조의 시구들로 가득 차 있다. 타고르의 이러한 젊은 시절의 위기는 역시 시간이 가면서, 특히 《아침의 노래(Cantos de la mañana)》를 시작하면서 사라져갔다. 어렸을 때부터 타고르는 활기찬 건강을 유지해서 병이란 것을 잘 몰랐으며, 청년시절에는 테라스나 들판에서, 심지어 비가 오거나 습기 찬 밤에도 야외에서 잘 정도였다. 타고르가 1877년 영국에 거주할 때 스코트(Scott)라는 영국인 가족과 함께 묵게 되었는데, 그들이 경탄과 놀라움을 가지고 쳐다보는 가운데서 냉수욕을 했다. 심지어 의사까지도 그런 행위는 의학적인 상식에서 벗어난 것이며 그렇게 해서 살 수 있다는 것은 불경한 짓이라고까지 했다. 반면, 후안 라몬은 타고르가 누리던 그런 건강은 누려 보지 못했으며, 특히 아버지가 죽은 뒤 그의 건강은 더욱 악화되었다. 1901년 봄 그는 프랑스의 한 요양원에 있었으며, 같은 해 끝무렵 마드리드에 돌아와 루이스 시마로(Luis Simarro) 박사의 보호 아래 로사리오(Rosario) 요양원에 있었다. 이러한 건강 상태는 그를 심리적으로 괴롭혔으며 그의 초기 작품 속에 나타난 부정적인 측면의 원인이 되었다. 그는 그의 이러한 초기 작품들을 "병약하다"고 하면서 불태워 버리거나 다시 쓰거나 했다. 즉 심리적 불균형으로 야기됐다고 볼 수 있지만 반면에 시인의 명성이 이러한 젊은 시절의 노래와 더불어 시작된 것도 사실이다.

7세가 되던 해에 타고르는 어머니를 잃었다. 논리적으로 생각하면, 어린 타고르가 어머니의 죽음을 뼈저리게 느낄 수는 없었겠지만, 본능적으로 죽음 앞에서 영원하고 무한한 것 따위를 생각하기 시작했다. 이 어린 시절의 경험은 그의 《도피하는 여인(La fugitiva)》에서 잘 나타나 있다. 어린이의 순수함으로 해서 어머니라는 존재가 사라졌음에도 침착성을 잃지 않고 있다.

"아버지가 장례식에서 돌아왔다. 아이는 눈을 크게 뜬 채, 창문 아래에 있었다. 그의 목에는 아직도 부적이 매달려 있었다. 그의 이마에는 일곱 살의 나이에는 어울리지 않을 어려운 상념들이 지나가고 있었다."[16] 타고르는 자기가 사랑하는 거의 모든 사람들을 잃어 가면서 삶의 고통을 받았다. 1884년에 닥친

---

[16] R. Tagore, Obra Escogida, op. cit. pp. 446~447.

처제의 죽음은 엄청난 절망감으로 그를 떨어뜨렸다. 그러나 비극은 멈추지 않았다. 1902년에는 부인이, 같은 해에 딸 레누카가, 1903년에는 아버지가, 1906년에는 막내아들 사미가, 1907년에는 형제인 사미드라나스가 세상을 떠났다. 이런 비극의 연속은 그에게 우수와 어두움의 흔적을 남겼으며, 특히 사미를 잃었을 때 타고르는 가장 슬프고 견딜 수 없는 충격을 받았었다. 장례식을 끝내고 산티니케탄으로 돌아온 그는 사미가 심은 '마다빌라타'라는 나무를 애지중지 키웠다. 그러나 이러한 현실 속의 죽음들은 시인의 커다란 마음속에 조용히 묻혀 있었다. 인생의 불멸을 믿게 되었고, 이로 인해 그는 살아 남을 수 있었다. 타고르의 시 가운데에서도 가장 감동적인 비가의 하나인 《수확(Cosechas)》의 45, 46, 47, 48, 49, 50번 노래들은 부인의 죽음을 회고하여 쓴 것이다. 유년 시절, 타고르에게 있어 죽음의 개념은 종교적인 성격을 가지고 있었다. 그러한 예를 우리는 〈늘(ojos)〉, 〈헌신적인 여인(La Devota)〉에서 찾아볼 수 있다. 타고르에서처럼 후안 라몬에게 있어서도 불멸의 감정은 죽음의 두려움으로부터 그를 구해줄 수 있었다. 《일기》에서 시인이 많은 시에서 죽음을 이야기하고 있음을 알 수 있다. 그러나 이 죽음은 아름다움과 극락에서의 영광과 동일시되었고, 초기 작품에서 나타나는 슬픔과 전율의 흔적은 보이지 않는다.

너는 죽은 지 20년이 되었구나.
이제는 성숙한 여인, 참 아름답구나.
20년……! 너는 마치 아름답고 차가운 여명과 같구나!
아! 맑은 땅과 영광이여![17]

묘지까지도 이제는 시인의 눈에 즐겁게 비쳤다. 뉴욕에서 필라델피아로 가는 길에서 쓴 〈묘지들(Cementerios)〉이라는 제목의 시에서 후안 라몬은 묘지 속에 있는 어린 소녀를 바라보고 있다.

어린 소녀가 무덤 사이를 가는구나……[18]

---

[17] J.R.J., Libros de poesía, op. cit., p. 224.
[18] Ibidem. p. 381.

그러나 비애를 띤 음조가 아닌 자연의 평온과 즐거움과 평화 속에서 그 어린 소녀가 무덤 사이를 가고 있다. 새들도 죽은 사람과 산 사람 사이를 성호를 그으며 날아다닌다. 마치 이 어린 소녀처럼.

어린아이의 죽음에 있어서, 두 시인은 서로 다른 면을 가진다. 후안 라몬에 있어서 아기의 죽음이라는 테마는 현실 속의 직접적 접촉에서 오는 것이며, 따라서 시의 신선한 자연스러움을 유지하고 있다. 반면에 타고르가 어린아이의 죽음을 이야기할 때는 종교적 전통의 흔적이 있다. 그의 콩트 《나의 어린 주인》에서 그 이야기는 힌두교의 교리에 의해 설명되고 있다. 위에 말한 콩트에서 주요한 테마에는, 홍수가 난 강에서 사라져 버린 한 아이의 생명의 부활이라 할 수 있다. 아누쿠(Anuku) 부부의 하인인 라이차란(Raicharan)은 어느 화창한 날, 그 부부의 아들을 데리고 강가로 나갔다. 어린애가 자꾸 졸라서, 라이차란은 그 아이를 강가에 둔 채, 꽃을 찾으러 다녔다. 그가 돌아와 보니 그 아이는 사라지고 없었다. 장면이 바뀌어 라이차란의 집이 나오고 그의 아내는 그 아이가 사라진 똑같은 시간에 다른 아이를 낳는다. 그래서 라이차란은 아미토(Amito)가 아닌가 의심하기 시작했다. 더구나 태어난 그 아이는 죽은 아이와 비슷한 행동을 했다. 이 콩트의 마지막에는 라이차란의 아들이 그 부부의 집에 있고, 부부는 그 아이를 자기들의 자식이라고 여겼다. 그 아이가 마침내 불가사의하게 사라지자, 아누쿠는 라이차란에게 돈을 조금 보내지만, 그 돈은 되돌아 온다. 왜냐하면 라이차란이라는 이름을 가진 사람은 아무도 없었기 때문이었다.

4) 고독과 자포자기

아주 어린 나이부터 후안 라몬은 고독과 방치를 발견하는 예민한 눈을 떴다. 고독과 자포자기는 어떤 보호나 사랑 없이 삶의 움을 터 나가는 많은 어린 이들의 적이며, 이런 아이들은 4월의 잔인한 바람이 갓 태어난 누에고치를 없애 버리듯이, 생명의 빛과 복의 찬란함을 느껴 보지도 못한 채, 떨어지게 된다. "음지에 태어난 것이 붓꽃의 잘못이었던가? 아니다. 그럴 순 없지. 붓꽃은 다만 자연의 순결한 결실일 뿐이며 마땅히 보호가 필요해. 그래야만 자신의 아름다움을 가지고 세상을 즐겁게 해 주고, 자기가 존재하는 이유를 알려 줄 수 있지. 아이들도 마찬가지다." 후안 라몬은 《리마》 가운데 〈버림받은 아이들〉에서 이렇게 읊었다. 그 시에서 버려진 아이들을 위해, 크고 감동적인 목소리로 변호하고 있다. 후안 라몬은 자신의 어머니에게 하듯이 가난한 아이들을 사랑하고 있다. 잡지 《엘리오스(Helios)》에서 그는, 라몬 산체스 디아스(Ramón Sánchez Díaz)의 《증오(Odios)》라는 책을 비평했는데, 위 시인의 의견에 전적으로 동의하면서 몇 줄을 인용하고 있다.

> 불행에 대한 당신의 애정과 자비심은 나로 하여금 헐벗은 불쌍한 아이들을 위해 울고 그들에게 입맞춤하는 천사들을 생각하게 합니다. 만약에 우리에게 영혼이 있다면, 그것이 바로 우리의 영혼입니다.[19]

이 인용문 끝에 후안 라몬은 자기의 말을 덧붙였다.

"새 눈으로 이러한 말들을 읽었을 때, 내 마음속에 자리 잡고 있는 천사, 그 애처롭고 하얀 천사가 그 시인을 위해 은총의 노래를 불러 주었다. 왜냐하면 나의 천사는 언제나 젊은 어머니처럼, 불쌍한 아이들을 좋아하기 때문이다." 스페인 내란의 와중에서 후안 라몬은 버려진 아이들을 보호하기 위해, 활동적인 사람으로 변해 있었다. 그는 세노비아(Zenobia)와 함께 아이들 열두 명을 돌봐주었고, 미국에 갈 때도 뉴욕의 신문을 통해서 전쟁 피해자인 아이들을 위한 기부금 모집을 위해 힘을 썼다.

> 빵도 외투도 없이
> 세상에서 혼자 남아 살아가는
> 그 불쌍한 아이들에게 키스를 해 줍시다.[20]

이 시는 매우 설득력이 있었다. 후안 라몬의 어린이에 대한 애정과 동정은 타고르의 그것과 차이가 없다. 아이들의 고통 앞에서 두 시인은 똑같은 감정을 가지고 있었다. 그들의 기쁨과 슬픔은 어린아이들의 그것에 따라 이루어졌다. 만족스러운 어린이를 보면 자신이 즐거웠고, 우는 아이를 보면 자신이 슬퍼졌다. 《정원사(El Jardinero)》에서 타고르는 이렇게 노래하고 있다.

---

[19] Helios, Tomo I(Madrid 1903), pp. 250~251.
[20] J.R.J., Primeros libros de poesía, op. cit. p. 159.

수많은 기쁨 가운데에서 겨우 몇 푼으로 야자나무 호각을 산 소년의 미소보다 더한 것은 없으리. 그 호각 소리의 유쾌함은 모든 웃음소리 위를 떠다닌다.[21]

타르고는 이어서,

수많은 고통 가운데에서 색칠한 막대기를 살 동전 한 닢도 없는 소년의 고통만 한 것은 없으리. 상점에서 그의 잔뜩 굳은 우울한 눈망울을 보면, 모든 사람이 슬프게 보인다.

타고르에 있어서 이러한 기쁨과 고통의 대조는 히메네스에게도 마찬가지로 발견할 수 있다. 타고르의 위의 시와 가장 가까운 히메네스의 시는 《플라테로와 나》 가운데 〈만화경 아저씨(El tío de las vistas)〉를 들 수 있다. 〈만화경 아저씨〉는 거리의 침묵을 깨뜨리며 작은 북을 요란하게 두드리면서 모게르에 다다랐고, 어린이들은 너나 할 것 없이 모두 거리로 쏟아져 나왔다. 그 노인은 거리 한 귀퉁이에 자리를 잡고 신비를 담은 상자를 준비하고 있었다. 돈이 있는 아이들은 그 기구 속에 환상의 세계를 볼 수 있었지만, 가난한 아이들은 그럴 수가 없었다. 시인의 감수성과 애정은 어린이 세계의 이러한 세밀한 부분까지 무관심해질 수는 없었다. 타고르의 적지 않은 작품에 고아들이 주인공으로 나타난다. 《들꽃》에서 주인공 카말라(kamala)는 히말라야 중턱에 사는 고아소녀이다. 《왕의 배달부》에서 아말(Amal)은 병들고 고독한 고아이다. 아말의 친구 수다(Sudha) 또한 가난한 꽃장수의 딸이었다. 《플라테로와 나》에서도 가난하지만 착한 마음씨를 가진 어린이들을 자주 볼 수 있다. 이런 어린이들은 놀라울 만큼 정신적으로 성숙하지만, 때때로 빵을 달라고 외치기도 한다. 그리고 그 외침은 후안 라몬의 뼈에 사무치도록 아픔을 주는 것이다. 반면에 어린이들만이 줄 수 있는 기쁨과 희열이 있다. 어린아이는 그를 바라보는 사람에게 기쁨을 주고, 신이 자신의 빛으로 자기를 나타내듯이, 어린이는 그 자체로써 자신을 표현한다. 자신에 대한 이러한 완전한 표현이야말로 바로 자유이며, 이러한 자유 속에

---

[21] R. Tagore, Obra Escojida, op. cit., p. 175.

희열이 있다. 타고르가 가지고 있는 어린이의 희열에 대한 그의 개념은, 그가 언제나 인용하기 좋아하는 힌두교의 경전, 《우파니샤드》에 나오는 다음 글귀에 잘 나타나 있다.

　　신은 창조 속에서 자신을 나타내고, 그리고 이러한 모든 창조는 희열에서 나오는 것이며, 희열과 함께 영생하고, 희열을 지향하며, 희열을 관통하는 것이다.[*22]

《초승달》에 나오는 대부분의 노래는 바로 이러한 성격의 기쁨으로 넘쳐 흐르고 있다. 어린이를 보는 모든 이들에게는 그 자체가 기쁨인 것이다. 또한 우리는 《초승달》 가운데 몇몇 시들이, 타고르의 막내아들이 생사의 기로에 서서 신음할 때 쓰였다는 점을 잊어서는 안 될 것이다. 그렇지만 이 시집의 시 대부분은 삶에 대한 기쁨을 노래한 것이며, 이러한 사실은 고통과 고뇌 앞에서의 시인의 자세를 이해하는 데 도움을 준다. 기쁨과 고통이 함께 나타나는 《플라테로와 나》에서 아이들은 단순히 자기들을 쳐다보기만 해도 시인에게 즐거움을 주고 있다. 《플라테로와 나》가 세련된 우수의 감정으로 색칠한 기쁨과 고통을 균형 있게 나타내고 있다면, 타고르의 《초승달》은 영속적인 기쁨으로 가득 차 있다고 할 수 있다.

5) 소년과 자연

히메네스와 타고르의 작품 속에 등장하는 어린이들은 나무와 새, 별들과 함께 자연에 동참한다. 히메네스는 말한다. "소년과 나무와 꽃을 보노라면 깨끗하고도 새로운 시가 솟아난다." 타고르도 이와 비슷한 생각을 가지고 있다. "소년은 그의 자연 환경 속에 처해 있는 것이 아니고 꽃들과 노래하는 새들 사이에 머물며, 이로써 소년은 자신의 개성 속에 숨겨진 아름다운 면을 완전히 표현할 수 있다." 히메네스 작품 속의 어린이들은 새들과 함께 노래하고, 산들바람은 어린이와 별들이 가지는 삶과 똑같은 삶을 누린다. 자연에 사랑을 느낀 히메네스는 모든 자연의 시적 요소에 인간적 삶을 부여하고 다른 사물들에게는 인간

[*22] R. Tagore, Sadhana(Editorial Aguado, Madrid, 1957, traducción de Gasco Contell, Emilio), pp. 117~118.

이 지닌 삶의 본질을 전해 준다. 이렇게 함으로써 그들 사이에는 절대 평등이 이루어지는 것이다. 들은 달을 쳐다보고, 호숫물은 한숨짓고, 봄은 슬퍼도 하며, 별들은 숲 속에서 방랑하는 어린이들을 관조(觀照)한다. 이리하여 마침내 새들은 어린이들의 맑은 눈망울에 조용히 내려 앉는다. 어린이들은 다른 시적 요소들과 같은 형태로 자연 속에 위치한다.

> 수많은 별들로 가득한 하늘이
> 끝없이 빛날 때,
> 새들과 어린이와 산들바람은
> 어울려 노래하네.
> 아! 벅찬 기쁨으로 내 가슴은
> 터질 듯 하구나.*23

타고르 작품 속의 어린이들은 마치 그들의 집인 양 바닷가에서 장난치고 모래성을 쌓으며, 조개 껍질은 그들을 즐겁게 해 준다. 푸른 파도는 아이들에게 노랫소리를 들려 주고 바다는 온통 그들에게로 다가간다. 끝없는 하늘은 온 세계의 해변에 모여 즐겁게 뛰노는 어린이들을 바라본다. 구름과 파도는 조용히 미소 지으며 아이들에게 속삭인다. 이제 어린이들은 나무들과 친구가 된다.

타고르에게 있어서 어린이들의 잠재 의식은 나무처럼 주변의 공기로부터 영양을 섭취한다. 흙과 물로 이루어진 대지와 뒤엉키는 공기야말로 하나의 자극제이다. 공기로부터 색과 향기와 음악이 흘러 나온다.

> 어린이들은 흙이 좋아
> 교회에서 달려 나온다.
> 신마저 잠시 자신을 잊고
> 그들과 함께 즐긴다.*24

두 시인이 쓴 몇몇 시를 비교해 보면 그들이 사용한 시적 요소와 심리적 상

---

*23 J.R.J., Primeros libros de poesía, op. cit., p. 138.
*24 R. Tagore, Hacia el hombre universal, op. cit., p. 138.

태의 일치점을 볼 수 있다. 《초승달》에 실린 〈꿈을 훔치는 여자〉에서 타고르는
노래한다.

> 한 양치기 소녀가 무화과나무
> 그늘에 잠들어 있다.
> 맹그로우브나무 숲 소택지(沼澤地)에는
> 섬세하고 단정한 황새 한 마리,
> 잠자는 듯 조용히 서 있구나.*25

히메네스는 그의 《슬픈 아리아》에서 노래한다.

> 싱그러운 풀잎 사이에 한 소녀가
> 곤히 잠들었다.
> 자연의 평화 속에 잠든 달콤한
> 달님에게 입맞춤하는
> 보금자리여.*26

　두 시의 첫 번째 일치점은, 완전히 펼쳐진 자연인 초목 속에서 잠든 한 소녀이
다. 두 번째 일치점은 타고르 시의 황새와 히메네스 시의 달콤한 달님이다.
이들 모두는 자연적인 신선한 분위기로써 중심 인물인 평화 속에 잠든 소녀를
나타낸다. 위 시들 속에 나오는 다른 예들을 보면 더 많은 일치점을 발견할 수
있다. 첫째, 두 시의 주인공은 한 소녀이다. 단지 타고르의 소녀는 그녀의 부모
와 함께 살고 히메네스의 소녀는 할머니와 함께 산다는 것이 다를 뿐이다. 둘
째, 배경이 펼쳐지는 곳은 숲과 들인데 이것들은 모두가 심오함과 고요함을 나
타낸다. 이 고요함에게로 여름의 어지러운 향기와 밤새들의 노래가 다가온다.
히메네스의 시에서는, 강으로부터 싱그러운 산들바람이 다가오고 귀뚜라미는
노래하며 멀리서 개 짖는 소리가 들린다. 셋째, 두 시 모두가 가난한 가정을 배
경으로 삼는다. 그러나 달콤하고 순수한 사랑으로 가득 찬 집이다. 타고르의

---

*25 Ibidem. Obra Escojida, op. cit., p. 76.

*26 J.R.J., Primeros libros de Poesía, op. cit., p. 301.

소녀 주위에는 부부의 행복이 있고, 히메네스의 소녀와 할머니는 극적인 고요함 속에서 사랑과 부드러움으로 가득 차 있다. 사랑은 실로 이 외로운 두 시인을 연결하는 매개체이다. 두 시인의 일치점은 매우 크다.

그러나 두 시를 갈라놓는 요소가 있는데, 그것은 이들이 작품 속에서 나타내는 정신적 상태의 차이이다. 타고르와 히메네스는 시를 구성하기 위해 매우 비슷한 요소들을 사용했으며, 마침내 아주 비슷한 작품들을 썼다. 그러나 타고르는 자신의 즐거움을 노래했고 히메네스는 우수(憂愁)를 읊었다. 타고르의 달은 미소 짓고 행복한 꿈을 꾸지만, 히메네스의 그것은 외로움과 슬픔을 느낀다. 히메네스는 젊은 시절에 이 시를 썼고, 타고르는 인생의 절정기에 썼던 것이다. 다음의 두 시는 그러한 차이점을 잘 나타내 준다.

〈소녀〉—타고르
어머니는 귀여운 딸에게 속삭인다.
"달님아! 이리 내려와서 내 이마에
입맞춤을 해 주렴."
이에 달님은 행복한 듯 미소 짓는다.

망고나무 숲의 진한 외로움에서
여름밤의 향기와 밤새들의
노랫소리는 어둠 위를 미끄러지며
다가온다.
저쪽 외딴 동네에서 농부의 구슬픈
플루트 소리가 들려온다.

젊은 어머니는 귀여운 딸을
치마폭에 감싸고 속삭인다.
"달님아! 이리 내려와서 내
이마에 입맞춤해 주려무나."

어린 딸은 미소 지으며 어머니가

달에게 속삭인 말을 되새긴다.
"달님아 이리 내려와……"
어머니도 달빛에 물든 밤 하늘도
미소 짓는다.
귀여운 소녀의 아버지이며 시인인
나는 몰래 숨어서 이 모습을
지켜본다.[27]

〈할머니와 소녀가 오네〉―히메네스
저기 은빛 나는 오솔길로
할머니와 소녀가 오네.
꽃이 흐드러진 들판은
외로움에 젖은 달을 바라본다.

밤의 싱그러운 산들바람은
강으로부터 불어오고
호숫물의 우수어린 한숨은
습기를 머물게 한다.

오솔길로 할머니와 소녀가
오네. 흩어진다,
봄날의 크고도 슬픈 달의
흰 빛이
초라한 초가 위에도
연기 나지 않는 지붕 위에도
굳게 닫힌 나의 문에도
참되고 달콤한 사랑이 머문다.

---

*27 R, Tagore, Obra Escojida, op. cit., pp. 348~349.

들판의 귀뚜라미는
단조로이 노래하고
개들은 멀리서 짖는다.
내 영혼의 들판인가.

달빛 아래서 꿈을 꾸며
그들은 초가에 다다랐다.
소녀는 입맞춤하며 할머니를
잠재우고, 그녀의 창으로 간다.*28

6) 소년과 동물 사이의 우정

여태껏 지내오면서 히메네스의 《플라테로와 나》에 등장하는 나귀처럼 영리하고 지적이며 상냥한 동물은 보지 못했다. 이 나귀는 세계 문학상에 높은 위치를 차지했다. 그가 가지는 문학상의 불멸성은 우월감으로부터 야기된 히메네스의 직관적인 변덕이나 감상주의로부터 생겨나진 않았다는 것이 분명하다. "너는 네 고유의 언어를 가지고 나는 나의 것을 가진다. 내가 장미꽃들의 언어를 가지고 있지 않듯이 장미꽃들도 꾀꼬리의 언어를 가지고 있지 않다." 모든 사물은 그 하나 하나가 스스로의 자리를 차지하고 고유의 언어를 가지고 살아가며, 여기에는 우월감이나 열등감 따위는 존재하지 않고 다만 조그만 차이가 있을 뿐이다. 하나가 다른 하나를 닮아야 할 필요는 전혀 없는 것이다. 히메네스와 나귀 사이의 진정한 우정은 이러한 도덕적 바탕에서 생겨난다. 이 두 실체(實體)는 친구가 되기 위해 외형적 가면을 벗어 버렸다. 인간과 동물 사이의 이러한 관계를 보고, 타고르는 히메네스의 생각과 매우 비슷한 다음과 같은 말을 한다.

가끔 나 자신에게 물어 본다. 인간과 동물의 차이는 무엇인가? 동물들은 인간의 언어를 이해 못하지 않는가! 이들 두 마음이 서로 이해할 수 있는 밝은 길은 있는 것일까? 그들의 친구들은 이미 오래전에 잊었지만 아직 그 길에는 그들이 함께 걸었던 발자취가 남아 있다.

---

*28 J.R.J., Primeros Libros de Poesía, op. cit., pp. 307~309.

갑자기, 조용한 음악 소리와 함께 잊혔던 추억이 되살아난다. 동물은 두터운 신뢰감으로 인간의 눈동자를 쳐다보며 인간은 너그러운 미소로써 대답한다. 아마도 두 친구는 생김새를 초월하여 서로를 어렴풋이나마 이해했으리라.[*29]

동물에 대한 이들 두 시인의 이해심 많은 행동은 시적 세계에서 그 반향을 나타내고, 특히 고독한 어린이들의 세계 속에서 두드러진다. 히메네스는 〈어린 광부 팔레르모〉에 나오는 어린이를 못생긴 아이, 슬픈 아이 또는 가련한 어린 노동자 등으로 부르며, 이 소년은 늙은 암나귀 한 마리와 함께 들의 외로움 속에서 일한다. 이 나귀는 소년의 분신인 동시에 모든 것이었다. 나귀와 함께 있으면 소년은 결코 육체적이나 정신적으로 외로움을 느끼지 않았다. 나귀는 소년의 인생에서 가장 오래 사귄 친구였고 어머니이며 누이였다. 늙은 나귀가 소년의 사랑을 가슴에 안고서 행복한 죽음을 맞이할 때, 소년은 진정 슬픔의 눈물을 감추지 못했다.

타고르의 《사바》에서도 한 소녀와 동물과의 우정을 볼 수 있다. 벙어리인 사바는 외로운 나날을 보냈다. 그러나 자연과 동물들이 있기에 사바에게는 친구가 모자라지 않았다. 고양이는 사바의 치마 폭으로 뛰어들었고 그녀의 부드러운 손이 목과 등을 어루만져 줄 때면 즐거운 듯 잠이 들었다. 말 못하는 그녀는 몇 가지 다정스런 소리를 냈으며, 동물들은 이 소리를 잘 이해했다. 앞의 어린 광부와 마찬가지로 사바는 다정스런 친구인 동물들과 사랑과 부드러움을 서로 나누었다.

이와 같은 종류의 우정은 히메네스의 《플라테로와 나》에 나오는 어린 소녀와 나귀 사이에서도 볼 수 있다. 소녀는 나귀의 기쁨이었고 그녀가 찾아올 때마다 나귀는 즐거움으로 거의 미칠 듯이 날뛰었다. 그러면 소녀는 다가가서 장난치듯이 작은 발로 나귀를 툭툭 차기도 하며 긴 귀를 잡아당겨 부드럽게 속삭였다. "나귀야! 나귀야! 귀여운 나의 나귀야!" 그러나 이 우정도 비극적으로 끝이 난다. 소녀는 친구를 홀로 남겨둔 채 이 세상을 떠난다. 마지막 죽는 순간까지 소녀는 친구를 불렀다. "나귀야! 나귀야!" 히메네스는 친구들의 아쉬운 이

[*29] R. Tagore, Obra Escojida, op. cit., p. 177.

별을 노래한다.

몇 날 며칠 동안 하얀 요람을 타고 아이가 죽음의 강을 항해할 때, 아무도 플라테로를 떠올리지 않았다. 아이는 헛소리를 하면서 쓸쓸히 당나귀의 이름을 불렀다. 플라테리요!…… 어둡고 한숨소리만 가득한 집에서는, 이따금 멀리서 그 아이의 이름을 부르는 친구의 애타는 목소리가 들렸다. 아, 서글픈 여름날이여.[30]

타고르의 《정원사》에서는 서양에서 온 가난한 도공들의 생활 단면을 이야기하고 있으며 이들의 아이들은 동물과 함께 많은 시간을 보낸다. 타고르는 소년과 어린 양 사이에서 피어나는 사랑과 애정으로 가득 찬 정경을 노래한다.

어느 날 한 벌거숭이 아이가 강가에 앉아 물장난을 치고, 그 옆에는 소녀가 냄비를 흙으로 문지르고 있었다. 어린양 한 마리가 한가로이 강을 쳐다본다. 갑자기 어린양은 아이에게로 달려가서 크게 울어댔다. 아이는 겁에 질려 울음을 터뜨렸고, 소녀는 하던 일을 그만두고 아이에게 달려왔다. 한 팔엔 아이를, 또 한 팔엔 새끼 양을 안고서 부드럽게 이들을 달래주었다. 이들 인간과 동물의 후손은 소녀의 사랑으로 우정의 매듭이 이어진 것이다.[31]

7) 히메네스 아기 신의 개념과 타고르 아기 신에 대한 개념

히메네스는 1881년 12월 23일, 크리스마스 이브 전날에 태어났다. 그는 아기 예수 탄생에 영감을 받아 아기 신이란 용어를 만들어 냈다. 작품 활동 초기에 쓰인 많은 시 속에서, 그는 성모 마리아와 아기 예수의 영광을 노래한다. 그럼에도 불구하고, 히메네스의 시 작품 전체에서 보면 이 아기 신은 기독교의 아기 예수가 아니고 히메네스의 '원해지고 원하는 신(神)'을 나타낸다. 아기 신은 히메네스적 신과 똑같은 본질을 가지며, 우리가 가슴속에 지니는 그 무언가 말로 다 표현할 수 없는 것이다. 또한 만물의 근원이며 우주의 본질로써 규정 지

---

[30] J.R.J., Platero y Yo, op. cit., p. 148.
[31] R. Tagore, Obra Escojida, op. cit., p. 176.

어진다. 이것들은 대부분의 경우 인간 지혜의 산물인 것이다. 또한 이 아기 신의 개념은 히메네스의 서정적인 삶 속에서 찾아져야 한다. 아기 신과 '원해지고 원하는 신'의 차이점은, 아기 신이 그 근원을 어린이들의 순수함에 두는 반면에 '원해지고 원하는 신'은 지혜를 사용하여 의식의 끊임없는 노력에 의해 얻어지는 신인 것이다. 히메네스는 《내면적 동물》에서 아기 신의 순수함을 노래한다.

> 남십자성은 나를 비춰 주고 있다.
> 나의 마지막 순수함 속에서,
> 돌이켜보는 나의 아기 신 모습 속에서,
> 스페인의 아름다운 나의 고향 모게르(Moguer)에서.[*32]

타고르의 소설이나 시 속에 나오는 소년은 힌두교에서 예부터 행해 온 한 신성한 어린이에 대한 예찬을 기억하게 한다. 신성한 소년 고빈다(Govinda)는 기적의 소년이다. 힌두교에서 이 신성한 어린이에 대한 숭배의 역사는 아득한 옛날인, 기원전으로 거슬러 올라간다. 《신앙가》에 나오는 아기 신은 이 어린이를 가리킨다. 인도에서 소년 숭배의 전통은 잘 알려져 있으며, 특히 바이스나바(Vaisnava) 시인들 사이에는 더욱 잘 알려져 있다. 이 바이스나바 시인들로부터 타고르는 많은 문학적 영향을 받았다. 이 시인들은 크리슈나(Krishna)의 어린 시절을 예찬하며 어린 목동들의 기적을 노래한다. 그들은 신이 어린 목동들과 놀기 위해 소년의 형태로 지상에 내려왔다고 믿기 때문이다. 타고르의 시 가운데에는 자신이 번역한 바이스나바 시가 있다. 과일 장수는 소년을 처음 보는 순간에 그에게서 신성(神性)을 느낀다. 이 시에서 소년은 지상에 살기 위해 내려온 아기 신이다.

> "과일 사세요! 과일 사세요!"
> 과일 장수가 소리쳤다.
> "과일 주세요." 소년은 쌀 한 줌을 내놓으며 말했다.

---

*32 J.R.J., Libros de poesía, op. cit., p. 1313.

과일 장수는 소년을 보는 순간, 눈물을 흘리며 물었다.

"당신을 품에 안고 젖을 먹이며 당신이 어머니라고 부르는 여인은 누구입니까?" 시인은 말한다.

"당신의 과일과 생명을 그 소년에게 주세요."[*33]

타고르에게 있어서 소년은 가끔 기쁨과 희망을 주는 신의 사자 역할을 한다. 《흐르는 시간》 제70장에서 타고르는 말한다. "소년은 나의 집에 희망의 메시지를 갖고 왔다." 타고르의 아기 신은 전통적인 종교 색채를 많이 띰에도 불구하고, 히메네스의 경우처럼 타고르 자신의 삶 속에 깊게 뿌리 박혀 있다. 타고르는 말한다.

내가 어렸을 때, 신도 또한 나와 놀기 위해 어린이가 되었다. 그렇지 않다면 나의 많은 결점들은 나를 무척이나 괴롭혔을 것이고, 매 순간 나 자신이 어린이라는 것에 큰 슬픔을 느꼈을 것이다. 내가 가지고 있었던 물건들은 전혀 쓸모가 없는 것들이었고, 다만 먼지와 나무 부스러기들이 나의 장난감이었다. 그러나 나는 소유하고 있던 물건들만으로도 충분히 행복했고, 나의 장난감들은 어른들이 가지려는 것들과 똑같은 중요성을 지녔었다. 어린 시절의 조그만 그 무엇은 끝없는 것으로 나타나며, 그것은 어린 시절의 아름다움 속에서 언제나 우리와 함께 살아가는 것이다.[*34]

히메네스와 타고르에게 있어서 바른길을 찾는다 함은, 어린 시절을 재발견하는 것과 그 시절의 청순함을 되찾는 것이다. 비현실적으로부터 현실에 다다름도 또한 어린 시절로 되돌아간다는 것이다. 히메네스와 타고르는 참된 소년의 재발견과 관계되는 비슷한 신비적 경험을 가졌었는데, 이는 그들에게 있어서 천계(天啓)와 같은 것이다. 《연인의 선물》 제48장에서 타고르는 이러한 경험을 진한 동양적 상징주의로써 표현한다.

날마다 나는 같은 길을 오고갔다. 과일과 가축들을 시장에 팔기 위해

---

*33 R. Tagore, Obra Escojida, op. cit., p. 434.
*34 R. Tagore, A Tagor reader (from thought relics), pp. 288~289.

나의 작은 배로 강을 건넜었다. 모든 오솔길이 나에게 친근했다. 어느 날 아침 갑자기, 나의 광주리는 풍성한 오곡들로 차 있었다. 사람들은 들에서 열심히 일하고 대지의 가슴은 잘 익은 쌀알들로 고동쳤다.

갑자기 공간이 움직였다. 하늘이 내 이마에 입맞춤하는 것 같았다. 그러고는 마치 안개 속에서 아침이 일어나듯이 한 생각이 뇌리를 스쳤다.

길을 잃었다. 오솔길에서 빠져 나와 있었던 것이다. 일순간 나의 세계는 나에게 무척이나 이상하게 보였다.

하찮은 나의 지혜는 부끄러워졌고 나는 만물의 꿈 세계로 달려갔다. 행운의 여신이 나를 도왔는가! 길을 잃었던 그 아침에 나는 영원한 어린 시절을 되찾았다.*35

타고르가 일상적인 지혜와 안개에 싸인 삶을 버림으로써 그의 영원한 어린 시절을 되찾았듯이, 히메네스 또한 그의 어린 시절을 되찾게 된다. 히메네스는 그의 책 《욕망받는 신과 욕망하는 신》 속의 〈만개(滿開)〉에서, 그가 잃어버린 아기 신을 찾음으로써 생기는 무한한 기쁨을 노래한다. 사라져 버린 아기 신은 마치 꽃의 향기와 같은 것으로 냄새는 맡을 수 있으나 잡기란 불가능한 것이다. 그러나 마침내 히메네스는 아기 신을 구하게 된다.

내가 말했었던 신과의 만남은, 마치 따뜻한 봄날처럼
꽃으로 가득 차 있었다.

어린 시절 나는 신이었고
그 아기 신은 내 고향 모게르에 있었네.
나의 신과 나는 오늘의 꿈을 꾸었었다.

*35 R. Tagore, Obra Escojida, op. cit., p. 347.

(……)

끝없는 어린 시절이여! 아기 신
속엔 모든 세계가 들어 있다.
너는 나를 인도하였고,
나는 너를 꿈꾸었다.
너는 아기 신, 영원한 아기 신*36

히메네스와 타고르의 이러한 시를 읽노라면, 가장 중심된 말은 '영원한 어린 시절'이며 다음으로는 '영원한 아기 신'이란 것을 알게 된다. 이 영원한 어린 시절이나 아기 신은 다름 아닌 자유를 뜻한다. 어린이들이 그들의 세계에서 누릴 수 있는 완전한 자유, 히메네스와 타고르는 그들의 시 속에서 어린이들에게 이 완전한 자유를 주는 것이다.

2. 자연을 중심으로

1) 자연에 대한 동양과 서양의 전통적 태도

자연에 대한 동서양의 전통적 태도는 근본적으로 서로 다르다. 서양의 철학적, 정신적인 전통은 자연과 영혼을 분리한다. 영혼은 하늘에서 내려오며, 마치 반항적이며 무기력한 하나의 물질에 대한 지적 능력처럼 자연에 작용한다. 이러한 사고로부터 서양인들의 자연에 대한 '나'라는 개념이 나온다. 스콜라 철학에 의하면, 인간은 우주와 모든 창조물의 주인이다. 인간은 만물을 정복할 권리와 의무를 가지며, 이러한 방식으로 인간은 우주의 창조자를 찬양한다. 창세기에는 다음과 같이 씌어 있다.

하나님이 그들에게 복을 주시며 그들에게 이르시되, 생육하고 번성하여 땅에 충만하라. 땅을 정복하라. 바다의 고기와 공중의 새와 땅에 움직

---

*36 J.R.J., Libros de Poesía, op. cit., p. 1347.

이는 모든 생물을 다스리라 하시니라.[37]

이와는 반대로 동양인들은 자연 앞에서 '나'라는 개념이 없다. 아시아인들에게는, 자연은 사랑으로 감싸 주고 신의 섭리를 가르쳐 주는 어머니이다. 힌두교나 불교, 도교, 유교 등은 이러한 사고의 표현들이며 인간은 그와 같은 마음가짐으로 우주를 마치 자기 집처럼 느끼는 것이다. 인도의 성전(聖典)이나 중국의 고전 속에서 하늘과 땅은 인간들의 아버지와 어머니로 불렸다. 인간은 자연을 이루는 한 구성 요소이며 인간의 지혜는 다른 사물들과 동떨어진 하나의 정신이 아니고, 다만 전체 조직 속의 한 부분이다. 자연의 구성 요소들에 관해서는 오래 전 중국에서 쓰인 《주역(周易)》에 잘 나타나 있다. 하늘과 땅은 이 조직체의 구성 요소이며 자연은 우리의 어머니인 동시에 아버지이다. 《음양(陰陽)》이란 철학서를 보면 수컷과 암컷, 능동적 요소와 수동적 요소들은 그것들의 동적인 균형 속에서 우주의 질서를 완전하게 유지하고 있다. 대립적인 요소들이 근본적으로 조화를 이루며 능동적 요소와 수동적 요소는 서로를 채워준다. 정신과 자연, 주체와 객체, 선과 악에 대한 서양의 엄격한 분리는 동양의 사고방식과 아주 먼 것이다.

자연과 '나'를 전통적으로 구별하는 서양적 사고와 자연과 '나'를 동일시하는 동양적 사고는 신에 대한 인간 행동의 차이에 그 기원이 있는 것이다. 가톨릭 신학에서 신은 나와는 다른 하나의 실체이며 나를 능가하고 내가 숭배하는 대상인 것이다. 스콜라 철학에서 더욱 그러하다. 한편, 동양의 위대한 종교들은 절대자와 나의 공통성과 신과 인간의 동일성을 한결같이 추구한다. 만물에 대한 상호 의존적 철학이며 결합의 철학이다. 서로 다른 두 문명의 사고방식은 일상 생활이나 과학, 예술 속에도 나타난다. 서양에서는 "정복하다"라는 단어를 많이 써 왔다. 과학자나 탐험가들은 산과 바다, 우주의 정복에 관해 많은 관심을 가져 왔었다. 위대한 도시들은 주위의 자연을 정복하고 모든 천연 자원들은 인간의 기하학적 계획에 의해 변형되기 위해 존재하는 것이다.

아시아에서는 이와는 완전히 반대 현상이 일어난다. 인간을 자연의 정복자나 지배자로 믿거나 생각하지 않는다. "자연을 정복하라"고 하는 말은 동양인

---

*37 창세기, 1장 20절, Traducción de Nácar-Colunya, BAC, Madrid, 1965.

들에게 있어서는 거의 신성 모독죄를 범하는 것이다. 자연을 정복하려는 대신에 동양인들은 자연과의 조화를 이루고 그 내부에서 평화와 행복을 찾는다. 위대한 도시라든가 집들은 자연의 어머니 같은 손길에 의해 이루어졌다. 동양음악의 대부분은 자연으로부터 영감을 받아 이루어졌으며 바람소리나 나무들의 소리, 새들의 지저귀는 소리를 본뜬 것이다. 지난 수많은 세기 동안 이루어진 유럽 음악에 있어서 소리의 창조는 아시아의 그것과는 매우 거리가 멀다.

이 모든 것은 다음과 같은 사실을 말해 준다. 동양 문명의 모든 요소들은 서양 문명 속에 위치하거나 또는 이와는 반대이기도 하다. 우리가 위에서 보아 왔던 것은 동서양 문명의 서로 다른 몇몇 사고들 가운데에서 가장 두드러진 것들이었다.

인도 사람들은 오랜 옛날부터 언제나 자연과 매우 밀접한 관계를 맺으며 살아왔다. 그러므로 인도의 옛 문명을 번창시켰던 위대한 학자들은 숲 속에서 살았으며 히말라야 산맥은 종교의 중심적 성전(聖殿)이 되어 왔다. 오늘날까지 인도는 동물 세계와 인간 세계의 단절을 모르는 나라이다. 동물들은 원주민들의 생활과 매우 밀접하게 이어져 있고 신성한 소들은 자유로이 거리를 활보한다. 모든 동양의 나라들 가운데에서도 특히 인도는 자연과 인간의 결합을 추구하는 아시아적 전통을 가장 잘 나타내 주는 나라이다. 평화와 영혼의 휴식이 있는 곳에서 진실을 찾는다. 타고르가 접해 왔던 문명의 근원을 이해한다면 그의 작품 속에서 자연의 숭배자를 발견함이 전혀 이상하지 않을 것이다.

그러면 히메네스의 작품에서도 자연숭배의식이 보이는가? 분명히 히메네스는 자연을 대할 때 서양의 기독교적 전통을 따르지 않는다. 인간과 자연을 엄격히 구별하지 않고 자연과 나를 동일시하는 경향이 히메네스의 작품 속에서는 많이 보인다.

유럽 순수사상의 영역에서 스피노자(Spinoza)의 범신론적 일원론(조르다노 브루노 Giordano Bruno 의 이론이 그보다 앞선다)은 인간의 자연에로의 접근 출발점을 제시하며 신을 절대적 초월자로 보는 유대교의 정통적 사상을 파괴한다. 스피노자를 뒤이어서 괴테는 예술 분야에서, 니체와 셸링, 헤겔은 철학 분야에서 이러한 사상을 나타낸다. 인도의 이 사상은 19세기 초에 이미 조직적인 방법으로 유럽에 스며들었으며 쇼펜하우어에 의해서 더욱 넓게 퍼져 나갔다. 1762년 앙케틸 듀페롱(Anquetil Duperron)이란 한 프랑스인이 1656년 인도 무칼

제국의 왕인 다라 세코흐(Dârâ Shekoh)의 명에 의해 제작된 50권의 우파니샤드(Upanishads)를 번역했다. 이 번역 작품은 크나큰 호평을 받으면서 1801년 스트라스부르그(Estrasburgo)에서 출판되었다. 쇼펜하우어가 이 책으로부터 심오한 영향을 받았고 그의 철학적 체계는 이러한 힌두교의 사상을 나타낸다는 것은 잘 알려진 사실이다. 또한 그는 처음으로 이러한 사상을 조직적 체계에 의해 서양에 알렸으며[38] 그 다음에 니체는 정통적 방법으로 동양 사상을 유럽 사상과 혼합하였다.

잘 알고 있듯이 히메네스는 괴테, 쇼펜하우어, 스피노자와 니체 등에게 깊은 존경심을 가지고 많은 책을 읽었다. 괴테는 히메네스의 절대적인 스승이었다. 그러므로 자연에 대한 히메네스의 열렬한 예찬은 그의 동세대나 전세대의 유럽 문학이나 사상과는 동떨어진 것이 아니다. 히메네스가 젊은 시절에 첫 단계로서 즐겨 읽었던 책들은 베를렌(Verlaine), 말라르메(Mallarmé), 랭보(Rimbaud), 프란시스 잼(Francis Jammes), 샤맹(Samain) 등의 작품이었고 이들은 모두 풍경이나 자연을 노래한다. 두 번째 단계로서 많이 읽었던 영국 작가들은 워즈워스(Wordsworth), 셸리(Shelley), 브라우닝(Browning), 블레이크(Blake) 등인데 이들 또한 자연을 예찬하며, 또한 이들은 타고르가 즐겨 읽던 작품들의 작가들이었다. 우리가 잘 알고 있듯이 18세기 영국 문학에서 보이는 지나친 인위성(人爲性)에 대한 반발로서 워즈워스는 20세기 영국 문학을 순수한 자연의 세계로 되돌리기 시작했다. 이로 인해서 타고르가 영국(유럽) 문학에 손대기 시작했을 때, 영국의 몇몇 비평가들은 자연에 관하여 타고르가 말해야 할 모든 것을 이미 워즈워스가 말해 버렸다는 것을 알았다. 위에 언급한 작가들 외에도 카르두치(Carducci)는 풍경 묘사에 아주 뛰어난 인물이었다. 젊은 시절에 쓰인 한 편의 시에서 히메네스는 신비주의 범신론자라 일컬어지는 로맹 롤랑(Romain Rolland)을 회상한다.

삼나무는 그 짙은 녹색으로써 다른 나무들보다도 더 가을의 생생함을 보여 준다. 로맹 롤랑은 플로렌시아(Florencia)의 삼나무에 대해서 이야기한다.

---

[38] Jean Roger Riviére, El pensamiento filosófico de Asia(Madrid : Gredos, 1960), p. 20.

나무들을 통해 그의 우정을 연결한다는 것은 얼마나 좋은 일인가! 영원한 초록의 싱싱함이여! 영혼은 그들 앞에서 끝없는 영원함의 번뇌를 느낀다.[*39]

히메네스가 속해 있었던 유럽 문학의 이러한 모든 배경을 고려해 본다면 그는 결코 전혀 새로운 길을 택하지 않았다는 것을 알 수 있다.

2) 자연과 풍경

히메네스와 타고르는 오로지 어린이들의 세계에 관해서만 일치하는 것은 아니다. 자연의 무한한 세계 앞에서 그들이 느낀 동질의 반응은 놀랄 만한 것이다. 자연에 대한 그들의 사랑은 종교나 사상과 같은 외부적 영향을 받지 않은 감미로운 어린 시절로 거슬러 올라간다. 타고르는 말한다.

무척 어린 시절부터 나는 자연을 사랑했다는 것을 잘 기억한다. 아! 구름이 하늘을 따라 하나 하나 올라가는 것을 보면, 나는 무한한 즐거움에 사로잡힌다. 태어난 날부터 나는 그 무엇인가 무척이나 포근하고 밀접한 것이 나를 감싸고 있는 듯한 느낌을 받았다. 자연에게 나는 헤아릴 수 없는 사랑을 느꼈고 이것을 당신에게 어떻게 표현할까? 그것은 어떤 새로운 아름다움으로 언제나 나를 빛내 주고 결코 나를 저버리지 않는 사랑하는 동료의 일종일 것이다[*40]

타고르가 자연으로부터 느낀 첫 내면적 감정에 대한 이러한 추억은 히메네스의 것과 같다. 히메네스는 매우 어린 시절부터 자연과의 친밀성을 갖게 된다. 그는 〈모게르의 꽃〉에서 다음과 같이 노래한다.

모게르(Moguer)의 꽃들은 어린 히메네스에게 말한다. "그 자신이 그것을 하지 않는다면 오로지 우리만이 그의 첫 푸르름의 나이를 말해 줄 수

[*39] J.R.J., La Colina de Chopos(Taurus, Madrid, 1966).

[*40] C. F. Andrews, Cartas a un amigo(Letters to a friend) (traducción de Nicolás M. Martíntez Amador, Editorial Juventud, S.A. Barcelona, 1942), p. 24.

있을 것이다." 모게르의 그 누구도 그것을 이해하지 못했다. 그리고 아무도 그를 이해하지 못했으므로 그는 아무것도 말하지 않았다.

우리는 자주 둘이서만 얘기를 나누었다. 가끔 그는 우리가 마치 그가 믿을 수 있기를 원하는 사람들처럼 부드럽게 우리에게 말한다.

사람들은 그를 미쳤다고 말했다. 그가 후회하며 우리에게 다가올 때면, 그의 의식은 맑게 깨어 있음에 슬퍼졌으며 그의 가슴은 다른 이들을 위해서 울었었다. 오늘 우리는 조용히 그의 추억을 이야기했다. 우리, 모게르의 꽃.[41]

두 시인의 작품 속에 나타난 자연의 세계를 분석하기 전에 먼저 이들이 자연을 어떻게 생각하는가를 알아보자. 자연에 대한 사랑을 노래한 시 외에도 타고르는 그의 수필 속에 자연의 개념을 써 놓았다. 히메네스도 나름대로의 특이한 방법으로 풍경을 노래하고 예찬한다. 물론 히메네스는 문학 작품 외에서는 풍경을 크게 다루지는 않는다.

자연은 인간이며 신과 똑같은 표현이므로, 여기서부터 자연의 총체를 이루는 유기체와 무기체, 그리고 인간 사이의 상호 의존적 특성이 나온다. 자연과 영혼, 유기체와 무기체 사이에는 이미 하나의 연관이 존재하기에 이들을 분리한다는 것은 불가능하다. 인간은 나날이 수확을 거두며 이것은 인간과 자연 사이에 중대한 연관이 있다는 명백한 증거이다. 왜냐하면 인간은 그와 진실로 연결되어 있는 것 외에는 아무것도 할 수 없기 때문이다.

타고르는 말한다. "만약 우리가 인간과 자연을 분리한다면, 그것은 마치 꽃과 꽃봉오리를 두 개의 부류로 나누는 것과 같을 것이다. 인도의 정신은 자연과 인간 사이에 굳은 연결이 있다는 것을 인정한다."

인간과 자연 사이에 반대성이란 존재하지 않는다. 만물에 나뉘어 있는 경계는 서로 상대적인 것이 아니고 단순히 같은 절대자의 서로 다른 표현이며 존재하는 방법이 다를 뿐이다. 무기체는 영혼의 불꽃을 피우기 위한 기름과 같은

---

[41] J.R.J., Por el Cristal Amarillo(Aguilar Madrid, 1961) p. 83

것이다. 객관적 세계는 주관적인 욕구와 일치될 수 있다. 이와 함께 자연은 그의 절대적인 방향을 알고 있다. 자연은 사물을 편애하거나 숙명을 회피하지 않는다. 자연은 타협하지 않으므로 자연을 좇아야 할 자는 인간이다. 자연의 행동은 절대적이며 인간은 오로지 그것을 받아들여야 한다. 이러한 의미에서 자연은 그 스스로가 신성한 의지를 더 높이는 것이다. 근본적으로 인간적이 아닌 모든 것은 자연적이라고 여겨질 수 있다. 그럼에도 불구하고 인간은 자연 자체의 한 부분을 형성한다. 인간의 모든 요소는 자연에 속하며 인간에 의해 만들어진 모든 사물도 자연에 포함된다.

만약 신이 우주를 창조했다면 인간이 하나의 독립된 요소로서 우주 밖에서 존재할 수 있게끔 만들진 않았을 것이며, 우주의 한 부분으로서 인간을 창조했을 것이다. 대지와 인간은 하나의 공동체이다. 이에 히메네스는 노래한다.

"대지는 잠들고, 깨어 있는 나는 대지의 유일한 육체이다."[42]

자연은 완전히 무기력한 것이 아니며 다만 잠들어 있을 뿐이고, 보이지 않는 내부에는 더 높은 곳을 향한 충동이 꿈틀거리고 있다. 이것은 후기 칸트 학파의 철학자들 사이에 널리 인식된 사상이다. 히메네스의 스승인 괴테는 말했다. "모든 것은 신성한 의지로써 그 자신을 초월하려고 한다. 물은 더욱 푸르러지려 하고 먼지는 생(生)을 가진다." 인간의 육체 속에도 자연의 모든 요소가 들어 있다. 물, 흙, 공기, 불, 그리고 영원한 것, 곧 영혼, 여기서부터 자연에 대한 인간의 사랑이 나오며 인간과 자연 사이에는 하나의 연관이 존재한다. 그러므로 서로 비슷한 것들 사이에는 언제나 상호간의 인력이 생기며 떨어지면 서로를 아쉬워한다. 히메네스의 〈완전한 계절〉의 한 부분을 보자.

나는 자연에 의해서 완전하게 되며, 내 몸 속엔 자연의 모든 요소가 들어 있다. 흙, 불, 물, 공기, 그리고 영원한 것.[43]

타고르는 흙과 매우 가까운 생활을 했으며 흙으로부터 영감을 받아 아름다

---

[42] Ibidem. Libros de Poesía, op. cit., p. 1060.

[43] Ibidem. p. 1140.

운 서사시를 많이 썼다. "자연에는 사랑을, 모든 생물체에는 애정을 가꾸며, 크고 작은 모든 사물 속에서 신성(神性)을 찾는다." 이 말은 타고르와 그의 추종자들이 일상 생활에서 지니고 있었던 마음의 자세를 나타내 준다. 타고르가 가장 좋아했던 지방의 하나인 셸리다(Shelidah)*⁴⁴의 자연은 충만했으며, 타고르는 히메네스의 가슴에서도 느낄 수 있는 흙이 마치 어머니인 것처럼 그에게서 향수(鄕愁)를 느낀다.

보다 큰 세계와 합쳐지고 싶은 열망으로 생기는 번뇌를 분명하게 설명하기란 어렵다. 내가 흙이었던 아득한 그 옛날에서부터 다가오는 희미한 기억을 나는 느낀다. 그날, 내 주위엔 푸른 풀들이 자라고 있었고 머리 위에는 가을의 태양이 빛나고 있었다.

나의 모든 감각은 태양의 입맞춤으로 날마다 흥분 속에 살아가는 대지로 스며드는 것만 같다. 대지의 의식(意識)은 모든 풀과 뿌리 사이로 스며들고 있다.

대지와 나를 잇는 이 피의 매듭과 대지를 향한 나의 열렬한 사랑을 전달하기에 나는 이미 조급해져 있다. 그러나 어떻게 나의 끝없는 사랑을 나타낼까. 두려움을 느낀 나는 빛나는 태양 앞에서 침묵 속으로 숨는다.*⁴⁵

무기체 또한 영혼의 힘을 나타내기 위한 매개체이며, 영혼은 오직 자연을 통해서만 그 모습을 드러낸다. 타고르는 《사다나(Sadhana)》에서 말한다. "흙, 물, 빛, 열매들과 꽃들은 단순한 물리적 현상에 의해 생기는 것이 아니다. 그들은 자연을 완성하는 이상(理想)을 실현하기 위해 필요한 것들이다. 교향곡 하나를 완성하기 위해 악보들이 필요한 것과 마찬가지다. 진정한 현자는 자연의 모든 사물에서 영혼의 의미를 읽으며, 한 시인은 자연 속에서 숨쉬고 있는 영혼의 목소리를 들을 수 있는 것이다." 이러한 개념 아래에서 히메네스는 〈미(美)〉를 노래했다.

---

*44 타고르의 시골집이 있는 파드마(Padma)의 마을 이름.
*45 R. Tagore, Entrevisiones de Bengala(Poemas de Kabir)(Plaza & Janes, 1965), traducción de Zenobia Camprubi de Jiménez, p. 68.

만물은 빛을 받는다. 나는 그들을 사랑하고, 그들은 나와 함께 아름다운 무지개 속에 잠든다. 나에게 생명을 준다.*46

타고르는 말한다. "시냇물은 우리의 발만 씻어 주는 것이 아니고 마음마저 씻어 준다." 인간이 자연의 일부라는 것을 알지 못한다면 인간은 멀고 먼 철창의 감옥 속에 갇히게 될 것이다. 인간이 모든 사물 속에서 영혼을 찾아낼 때 그는 자유롭다. 왜냐하면 그는 자신이 태어난 세계의 모든 의미를 알기 때문이다. 이러한 방법으로 인간은 완전한 진실에 다다르게 되고 모든 것과 조화를 이루는 것이다. 시인과 예술가의 감수성은 숨겨진 미(美)를 찾기 위해 자연의 깊은 곳까지 침투한다. 오로지 그들의 눈은 혼란과 혼돈을 통해서 자연 속에 존재하는 정연한 우주를 보는 것이다. 히메네스는 말한다.

낙엽과 장미, 구름과 산들바람, 석양과 오로라, 이 모든 것에 아름다움이 넘쳐흐른다. 모든 것은 우리의 삶이니 이 아름다운 삶을 노래하자.*47

타고르 또한 심오한 비밀 속으로 파고드는 재능을 지니며 이 재능에 대해서 자연은 신호요 예언인 것이다. 히메네스와 타고르는 자연의 시인들이며 그들의 손에 의해, 다듬어지지 않은 온 세계의 물질들은 시적 색채가 주어진다. 끝없는 신비의 손은 지상에서 가장 하찮은 사물들까지 어루만지며 마침내 그것들을 아름다운 음악으로 만든다. 우주를 구성하는 하나 하나의 요소는 그 나름대로의 역할과 중요성을 가진다. 타고르는 이에 대해서 다음과 같이 말한다.

들의 풀에서부터 하늘의 별들까지 모든 것이 제 나름대로의 역할을 다하고 있다. 자연에는 뛰어난 아름다움과 끝없는 평화가 있다. 왜냐하면 자연의 구성 분자 가운데 그 어느 것도 자신의 한계를 억지로 넘으려고 하지 않기 때문이다.*48

---

*46 J.R.J., Libros de Poesía, op. cit., p. 1097.

*47 Ibidem. Cartas, op. cit., p. 82.

*48 R. Tagore, Entrevisiones de Bengala(Poemas de Kabir), op. cit., p. 58.

여러 번에 걸쳐 타고르는 인간과 자연을 구별하는 서양의 태도를 비판했다. 타고르는《창조체》의 '숲 속의 종교', 장에서 셰익스피어 작품 속에 나오는 몇 장면에 비난의 말을 던진다.《맥베스》에서는, 황량한 잡초지를 나타냄에 있어서 그것이 마치 반역의 피비린내 나는 범죄의 서곡처럼 표현했으며, 그곳에서는 자연의 사악한 힘의 의인화로써 세 명의 마녀가 나온다.《리어 왕》에는, 궁정 생활의 무정함에 의해서 저주로 바뀐 아버지 사랑의 열정은 잡초지에 내리치는 폭풍우로써 상징화된다. 타고르는《베니스의 상인》속의 사랑의 장면을 나타내기 위해 나오는 보름달 밤을 제외하고는,《로미오와 줄리엣》,《안토니오와 클레오파트라》등의 극들에서 자연과의 접촉이 없음을 한탄한다. 이것은 타고르가 셰익스피어 작품들의 위대성을 깎아내리기 위함이 아니고, 다만 셰익스피어가 그의 종족과 시대의 전통에 따라서 작품 속에 나타내는 자연과 인간 관계에 대한 모호함을 지적하기 위함이다. 그러므로 그 누구도 셰익스피어 작품 속에는 "자연의 아름다움이 들어 있지 않다"고 말할 수는 없다. 타고르는 말한다. "셰익스피어는 다만 그의 작품을 통해서 우주의 삶과 인간의 삶이 서로 작용하고 있다는 것을 나타내는 데 실패했을 뿐이다." 타고르는 밀턴의《실낙원》에 대해서도 비판한다.《실낙원》에는 인간과 동물의 유대가 부족하다. 동물들이 평화로운 삶을 영위하는 정원의 아름다운 묘사가 나오지만 이것은 인간의 즐거움을 위해 만들어졌으며 인간은 그들의 주인이며 왕이다. 밀턴의 이 위대한 작품에 대해서 타고르가 아쉬워하는 것은, 인류 최초의 남성과 여성의 만물에 대한 사랑의 결핍이다. 우월성은 친절과 이해 속에 있는 것이지 절대적 차별 속엔 존재하지 않는다.

1926년 6월 24일 타고르는 스위스의 빌르뇌브(Villeneuve)에서 롤랑과 만난다. 이들은 특히 동서양의 자연에 대한 관념을 이야기한다. 타고르는 롤랑에게 자연과 인도예술가들의 끊임없는 공동체 의식과 자신이 심취해 있는 우주적 영혼을 이야기하고, 이 자연과 인간의 공동체 의식은 물질 문명에 지배되고 있는 유럽 예술의 장애물이 될 것이라고 말했다. 롤랑은 유럽의 도시 문명은 예술의 장애물이라는 것을 인정하지만, 유럽의 가장 위대했던 예술가들은 인도의 예술가들처럼 자연과 아주 밀접한 관계를 가졌다고 말한다. 그 예로서 베토벤과 레오나르도 다 빈치(Leonardo da vinci)를 들었다. 바그너(Wagner)의《마이스터 징거(Maistersinger)》또한 자연의 여러 모습과 이어지는 음악적 체계를 노래한다.

유럽의 옛 대중음악의 본능은 아시아의 형제들처럼 인간과 자연을 정서의 세계로 잇는다.[49]

　서양의 많은 문학 작품들 가운데에서 타고르가 절대적 예찬을 할 만큼 자연과 인간의 결합을 잘 나타낸 작품은 《로빈슨 크루소》이다. 타고르는 어린 시절에 이 책을 읽고 결코 그 감동을 잊지 않았다. 《로빈슨 크루소》는 타고르에게 가장 큰 감명을 준 유럽의 책이다. 타고르는 〈시인의 학교〉에서 말한다. "사랑을 통해서만이 아니고 활발한 상호 전달을 통해서, 자연과 인간의 완전한 결합에 대한 가장 큰 교훈을 아무 어려움 없이 배울 수 있는 곳을 생각할 때면, 로빈슨 크루소의 섬이 내 가슴에 와 닿는다." 타고르는 《로빈슨 크루소》를 인간과 자연에 관계되는 서양의 가장 영웅적인 역사처럼 평가한다.

　　《로빈슨 크루소》에는 자연과의 만남에 대한 즐거움이 극치에 다다른다. 그것은 고독한 자연 앞에서 고독한 한 인간의 모험이다. 어떻게 그가 자연과 하나가 되고 자연의 비밀을 밝히는가를 볼 수 있다. 이 책을 읽음으로써 내가 받는 즐거움은 자연에 대한 인간의 승리를 나눠 가지는 것이 아니고 지혜로운 행동으로 이루어진 이해심이다. 자연을 향한 이 경의야말로 서양의 가장 영웅적인 사랑의 역사인 것이다.[50]

　그러나 타고르가 셰익스피어와 밀턴의 작품에 결핍된 모든 면을 갖추고 있는 히메네스의 《플라테로와 나》를 읽은 적이 있는가? 《플라테로와 나》 속에는, 자연에 대한 그의 모든 생각과 느낌의 총합으로써 자연에의 사랑과 끊임없는 자연과의 대화, 그리고 지상의 모든 생물과의 우정이 잘 표현되어 있다. 자연과의 교감은, 자연 앞에서는 '나'라는 개념이 이미 존재하지 않는다는 것을 뜻한다. 사랑은 동물과 그가 맺은 모든 관계를 지배한다. 나귀와의 우정을 제쳐 놓더라도 그의 고향 모게르(Moguer)의 풍경에 대한 사랑, 가장 미천한 생물들에 대한 자비심 등이다. 삶의 가치와 관련된 완전한 평등 감정의 영향 아래에서 그를 둘러싸고 있는 만물의 모든 고통과 기쁨을 히메네스는 나눠 가진다. 〈카나리아 죽다〉에서 히메네스는 나귀와 함께 늙은 카나리아 한 마리의 죽음에

---

[49] Romain Rolland, Inde, Journal 1915-1943, op. cit., p. 111.

[50] R. Tagore, Hacia el hombre universal, op. cit., p. 283

대해 이야기한다. 히메네스가 어떤 자비심과 사랑으로 카나리아를 대하는가를
보자.

자, 밤이 되면 아이들과 너와 내가 죽은 카나리아를 뜰에 묻어주자꾸
나. 오늘은 보름달이 떴어. 파르스름한 은색 달빛 아래, 불쌍한 노래꾼은
어린 블랑카의 하얀 손 안에서 노란 붓꽃의 시든 꽃잎처럼 보이겠지. 그
새를 커다란 장미나무 아래 묻어주자꾸나.

히메네스는 죽은 새를 장미 밭에 묻어 주는 것만으로 만족하지 않고, 그 죽
은 새를 소생시킨다.

플라테로, 봄이 오면 하얀 장미의 가슴에서 그 새가 튀어나오는 모습
을 틀림없이 볼 수 있을 거야. 아름다운 선율이 향기로운 공기를 감싸고,
눈에 보이지 않는 날개가 4월의 햇빛을 머금고 황홀하게 날아오르겠지.
그리고 투명하고 맑은 금빛 노랫소리가 비밀스럽게 흘러나올 거야.[51]

〈옴 붙은 개〉에서 히메네스는 한 가련한 동물에게 자비심을 베푼다. 고함과
돌팔매질에 익숙해져 있는 이 개는 언제나 숨어 다닌다. 같은 개들도 이 개를
적대시한다. 어느 오후 이 개는 한 감시인의 총에 맞게 되고, 히메네스는 죽어
가는 이 개를 우연히 보게 된다. "가련한 개 한 마리, 한순간 세상을 어지러이
뛰어다니다가 처절하게 울부짖으며 아카시아 나무 아래에서 죽어 가는구나."
모든 것이 끝났다. 그러나 히메네스는 이미 사라진 동물의 고통을 나누어 가지
며 자신의 슬픈 감정을 노래해 본다.

베일이 그 죽음을 애도하며 태양을 감쌌다. 그 커다란 베일은 마치 죽
은 개의 선량한 눈망울을 덮은 자그마한 베일과 비슷했다.
유칼리나무는 바닷바람이 불어올 때마다 더욱 가슴 아프게 그 불행을
슬퍼했다. 그리고 아직 황금빛이 남아 있는 들판에 오후의 깊은 고요가

---

[51] J.R.J., Platero y Yo, op. cit., p. 153.

무겁게 내려앉으며 죽은 개를 감쌌다.*[52]

〈카나리아 날다〉에서는 가족들(히메네스, 나귀, 카나리아, 어린이들, 나무들, 꽃들) 가운데 한 사람의 행복은 모두의 행복이며 불행도 모두의 불행이다.《플라테로와 나》는 히메네스와 자연이 조화롭게 결합되어 있는 참된 교향곡이다. 히메네스의 가슴속에서는 모든 생물이 사랑과 이해의 세계에서 살아간다. 인간과 동물의 세계를 전혀 구별하지 않는 히메네스는, 동물과 인간을 구분하고 동물을 단지 동물 그 이상으로 취급하지 않는 인간들을, 때로는 빈정대고 때로는 격렬하게 비난한다. 나귀의 형태 묘사를 위해 생겨난 '나귀학'이란 단어의 뜻을 알고 나서 히메네스는 말한다. "가련한 나귀야! 너는 정말 착하고 섬세하구나. 왜? 어떠한 묘사도 봄의 이야기는 될 수 없을 것이다. 착한 사람은 나귀라고 불러 줘야 할 것이다. 악한 나귀는 인간이라고 불러 주어야 할 것이다." 히메네스에게 있어서 나귀는 이상적 인간의 자질을 가진다. "영리하고 인내심 많으며, 우울하고 친절한 나귀는 노인과 어린이, 태양과 개, 꽃과 달의 친구이다."*[53] 히메네스는 말한다. "이 지구상의 모든 동물이 투표권을 가지고 모이기를 나는 바란다. 그러면 얼마나 많은 동물이 인간에게 상(賞)을 주기 위해서 찬성의 표를 던질 것인가?"*[54] 나귀가 죽은 뒤에 히메네스는 동물과 인간을 잇는 불멸의 시들을 남겼다. 〈향수(鄕愁)〉, 〈우수(憂愁)〉, 〈귀여운 나귀〉, 〈집에 있는 나귀〉 등.

타고르는 다음의 글을 쓸 때, 히메네스의 마음이 된다.

내가 자연의 무한한 신비를 느낄 때면, 나라는 인간과 다른 모든 생물체 사이의 차이점은 아무 쓸모 없는 것이 된다. 인간 이외의 모든 생물체 또한 인간 사회의 한 부분을 이루므로, 그들을 인간과 비교한다는 것은 너무나 잔인한 짓이다.

내가 들판에 있을 때면, 한 마리 작은 새의 가슴속에서 고동치는 삶의

---

*[52] Ibidem. p. 55.

*[53] Ibidem. p. 105.

*[54] J.R.J., Estetica y Ética Estética, op. cit., p. 103.

무한한 즐거움을 차갑게 외면할 수는 없다.*⁵⁵

히메네스는 노래한다.

> 화려한 봄날에
> 시든 나뭇가지를 보면
> 내 가슴은 찢어질 듯 아프다.*⁵⁶

3) 히메네스 시 세계에서의 풍경

자연에 접근하는 한 수단으로, 히메네스는 마치 절친한 친구를 맞듯이 두 팔을 활짝 벌리고 자연에게로 다가갔다. 시인이 노래하는 풍경의 출현으로 시의 농도는 매우 진해졌다. 이러한 것들은 다음과 같은 많은 시집을 통해 알 수 있다. 《리마》,《슬픈 아리아》,《머나먼 정원》,《목가(牧歌)》,《망각》,《봄의 발라드》,《비가(悲歌)》,《잔잔한 고독》,《불가사의하고 가슴 아픈 시》,《우수(憂愁)》등등. 그 외에도 제1기의 산문에서도 많이 나타나고 있다.《검정 버드나무 언덕》,《노란 유리를 통해서》,《플라테로와 나》등이다.

히메네스는 풍경을 영혼의 상태와 동일시하고 있다. 이러한 현상은 청년 시절의 강한 우울성에서 찾아볼 수 있다. 이리하여 풍경은 시인의 영혼에 거대한 반향으로 그의 메시지를 전달하는 것이다. 다시 말해서 영혼의 상태와 풍경이 교감하면서 영향을 끼치는 것이다. 히메네스에게 있어서 영혼 상태로서의 풍경의 표현은 유럽 문학에서 그 전통을 찾아볼 수 있는데, 이것은 특히 그가 관심을 많이 가졌던 프랑스 인상주의와 그 뒤의 사조에서 뚜렷이 나타난다. 모더니즘시기에 히메네스는 바다와 육지의 풍경을 그린 휘슬러(Whistler)의 런던의 노란 하늘에 대해 언급한 바, 노란 하늘은 휘슬러가 그려내고 랭보가 문자로 그 색채를 풀어내기 이전에는 아무도 그것을 알지 못했다. 히메네스에게는 아주 사소한 표현까지도 하나의 풍경을 지니고 있었다. 그의 제 1기 작품들 가운데 특히 《슬픈 아리아》의 풍경은 아주 중요한 위치를 차지하고 있다. 여기에서는 시인이 그리려고 하는 풍경에 대해 이야기하고 있다. 그러나 다른 작품에서는

---

*55 R. Tagore, Entrevisiones de Bengala, op. cit., p. 100~101.
*56 J.R.J., Primeros Libros de Poesía, op. cit., p. 171.

대부분 풍경에 대해서 가능한 한 제한을 두고 있다.

그러면 한 예로 《슬픈 아리아》에서는 영혼의 상태를 어떠한 풍경으로 그리고 있는지 알아보자. 시인이 슬픔으로 가득 찰 때 풍경 또한 슬프다. 즉 "꿈을 먹는 슬픈 풍경, 그 풍경은 끝내 말이 없다." 다른 시에서도 그것을 말하고 있다. "안개, 노스탤지어 그리고 고통의 나른하고 쇠잔한 경치, 하늘은 회색빛, 말라 비틀어진 나무에 시냇물은 얼어붙고 메아리마저 달아났구나." 또 다른 곳에서도 같은 내용을 읊고 있다. "달콤한 풍경" "깨끗한 풍경" "감미롭고 고요한 풍경" 감정이 복받칠 때 시인은 그것을 풍경으로 형용할 수 없어 다음과 같이 고함지른다.

> 나의 창문을 닫아야겠다.
> 계곡에서 나의 마음을 잃을까?
> 아니면, 그 경치 속에 몰입해
> 질식해 죽을까 봐서.*57

풍경과 더불어 죽고 싶은 시인의 감정은 무엇 하나 이상한 것이 없으며 무릎에서 피어나는 따스한 어머님의 사랑으로 서려 있다.

> 내가 왜 죽는지 알고 있는 풍경에게 나의 키스를 던진다.*58

이와 같이 시인의 풍경 표현은 풍경이 수천 가지의 아름다움을 시인에게 제공하여 시인은 여기에서 즐거움을 마음껏 누리고 있다. 들판, 계곡, 화초, 달, 풀 등은 행복의 동기와 삶의 쾌락인 동시에 우울한 슬픔 그 자체였다. "계곡, 개울물, 별, 너희는 나의 영혼을 토막내고 있다. 산봉우리, 오두막집으로 오르는 길, 너의 냄새는 얼마나 향기로운가!" 또한 자연은 그 속에서 읽어 낼 수 있는 수천 가지의 내성(內省)을 제공한다. 그러면 이제 새의 신비에 대해 노래하고 있는 타고르의 묵상을 읽어 보자.

---

*57 Ibidem. Primeros Libros de poesía, op. cit., p. 207.

*58 Ibidem. p. 218.

아직 채 다섯 시도 되지 않았는데 먼동이 터 온다. 감미로운 미풍이 몸을 감싼다. 정원에는 그 미풍에 보스란히 깨어난 새들이 노래하기 시작한다. 뻐꾸기는 날아가고 없다. 이 새들이 지칠 줄 모르고 울어 대는 이유를 도무지 알 수가 없다. 하지만 우리는 사랑에 빠진 한 청년을 미치게 만들려고 하지 않는다는 것을 확신할 수 있다. 나름대로의 이유가 있을 것임에 틀림없다. 그러나 불행하게도 이러한 것은 전혀 알려지지 않는다……

우리는 얼마나 어리석을까! 여러 가지 빛깔의 깃털과 부드러운 목과 가슴을 가진 이러한 순진한 존재에 대해서도 모르고 있으니 말이다! 그런데 그들로 하여금 그토록 끈질기게 울게 하는 것은 도대체 무엇인가?[59]

히메네스는 미풍을 비웃는 새와 노래하는 나뭇잎 그리고 강으로 흐르는 개울을 주시한다. 이러한 모든 움직임은 음악이요, 시 그 자체이다. 또한 물을 노래하는 새들도 있는데, 이 물은 수정 같은 로맨스를 나뭇잎에게 조용히 얘기해 준다. 그러나 시인은 자연의 신비를 더 들추어내지 않고, 타고르가 한 것처럼, 수줍은 부끄러움을 남기고 만다.

운명의 여신이 그렇게 많은
종달새를 선사한
미루나무를 나는 모른다.
태양만큼이나, 강물만큼이나……[60]

타고르와 히메네스가 노래하는 서정적인 고뇌는 보다 나은 이해를 위해서는 불가피한 과정이다. 모든 것을 이해할 수 없다는 것은 슬픈 일이다. 그러나 그 고통은 아름다움이요, 마지막에는 슬픔 위에서 미소가 피어난다. 《비가》에서 시인은 말한다. "강변을 흐르는 초록빛 경치를 나는 사랑한다……." "초록빛 자연이여, 너는 언제나 나에게 대답하라! 태양, 새 그리고 꽃들의 충만함을." 또

[59] R. Tagore Entrevisiones de Bangala, op. cit,, p. 56.
[60] J.R.J., Primeros libros de poesía, op. cit., p. 648.

한 풍경과의 조우에서 다시 한 번 황홀경에 빠진다.

들판, 맑은 침대여! 전율을 일으키는 바람이여!
하얗고 푸른 하늘이여!
마술의 초원이여!
너의 영원한 황금빛 봄날에
내 생애의 모든 것을
던지고 싶다!*61

히메네스가 풍경을 표현하는 감정은 한 청년이 사모하는 여인에 대해 가지는 감정과 같다. 풍경은 언제나 시인에게 뭔가를 선사한다. 히메네스에게 있어서 이상적인 풍경은 형용할 수 없는 색채와 불후의 본질과 번쩍이는 음악적 보물을 발견해 내는 것이다. 또한 풍경은 강하면서 약해야 한다고 말한다. 자연을 '아름다운 여인'으로 부르는 타고르는 들판에 나가면 인간을 다른 것으로부터 분리해서 보지 않는다. 자연이 구름, 눈 등에 숨겨져 있을 때, 바로 그곳에서 인간은 사랑을 느낀다. 풍경의 슬픔에 대한 사고에 있어서 노벨문학상을 수상한 두 시인의 일치는 아주 놀라운 일이다. 타고르는 말한다.

나는 스스로에게 묻는다. 들판 위의 우수의 그림자가 우리나라의 태양
과 하늘 위에 왜 늘 존재하는가를*62

히메네스는 다음과 같이 쓰고 있다.

들은 온화한 우수를 간직하고 있다. 어린 신록에서 질책의 시선으로
강에서 잠드는 계곡의 비애로!*63

타고르의 시는 시기적으로 1891년 6월로 거슬러 올라간다. 타고르가 이 시

---

*61 Ibidem. p. 817.
*62 R. Tagore, Entrevisiones de Bengala, op. cit. p. 30.
*63 J.R.J., Primeros libros de poesía, op. cit., p. 527.

를 쓴 때는 30세였다. 히메네스도 30세 정도였다. 그 증거로 《목가》가 1911년에 출판되었다. 30세가 되어서 이들 두 시인은 풍경의 우수(憂愁)에 대해 같은 인상을 가졌던 것이다. 그렇다면 왜 우수가 들판, 강, 계곡, 하늘과 태양 등에서 나타날까? 타고르는 말한다. "왜냐하면 우리 인간들에게 자연은 가장 중요한 것이기 때문이다." 만약 우수에 대한 히메네스의 사상을 기억한다면, 이러한 물음에 대한 그의 대답을 찾아내는 데 어렵지 않을 것이다. 히메네스에게 있어서 우수란 인간의 이상을 형성한다. 그러므로 시인이 그렇게도 사랑하는 풍경에서 우수는 빠질 수 없는 요소가 되어 영적인 우월성을 표시하게 되는 것이다.

제 1기에 있어서 히메네스의 풍경은 아주 지상적이다. 즉 산, 계곡, 들판, 하늘 등이 나타난다. 반면에 타고르는 강의 풍경을 그린다. 왜냐하면 이 시인은 강에 의해 형성된 지역인 벵갈의 동쪽에 있는 한 마을에서 젊은 시절에 몇 년 동안 일하면서 살았기 때문이다. 그러나 두 시인의 초기 작품 속에서 풍경을 정확하게 비교한다는 것은 불가능하다. 그 이유는 히메네스의 젊은 시절 작품은 남겨져 있으나 타고르의 작품은 없기 때문이다.(타고르의 초기 작품들은 아직 서양어로 번역되지 않았다). 이러한 여건에도 불구하고 그의 강변 생활과 풍경을 가장 많이 내포하고 있는 아름다운 시집인 《벵갈의 면모》를 인용하겠다. 이 책을 통해서 30세가 되었을 때 자연에 대해 가졌던 두 시인의 비슷한 점을 발견할 수 있다. 즉, 이는 자연과의 교감을 위한 무한한 번민과 자연에의 접근의 어려움이다. 그 결과는 시에 있어서 풍경, 혹은 즐거움과 슬픔이 뒤섞인 감정의 과다로 나타나고 있다. 그러나 자연을 사랑하고 자연의 사랑을 받고 싶어 하는 열망은 너무나 커서 그들은 절망을 잊고 살았다. 타고르가 묘사한 강의 풍경을 읽어 보자.

야자수나무, 망고 또 다른 나무들의 그림자는 부드럽고, 푸른 풀의 융단은 강가에 깔아 수놓으면서 물가를 향해 가며, 꽃은 하얗게 흐드러져 가득 차 있다. 곳곳에는 옹기종기 모여 있는 소나무들이 있고 나무 주위에는 약간씩 틈이 생겨 거리를 잴 수 없는 무한한 평야가 희미하게 빛난다. 과일들은 장마가 지나간 뒤 비보다도 더 부드러움을 지닌 채 그의 심오함을 애써 숨긴다. 한촌(寒村)은 대추야자와 야자수나무 아래에서 낮은

구름의 시원한 그림자 속에서 빛나게 살아간다.[64]

벵갈의 자연에는 야자수나무, 망고, 나무, 비 등이 빠짐없이 나타나고 안달루시아의 풍경에는 포도밭, 오렌지밭, 접시꽃, 무화과나무, 석류나무와 푸른 하늘이 꼭 나타난다. 우수의 시인 히메네스는 때때로 마치 그가 그의 무한한 우수를 모르는 듯이 자연의 즐거운 가수(歌手)로 탈바꿈한다. 여기에 히메네스 삶의 즐거움으로 가득 채워진 교향곡이 있다.

상쾌하고 끝없는 자연스러운 언어의 연주회! 우물가에서 미소를 머금고 지저귀는 제비는 변덕스럽고, 떨어진 오렌지 위에 구관조가 휘파람 소리를 내고 있다. 개똥지빠귀는 떡갈나무에 앉아 있고, 검은 방울새는 유카리 나무의 꼭대기를 날며 크게 웃어젖힌다. 커다란 소나무에서는 참새들이 암담한 표정을 지으며 토의를 한다. 이 얼마나 멋진 아침이 아니겠는가! 금과 은으로 장식된 즐거움으로 태양은 떠오른다. 수백 가지의 색깔을 띤 나비는 구석구석에서 노닥거린다. 꽃 사이로 집 안팎에서, 샘물가에서, 도처에서 들판은 새롭고 건강한 생활의 문을 연다.[65]

히메네스는 말한다. "오로지 자유로운 자연 속에서만 모든 것이 내 기분에 맞으며 가장 편안함을 느낀다."[66] 시인은 자연에서 '멜로디의 비밀'을 발견하고, 또 자연은 자신의 마음속을 비추어 볼 수 있게 도와 주고 '자신에 있어서 숨겨진 엄청난 온화함'을 발견하게 해준다. 대지는 어머니와 같은 것이다. "오후의 들판은 어머니의 시선처럼 자애로움을 지니고 있다."

히메네스에게 있어서 해변, 나무, 풀 등은 '인생을 살찌우는 진정한 장소'이다. 타고르는 노래한다. "자연의 개방된 학교에서는 나무 속에서 언어를, 흐르는 시냇물에서 책을, 돌에서는 맹서를, 다른 모든 사물에서 재산을 주울 수 있다." 동서양의 두 시인은 대지와 하늘의 거대함 속에서 운율과 음악을 발견한다. 1911년 히메네스는 다음과 같이 써 내려가고 있다.

---

[64] R. Tagore, Entrevisiones de Bengala, p. 40.

[65] J.R.J., Platero y Yo, op. cit., pp. 51~52.

[66] Ibidem, Estética y Ética Estética, op. cit., p. 370.

그레고리오! 당신은 수풀 사이에서 운율을 찾아내지 못했소? 나는 아주 많이 발견했다오. 꽃으로 운을 맞추는 별들의 시, 입맞춤으로 시를 짓는 꾀꼬리 등 아주 많이 있소. 나는 저 나뭇잎 사이에서, 저 바윗돌 아래에서, 저 개울에서 아주 깊숙이 숨겨진 운율까지도 찾아내었소……. [67]

1936년 8월 6일 타고르는 히메네스와 같은 것을 그의 유명하고 아름다운 《시아말리(Syamali)》에 서술하고 있다. 여기에서는 한 부분만 보기로 하자.

너의 대지는 비의 이야기에 대답할 때, 수풀 위에서 푸르른 활자로 시구를 적어 내려간다. [68]

4) 자연 즉, 바다와 대지에 있어서 신성함의 표출

두 시인이 가지는 자연과의 관계는 내밀하게 이어진다. 자연에 매혹된 두 사람은 시간의 흐름과 함께 자연의 사랑을 찾아 끊임없이 헤맨다. 히메네스에 있어서 자연과의 진정한 교감은 바다에 대해 주로 언급한 《일기》 이후에 다소 심화하기 시작해 《욕망받는 신과 욕망하는 신》에서 완전한 공감이 이루어진다. 즉 성스러운 것과 거룩한 것을 추구하는 히메네스는 대지에서부터 출발하여 바다에서 자신의 실체화를 마무리 짓는다. 히메네스는 말했다. "바다는 나로 하여금 인생을 재출발하게 한다. 왜냐하면 자연과의 계약 덕분에 나는 추상적인 시인이 될 수 있었기 때문이다." 이 연유로 《일기》가 빛을 보게 되었고 몇 년 뒤에도 바다 덕분에 《욕망받는 신과 욕망하는 신》을 창작하게 되었다. [69]

바다와의 진정한 대화, 혹은 히메네스의 독백은 세노비아와 결혼하기 위해 뉴욕으로 가는 도중 바다에서 시작된다. 6월 8일 히메네스는 광대한 바다를 발견하고 그것을 순수한 사랑이라 부르짖는다.

이것은 사랑,

---

[67] Ibidem. Primeros Libros de poesía(pastorales), p. 527.

[68] R. Tagore, Syamali(Visva−Bharati, 1955), p. 72.

[69] Ricardo Gullón, Conversaciones con Juan Ramón(Taurus, Madrid, 1958), p. 120.

이것은 사랑이었소. 오! 나의 꾸밈 없는 사랑!*70

그러나 시인의 영혼 속에 나타났다 사라지는 이미지는 포착되지 않는다. 바다는 그리 쉽사리 접근하지 않는다. 불행히도 바다는 시인과 거리를 띄어 두고 그에게 아무런 의미도 주지 않는다. 6월 14일 히메네스는 통탄하고 있다.

> 너는 불확실하고 묘한 언어로
> 중얼거리고 있다.
> 나에게, 너는 아무것도 말하고 싶지 않지.
> 나하고는, 너의 떠나감과
> 나의 돌아옴 사이에
> 영원한 노스탤지어의
> 커다란 냉담은 남는다.*71

바다는 갑자기 오묘한 술주정꾼으로 나타나서 원한을 품고 시인을 쳐다보고서 그를 '귀머거리', '벙어리' 그리고 '장님'으로까지 욕을 퍼붓는다. 그리고서야 바다는 노래를 부르고 환한 미소를 짓는다. 마치 시인에게 사과라도 하는 것처럼, 그러나 히메네스는 단념하지 않는다. 그의 인내심은 사랑의 그것만큼이나 커다랗다. 바다의 무뢰한 장난에도 불구하고 사랑으로 그의 영혼을 감싼다.

> 나의 영혼이 그 어디로
> 항해하든, 걷든, 날아가든,
> 모든 것은, 모든 것은
> 바로 당신이지요.*72

평화가 온다. 무한(無限)과 그는 하나가 된다.

---

*70 J.R.J., Libros de poesía, op. cit., p. 427.
*71 Ibidem, p. 437.
*72 Ibidem, p. 460.

아! 의지가 있는
영혼은 얼마나 고요한가.
마치 무한한 제국의
깨끗하고 고고한 여왕처럼![73]

바다에 그의 영혼을 전달한 뒤, 무한과의 융합은 매우 순간적인 일이다. 그러므로 이러한 정신적 경험의 허무함은 슬픈 것이다. 더욱이 히메네스는 바다가 장님이며, 비양심적이요, 영혼이 없는 생명체라고 의심까지 하게 된다. 이러한 의심은 시인으로 하여금 커다란 두려움을 지니게 한다. 왜냐하면 바다의 실명(失明)은 시인이 가지고 있는 바다에 대한 무한한 제국이 처참하게 파멸됨을 야기하기 때문이다. 이것은 바로 자유를 잃고 인생의 유한함을 인식하게 해 주는 것이다. 파스칼이 우주의 영원한 침묵 앞에 흠칫 놀란 것처럼 이 우주적인 안달루시아인은 자신의 연인인 바다의 비생명성에 맞서서 공포를 느끼고 있다.

바다가 우리를 보지 않겠다는
슬픈 의식은 유지되어 온
응수는 아닐 테지.
밤이나 낮이나 나의 영혼은
무감각한 사랑으로 가지 않고
플라톤의 사랑으로 달려간다.
그래! 무한한

장님!
………
이 두려움이, 곧……[74]

히메네스의 의심은 너무나 인간적이어서 우리를 감동시킨다. 그러나 시인은 이 위기를 뛰어넘으려 한다. 6월 19일 〈장님〉을 지은 바로 이날에 히메네스는

[73] Ibidem. p. 460.
[74] Ibidem. p. 468.

또다시 바다와 영혼의 동일함을 기다리게 되었다. 그러나 그때에는 두려움과 주저함이 엿보였다. 다시 말해서, 전에 경험했던 쓸쓸한 번민이 아직 채 가시지 않았다는 것이다.

> 오늘, 나는 바다가 무엇인지 모른다…….
> 나의 마음은 그것이 무엇인지도,
> 오늘……
> 바다가 무엇인지……[75]

　더욱더 놀랄 사실은 6월 19일에 바다와 사랑에 대해 노래한 〈모든 것〉을 썼다는 것이다. 이전의 의식은 사라지고 사랑의 바다는 자신의 것으로 변하여 이 바다가 오기 전에 시인 자신의 한가운데로 대지와 하늘이 모여 있는 것처럼 되어 있다.

> 너, 바다, 그리고 너, 사랑,
> 나의 것이여!
> 대지와 하늘이 전에
> 무엇이었든간에
> 모두 나의 것! 모두 다,
> 아니, 이미 나의 것은
> 아무것도 없다, 없어![76]

　히메네스에 있어서 무(無)와 모든 것의 동일함은 자주 나타나는데, 그의 사고의 성숙함을 뚜렷하게 나타내 보이는 《일기》 이후에는 보다 더 명확하다. 모든 것은 무이고 무는 모든 것이다. 나는 너와 합해지고 너는 나에게 합해진다. 이리하여 개인인 에고(ego)는 사라지고 하나로 환원되어 완전한 융합을 낳는다. 이것은 바로 한정과 무한정의 작은 요소로 하나의 위대한 인격을 형성한다. 모든 것이 하나일 때가 곧 무이다. 왜냐하면 나와 너가 존재하지 않기 때문이다.

---

[75] Ibidem. p. 469.
[76] Ibidem. p. 470.

히메네스가 '무 즉, 나'라고 말할 때 이것은 시인이 자신인 나를 잊고 사랑과 바다에 융화되어 있다는 것을 뜻한다. 사랑하고 사랑받으려는 노력은 대지에서 나타나는 것처럼 약해지지 않고 꾸준함으로 뒷날 완전하게 실현되는 것이다. 시인은 그의 신을 발견하게 되고 그 신을 '욕망받고 욕망하는 신'으로 명명한다.

대지와 함께 바다는 자연의 한 구성원으로서 시인의 세계에 대한 견해를 완성한다. 만약 남자가 모든 상징적인 조건으로 땅을 표현한다면 여자는 바다이다. 그러므로 히메네스에 있어서 바다의 인식은 자연의 다른 반 조각을 안다는 것이다. 대지와 하늘, 바다와 하늘은 히메네스의 무한한 세계를 채워 오는 것이다. 히메네스는 이 점을 비교하고 있다.

> 남자는 땅과 관련이 있다. 그리하여 대지의 현상이 모든 조건을 구비하고 있다. 여자는 바다이다. 이리하여 바다의 가능성과 모든 조건을 역시 갖추고 있다. 남녀의 사랑인 바다와 대지의 사랑은 같아야 한다. 그리고 (내가 듣기로는) 결코 서로 변질되어서는 안 된다.[77]

《내면적 동물》에 나타나는 여러 풍경에서 우리는 바다와의 친교를 구하기 위해 노력한 결과로 바다에서 어떠한 전지 전능함의 출현을 발견할 수 있다. 〈자연의 움직임〉에서 시인은 신(神)이 내포된 바다뿐만 아니라 바다의 색채, 빛, 움직임과 그 신의 점진적인 동일함을 보여 주고 있다. 이러한 움직임과 함께 바다는 신적인 움직임의 가시적인 이미지를 주게 된다. "그대는 인간들 사이에는 있으려 하지 않고, 원해진 신이여, 오직 여기, 이 바다에만 붙어 살구려……." 이렇게 시는 시작된다. 《나의 제3의 바다에서》 역시 신성함으로써의 자연의 도약을 발견할 수 있다.

> 자연의 요소와 만물의
> 요소를 지닌 완전하고
> 유일한 형태의 사랑이여
> 그대는 영원하리[78]

---

[77] Ibidem. Estética y Ética Estética, op. cit., pp. 333~334.
[78] Ibidem. Libros de poesía, p. 1295.

또한 히메네스는 바다에서 신성한 목소리를 들으며 이를 〈완전한 의식〉에서
노래한다.

제3의 바다에서,
나는 당신의 목소리를 듣습니다.
그 목소리를 전한 바람의 움직임을,
색을, 영원하고 바다색 투명한 그 빛을,[79]

때때로 황홀경은 〈모든 구름은 타오르고(Todas las nubes arden)〉에서 무궁무진
한 희열을 느끼게 하는 것처럼, 바다에서 시인을 유혹한다. 또한 바다와 신의
동일함과 만남은 《욕망받는 신과 욕망하는 신》의 핵심을 이루고 있다. 그중에
서도 특히 〈오늘은 푸른 의식〉, 〈강, 바다, 사막〉, 〈그대의 눈, 나의 두 손〉 등에
많이 나타나고 있다. 바다에서 만나는 그 신은 풀에서뿐만 아니라 대기, 구름
등 시인이 볼 수 있는 주위 어느 곳에서나 발견된다. "그대는 불가친(不可親)의
세 요소에 휩싸여 있다. 물, 대기, 타오르는 불꽃, 수평선에는 대지가 뚜렷하게
보인다." 이것은 〈자연의 움직임〉의 마지막 부분이다.
    1924년 타고르는 부에노스아이레스를 향해 항해를 했다. 히메네스도 이 곳
을 여행했다. 이 여행을 통해서 타고르는 몇 수의 시를 썼다. 〈안마나(Anmana
방황하는 마음)〉, 〈바비 칼(Bhabi kal 미래)〉, 〈칸달(Kandal 해골)〉 등. 이러한 시들
은 《푸라비(Purabi)》라는 시집에 있다. 타고르는 배로 대서양과 태평양을 여러
번 횡단했다. 그러나 여기서 우리가 주의해야 할 것은 히메네스의 바다가 타고
르의 그것과는 다르다는 것이다. 타고르의 바다는 히메네스의 그것처럼 그렇
게 커다란 영감을 주는 것은 아니었다. 그뿐만 아니라 두 시인 사이에는 바다
에 다가가려는 방법에 있어서 뚜렷한 차이가 있다. 히메네스에게 있어서 바다
는 하나의 실체로서 그의 마음속으로 직접 파고들고 있으며 그와 함께 조화된
다. 반면에 타고르의 바다는 상징적인 성격이 많이 강조되고 있다. 이러한 차이
점이 있지만 두 시인이 바다에서 전지전능함을 만난다는 데 있어서는 일치한
다. 폭풍우에 의해 거센 파도는 격렬하게 배를 삼키려 한다. 이러한 파괴적인

---

[79] Ibidem. p. 1301.

힘에 타고르 또한 파괴적인 신성(神性)을 부른다. 그러면 1924년 10월 24일 부에 노스아이레스 앞 바다에서 종교적인 성향으로 바다를 노래하는 〈기도〉라는 장시(長詩)의 몇 구절을 보자.

　…………,
　모든 것은 산산이 조각났다.
　바람에 의해 산산조각으로,
　두려운 절망의 속삭임은
　'종막을 알리러 왔다.'
　폭풍은 퍼붓기를, '오직 남은 것은 완전히 포기하는 것뿐이다.'
　그를 믿으므로 나는 뒤를
　보지도 않고 전진해 나갔다.
　그사이 한 번의 도약은
　말끔히 씻어졌다.

　나의 여행자 피리소리는
　딸의 울음소리에 움찔했다.
　피리가 노래하기를, 희망의 손길은
　가 버리고 이상 세계로 가는 길도
　어느덧 막혀 버렸다.
　바위를 때리는 무서운
　파도의 드럼 소리를 들어라.
　희열도 공포도 전제군주의
　손짓을 통해 없어져라.

　파괴의 신이여 어서 와서
　우리를 데려가 다오.
　안락한 우리의 산책 길에서
　죽음의 날개를 펄럭이며
　어서 오라 '안 돼' 라고

부르짖는 너의 바람을 싣고서[80]

1895년 타고르가 34세 때, 그는 이미 바다를 노래한 그 유명한 〈소나르 토리 (SonarTori 금의 배)〉를 지었던 것이다. 또 우리가 간과해서 안 될 것은 《기탄잘리》와 같은 주옥의 작품들을 갠지스 강에서 배를 타고서 지었다는 것이다. 또한 《초승달》에서 우리는 바다로부터 받은 영감을 옮겨 놓은 많은 시를 볼 수 있다. 〈어린 수부〉, 〈종이배〉, 〈물의 날〉, 〈해변에서〉 등.

타고르에 있어서 신성함의 표출은 그의 모습을 수천 가지의 형태로 변화시키면서 세상을 가득 채운다. 그는 아무 곳에서나 신의 출현을 말하지 않는다. 우기(雨期)의 7월에 짓누르는 암영(暗影)과 술주정하는 밤은 신의 출현을 예고한다. 바로 이것이 삶은 자연과 하나를 이룬다고 하는 이유이다. 왜냐하면 자연은 신의 영감을 가지고 인간의 정신을 완전한 경지에 이르게 도와주기 때문이다. 인간의 영적인 실현 장소는 수도원 내에서가 아니라 활짝 펼쳐진 대기에 서라야 한다. 이것은 《왕의 우체부》에서 아말(Amal)이라는 소년이 바라던 것이다. 그곳에는 신이 거주하기 때문에 새가 무한한 자유를 누리며 거대한 자연을 날고 있다. 아말은 도심지를 향한 시선, 소음, 잡동사니의 삐꺽거림으로부터 벗어나기를 열망하여 산과 넓은 들을 꿈꾼다. 그러나 그의 생존은 집 안에 한정되어 있다. 바깥 세상은 태양, 달, 별 등으로부터 몰래 빠져나온 탈옥수에 의해 이루어져 있다. 이러한 것은 타고르의 《봄의 주기》에 잘 나타나 있다. 신을 향한 길은 가끔 세상 사람들에 의해 무시당하고 먼지 투성이가 된다. 그러나 자연은 그에게 그 길을 찾도록 늘 도와준다. 그것이 바로 어두운 밤에 그를 안내하는 별의 역할이다. 고독과 침묵 속에서 타고르는 신의 소리를 듣는다.

당신의 말씀은 간명(簡明)하나이다. 신이여, 당신 별의 속삭임과 나무들의 침묵을 저는 듣습니다……. 고독한 나라를 나는 새처럼 당신의 노래는 나의 마음속에 당신의 보금자리를 만듭니다. 따뜻한 4월이 오도록 말입니다. 그 즐거운 계절을 고대하는 저는 얼마나 행복한 인간입니까![81]

---

[80] Leonard Elmhirst, R. Tagore on new years day(the Visva−Bharati Quarterly, Santiniketan, West Bengal), p. 3.

[81] R. Tagore, Obra Escojida, op. cit., pp. 264~265.

우주를 채우는 이 신성함은 《기탄잘리》의 많은 시에 잘 표현되어 있다. 한 예를 보자.

예, 이미 알고 있습니다. 나의 연인이여! 나뭇잎에서 떨어지는 그 황금 빛을, 하늘을 나는 그 한가로운 구름을, 나의 이마를 시원하게 하는 그 미풍을 이미 알고 있습니다. 이 모든 것은 그대의 사랑에는 비교도 못 된다는 것을, 나의 눈을 부시게 하는 새벽의 여명은 나의 영혼에 대한 그대의 이야기에 지나지 않는다는 것을.[82]

또한 《수확》의 68번 시에서 타고르는 바람, 꽃, 나뭇잎으로부터 신의 계시를 받고 있다.

새벽의 바람은 나의 마음이 그대를 영접하게 하기 위해 창문을 두드린다. 그 소리에 나는 깜짝 놀라 당황한다. 그대는 4월의 나뭇잎과 꽃으로 내 마음에 새겨져 있다. 나는 침묵 속에 조용히 앉아 있다.[83]

5) 자연과 그의 전령인 꽃

두 시인에 있어서, 자연의 거대한 시적인 세계를 이루는 요소 가운데에 꽃은 작품 속에서 가장 흔하게 나오며 두 사람을 아주 밀접하게 이어준다. 왜냐하면 두 시인은 꽃에 대한 선호를 저마다 밝혔기 때문이다. 꽃 이외에도 히메네스는 달, 별, 나무, 새, 사계절 등을 자주 사용한다. 또한 새벽을 주제로 잘 사용한다. 새벽의 영감을 받은 시는 히메네스에 있어서 심오한 신비성을 표출한다. 반면 타고르는 앞에서 본 바와 같이 강과 비(雨)에 대한 주제를 강조한 것에서 히메네스와 일치하고 있다. 두 시인의 작품에서 꽃이 자주 언급되는 것은 너무나 우연의 일치이다. 만약 시에서 꽃을 없앤다면 시의 반 이상이 황폐화될 것이다. 이 꽃들은 아주 여러 가지 색조와 다양한 기능을 가지고 있다. 이 꽃들은 미(美), 상징적 가치, 비교적 가치로 표현되고 또한 고통, 사랑, 매혹, 여인 등의 아름다움을 제시하기 위한 다른 시적 요소들과 동일함을 나타낸다. 타고

---

[82] Ibidem. p. 225.
[83] Ibidem. p. 302.

르의 꽃들은 치자나무, 장미, 카담나무, 라일락, 연꽃, 레몬, 대나무 등이며 히메네스의 꽃은 장미, 라일락, 치자나무, 제비꽃, 양귀비, 제라늄, 박하나무, 카네이션 등이다. 꽃에 대한 사랑은 그들로 하여금 번민이나 쾌락에 대해 쉴 새 없이 노래하게 하였다. 그들에게 있어서 꽃은 정적(靜的)인 아름다움 이상의 것이다. 이 아름다움의 이면에 모든 존재, 그중에서 인간의 삶에 대한 비밀이 숨겨져 있다. 봄은 탄생에서 죽음까지의 모든 피할 수 없는 변형으로 상징적 의미를 꽃에 형성시킨다. 그리하여 봄은 희망된 삶과 죽음에 의해 늘 위협을 받고 있는 삶을 가져다 준다. 바로 여기에 이들 시인이 삶의 의미를 알기 위해 봄의 비밀을 알아내지 않으면 안 되는 이유가 있는 것이다. 이 비밀이 바로 그들이 고민하는 영원한 문제인 것이다. 이것에 대해 히메네스는 《일기》의 노래에서 다음과 같이 말하고 있다.

> 나는 오직 봄에서만 살고 싶다.
> 그대들은 바깥에서 봄의 중심이 무엇인지 아는가?
> ― 만약 그대들이 그를 만나러 가면 나의 꿈은 깨져 버린다네.
> 나는 오직 봄에서만 살고 싶다[84]

히메네스는 우주의 비밀과 삶의 움직임의 기원을 관찰할 수 있는 이 봄철에 머물고 싶어한다. "바깥에서 보면 봄이 무엇인지 알 수 있겠는가? 그것을 보려면 바깥보다 안에서 보아야 한다." 히메네스가 봄의 내부에 있으면 타고르는 그의 내부에 봄을 간직하고 있다. 즉, 봄은 그 속에 들어가 있는 것이다.《수확》에서,

> 봄은 나뭇잎과 꽃을 가지고 나의 육신 속으로 들어왔다. 아침마다 꿀벌들이 내 몸에서 붕붕거린다. 또한 바람은 간간히 불어대고 나와 그림자와 놀고 있다.[85]

봄의 전령인 꽃과 나뭇잎은 서로 간에 시인의 육신 속으로 자유스럽게 접근한다. 자연은 전령으로서 봄을 보내고 봄의 가장 전형적인 대표자는 시인의 마

---

*84 J.R.J., Libros de poesía, p. 363.
*85 R. Tagore, Obra Escojida, p. 304.

음을 감동시키기에 충분한 아름다움을 간직한 꽃이다. 이들 두 시인과 자연 사이에는 꽃을 통해서 하나의 상관관계가 성립한다. 타고르와 히메네스가 꽃에 매혹되어 노래 부르고, 그 아름다움을 찬양하고 감정을 표현할 때 이것은 그들의 마음이 꽃과 접촉하여 아주 친밀한 감정을 가졌다는 증거가 된다. 타고르와 히메네스에 있어서 꽃은 두 가지 기능을 가진다. 하나는 삶의 결실을 남기는 기능이다. 향기와 아름다운 색깔의 조화는 꿀벌이 달려들도록 덫을 던져 놓는다. 그리하여 꽃은 열매를 맺고, 열매는 씨앗으로, 씨앗은 식물로 되살아난다. 꽃의 두 번째 기능은 조물주의 메시지를 전하는 것이다. 히메네스의 어휘를 빌리면 그것은 '생의 천계'이다. 타고르는 《추억》의 〈칠월의 저녁〉에서 다음과 같이 그의 생각을 말하고 있다.

> 꽃은 자연에서만 그의 기능을 발휘하지 않는다. 꽃은 인간의 정신에서도 다른 위대한 기능을 가져야 한다. 그러면 그 기능은 무엇인가? 자연에서의 그의 역할은 굳이 말하자면 노예 이외에는 될 수가 없다. 그러나 인간의 마음에서 꽃은 왕의 전령으로 나타난다…… 그래서 꽃은 조물주의 사자이다.[86]

이러한 그의 의견을 확신하기 위해 타고르는 《라마야나(Ramayana)》의 〈시타 (sita)〉와 《람찬드라(Ramchandra)》의 경우를 들고 있다. 자신의 남편에게서 떨어져 나온 시타는 슬픔 속에서 나날을 보냈다. 어느 화창한 날 남편의 사자를 만나서 반지를 받는다. 그리고 곧 남편에게 새로운 여자가 생겼다는 것을 확신하게 된다. 타고르에게서 꽃은 사자가 가지고 온 반지와 같은 가치를 지닌다.

> 그 무렵에 건너 강변에서 전령이 꽃을 가져왔다. 그러고는 우리에게 들으라는 듯이 "나는 여기에 있다"고 불쑥 말했다. 그가 나를 보내었소. 나는 미(美)의 전령이오. 미의 영혼은 사랑의 낙원이오.[87]

히메네스는 내성적인 성격의 소유자이다. 모든 것이 내부에서 나온다. 이러

---

*86 Ibidem. Recuerdos, Plaza & Jamés, p. 211~212.
*87 Ibidem. p. 212.

한 것은 《완전한 계절》에 있는 〈완전한 계절의 전령(Mensajera de la estación total)〉
에 잘 나타나 있다. 이 시에서 히메네스는 나목(裸木)의 푸른 나뭇잎 사이에서
표명되는 내부의 신(神)을 대신하는 전령에 대해 이야기한다. 꽃으로부터 봄을
뜻하는 전령의 영혼이 나온다고 말한다. 푸른 나뭇잎은 여름을 상징하고 빨간
잎은 가을을, 노란색은 겨울을 상징한다. 어쨌든 히메네스는 꽃을 전령의 영혼
으로 간주한다. 다음 시를 읽어 보자.

> 모든 꽃은 그의 육체에서 나왔다.
> 모든 꽃은 그의 영혼에서
> 그리고 푸르고 붉그스름하고,
> 노란 나뭇잎 사이로 나왔다. 나왔어.
> 나목(裸木) 가지 끝의 통로를 통해 가지 끝은 나와 버렸다.
> 그것은 자연으로 가득 찬 집이었다.
> 어디로 왔느냐고? 어디서 왔느냐고?
> 아직 오지 않았어.
>
> 모든 빛을 보아 보려고
> 모든 삶을 비추어 보려고
> 흡족하고 진실된 형태로
> 둥그스름하게 빠진 것 없이
> 잘 빚어진 이것을
> 대지와 대지에 물과 불이
> 복합과 변형으로 이어져
> 우아한 이상적인 띠를 만든다.
> 무지개 빛깔의 요술 거울은
> 바깥에서 바깥으로
> 안에서 안으로 비춘다.
> 완전한 상(像)은
> 감미롭고 힘찬 육체를 낳는다.
> 전반적인 계절의 전령은

몸 하나 하나를 비춘다.

전령이여!
당신의 영광은 온 누리를 비추누나.
당신 자신에게
한 남자에게
모든 영광은 우리에게서 오누나!
그대는 영광 그 자체!
만물은 그대에게 돌아오누나!
그리고 모두 나가는구나.
(전령이여 그대는 존재하고 또 우리는 알고 있다.)*88

위 시의 10–14행 즉, 제 2연은 전령의 방문동기를 표현한다. 그리하여 가능한 한 인생을 빛나게 하고 완전하게 하기 위해 그 인생은 계속되는 것이다. 마지막 세 연 가운데 제 5연에서 히메네스는 모든 일의 핵심과 그 단일성을 노래한다. 이것이 바로 그가 가진 철학의 원 사상이다. 제 5연에 있는 "당신 자신에게/한 남자에게"라고 말하는 것은 타고르에 의해 작성된 카비르(kabir)의 시 한 수를 기억하게 한다. 뒷날 이것은 세노비아와 히메네스에 의해 스페인어로 번역되었다. 카비르의 시는 다음과 같다.

자신이 밝혀졌을 때,
브라마(Brahma)는 시위한다.
숨어서, 땅에 씨앗이 있듯,
나무에 그늘이 있듯,
하늘에 공간이 있듯,
무한(無限)의 그 위에는
유한(有限)이 발을 뻗는다.
인간은 브라마 속에 있고

---

*88 J.R.J., Libros de poecía, pp. 1282~1283.

브라마는 인간 속에 있다.
이들은 언제나 판이하고 또 뭉쳐 있다.
그는 나무요, 씨앗이요, 싹이다.
그는 꽃이요, 열매요, 그림자이다.
그는 태양이요, 별이요, 빛남이다.
그는 브라마요, 인간이요, 마야(Maya)이다.
(……)
조물주는 영혼 속으로 찾아왔다.
한 자, 한 자는 조물주 속에 있다.
그 한 자 속에 있다.
다시 반영이 된다.
카비르는 축복받을지어다.*89

카비르는 이 시에서 우리는 외모상으로 서로 다른 개념을 던져 주는 씨앗, 나무, 꽃 그리고 열매 등을 결합하려는 의도가, 히메네스의 〈완전한 계절의 사자〉와 아주 일치하고 있다는 것을 눈치챌 수 있다. 이러한 것은 《내면적 동물》에 있는 〈내 꽃의 열매〉라는 시에서 찾아볼 수 있다.

내 꽃의 열매는 나다. 오늘,
그대 때문에 친해지고 원하는 신이여,
언제나 푸르고, 꽃 피고, 열매 맺으며,
황금으로, 은으로, 푸른 사파이어로,
다시 온다. (모든 완전한 계절은 한 곳에 있고)
(……)
(씨앗과 함께 언제나 옛날로 되돌아가네)*90

위에서 인용한 히메네스의 시는 꽃의 기능에 있어서 타고르의 그것과 같고 카비르와 같은 점을 보이고 있다. '모든 것은 하나'라는 생각, 즉 브라마, 인간

---

*89 R. Tagore, Entrevisiones de Bengala, op. cit., p. 150.
*90 J.R.J., Libros de poesía, pp. 1299~1300.

또는 마야라는 것은 히메네스의 손을 통해 스페인어로 재탄생한 것이다. 바로 이것은 히메네스에 있어서 매우 의미심장한 일이었다. 그리하여 그는 타고르에 관한 수필에 주석을 달았는데 이것은 《추억》이라는 책 속에 있는 〈7월의 저녁〉에 잘 나타나 있다. 그는 자연에서의 타고르의 교육에 대해 소개를 하며 타고르의 이 점을 흉내 내려 했다. 그것은 다음과 같다.

신비적인 인도 시인, 라빈드라나드 타고르는 벵갈어를 쓰는 지역에서 인기를 끌고 있다. 그가 가진 다양한 직업 가운데 하나가 선생이다. 고전 시대와는 달리 그의 개방 학교에서는 케케묵은 관습은 전혀 찾아볼 수 없다. 학생들은 급우들과 산보를 하거나 나무 그늘 아래에서 그와 함께 앉아 강의를 경청한다.

히메네스는 제 1기부터 꽃의 신비성과 아름다움에 매혹되어 '천체(天體)의 꽃', '요술쟁이 꽃', '신비의 꽃' 등의 단어를 써 왔다. 꽃은 시인의 후기 낭만적 영혼의 멜로드라마와 애절함을 표현하기 위해 매우 자주 쓰였다.

그 예로 꽃에 대한 무관심의 승화는 《일기》의 〈완전한 계절〉에 잘 나타나 있다. 그 많은 꽃 가운데에서 장미는 시인의 서정적 생활에서 불가분의 정신적 동반자로 존재한다. 타고르가 말한 것처럼 만약 꽃들이 미(美)의 사절단이라면 우리에게 그만한 즐거움을 주는 이러한 사자들은 찬양을 받을 가치가 있는 것이다. 뿐만 아니라 타고르의 작품에는 꽃의 종교성까지도 나타나 있다. 특히 《기탄잘리》에서는 신이 인간에게 꽃을 보내고 인간들은 신을 찬양하기 위해 꽃을 바친다. 꽃이 인간과 신을 연결한다. 육지에 있는 꽃 또한 인간과 함께 신을 찬양한다. 타고르는 《기탄잘리》에서 말한다.

꽃은 향기로 공기를 순화한다.
그러나 궁극적인 목적은 그대에게
바치기 위한 것이다.[91]

---

*91 Ibidem. Obra Escojida, p. 236.

꽃 외에 나무도 역시 사랑의 연속적인 대상이요, 두 시인의 숭배물이며 수많은 시를 나오게 한 영감의 공급자인 것이다. 《미루나무 언덕》에서 삼나무, 미루나무 등의 나무는 시의 영혼이다. 《슬픈 아리아》의 한 시에서 히메네스는 나무에 핀 꽃이 아름다운 처녀가 사는 이웃집 창문을 가리게 되자, 그 나무를 증오한 한 시인 때문에 가슴 아파하고 있다.

> 나의 눈물은 시구(詩句) 위로
> 굴러 떨어졌다.
> 봄바람의 화환이
> 흐느끼며 저주한다.
> 그 시구는 미를 장식하는
> 나무를 증오한다.
> 아름다운 여인의 창문을
> 꽃이 가리기 때문에[*92]

《잔잔한 고독》에서 히메네스는 선망의 눈치로 나무에게 질문한다. "어느 분이 당신의 향기를 꽃피워 줍니까? 어느 분이 당신의 기적의 영원성을 부여하였습니까? 어느 꿈이 당신 극치의 미를 하나님과 이어 줍니까?" 나아가서는 나무 앞에서 고함지른다. "나는 고목(古木)을 좋아한다." 한편 타고르는 《길 잃은 새(Pájaros perdidos)》에서 "나의 심장이여 뜀을 멈추어라. 이 위대한 나무의 연설이 있을지니!" 하고 그의 감정을 이야기한다. 《플라테로와 나》에서 꽃은 어린이들처럼 나귀와 시인의 절친한 친구이다. 이 책에 있는 〈담장의 나무(El árbol del Corral)〉에서 히메네스는 아카시아나무가 시에 있어서 최상의 버팀대라고 쓴다. 나무는 시를 낳게 하고 뮤즈신의 깨끗한 손으로 빚어 나오는 시구처럼 향기롭고 우아하다. 그러나 히메네스는 《플라테로와 나》에서 이 아카시아나무가 나무임에도 불구하고 아무 의미를 가지고 있지 않다고 못내 아쉬워한다. 이 시집 가운데 〈길〉(당초무늬 장식)에서 나무는 시의 핵심이다. 《영혼의 소네트》에서의 〈높은 나무〉, 《일기》에서 〈조용한 나무〉, 《완전한 계절》의 〈충실한 자리〉 등에는

[*92] J.R.J., Primeros Libros de poesía, p. 272.

시 속에 나오는 식물 세계의 무한성이 시를 더욱 빛내 주고 있는 것이다.

타고르의 아버지인 마하르시(Maharshi)가 묵상의 장소로 선택했던 산티니케탄(Santiniketan)은 타고르의 노력으로 인해 신비한 나무로 가득 찬 아름다운 공원으로 화했다. 타고르는 생전에 시를 짓는 한 과정으로 묘목을 심는 날에는 언제나 하나의 자그마한 의식을 거행했다. 그리하여 초라한 그의 집 앞에는 커다란 붉은 꽃이 열리는 시물(Shimul)이라는 아름다운 목화가 우아하고 신비스러운 자태의 가지를 가지고 있었다. 이 나무와 꽃의 이름은 그의 시에서 가장 많이 나타나고 있다.[*93]

6) 고향

한 인간의 자연에 대한 사랑은 보통 그 자신이 태어난 고향에 대한 사랑에서 그 원류를 찾아볼 수 있다. 이러한 현상은 아주 인간적이기 때문에 우리는 이들 두 시인에게서도 그것을 찾아볼 수 있겠다. 히메네스는 《플라테로와 나》에서 모게르를 주제로 한 수많은 시를 써 냈다. 히메네스에 있어서 모게르는 즐거움, 고통, 영원한 사랑을 느끼게 하는 요인이다. 모게르는 그의 사랑하는 친구들과 어머니와 형제가 있던 곳이다. 모게르의 경치는 평화롭고 무한한 어머니의 사랑으로 그를 감싼다.

> 여기에 나는 박혀 있다!
> 여기서 편안히 죽고 싶다!
> 일몰에 쫓겨 바로
> 이곳에 있고 싶다!
> 모게르, 일어나라, 성자여!
> 모게르, 나의 어머니, 형제들이여![*94]

고향을 떠날 때 그는 노스탤지어의 고통을 못 이겨 그것을 노래한다.

> 나는 돌아가지 못할 것이다.

---

*93 Ibidem. Obra Escojida, p. 986.
*94 J.R.J., Libros de poesía, p. 222.

이 밤에

그는 죽어서나 돌아올 정처 없는 여행을 떠난다.

나는 간다네, 새들이 지저귀는 곳을 찾아서
내 과수원은 초록빛 머금은 나무와 하얀 빛을 띤 우물로 남을 것이다.
오후에는 언제나 파랗게 빛나는 하늘이 노래할 것이다.
종루의 종각을 두드리면서
나를 사랑하는 이들은 사라질 것이다.
동네는 해마다 새 동네로 하얀 꽃이 덮인 내 나무의 한 구석에서
내 영혼은 방랑의 길을 떠난다……[95]

만약 타고르가 세계적인 시인이라면 동시에 벵갈의 시인임에도 틀림이 없다.
그는 벵갈의 쏟아지는 빗줄기, 수확, 봄의 아름다운 경치를 노래한다. 또한 강,
논, 대나무 숲에 숨겨진 마을이 지닌 침묵의 비극과 숨겨진 영웅성을 노래한다.
이 모든 것을 타고르는 존재의 심연으로부터 느낀다. 고향에 관한 타고르의 유
명한 시 가운데 하나인, 황금빛 벵갈을 뜻하는 《소나르 방글라(Sonar Bangla)》는
타고르가 벵갈의 민요형태에 어울리는 리듬과 문자로 쓴 것으로 이 나라의 곳
곳에서 읊어지고 있다. 이 시의 한 부분을 보자.

나의 소나르 방글라, 나는 너를 사랑한다.
너의 하늘과 너의 미풍은
내 가슴에서 플루트를 분다.
봄철에 망고 숲의 향기가
나를 상쾌하게 한다.
나를
가을에 너의 들판은 곡식으로 가득 찬다.
너의 미소는 어찌나 감미로운지![96]

[95] F. Garifas, Juan Ramón Jiménez(Taurus, 1958), p. 140.
[96] Majorie Sykes, Rabindranath Tagore(Longmans, Green & Co), pp. 39~40

두 시인의 자연에 대한 개념은 거의 일치하고 있다. 타고르와 히메네스는 자연과 공존했고 자연과 함께 행복한 감정을 작품 속에 노래한다. 이들은 인간에게 엄청난 영향을 끼치는 자연에 숨겨진 힘의 존재를 확신하고 있었다. 이러한 힘은 인간의 영혼과 언제나 교감하고 있다. 작품에 나타난 히메네스의 자연에의 침투는 고도로 의도화되어 있고 때때로 타고르보다 더 우월하기까지 하다. 자연과의 융합을 추구하는 시인의 의지는 히메네스의 노래에 엿보인다.

그것을 나는 시험해 보았다.
그것이 무엇이든지 자연에는 힘이 있다. 마력이랄까. 또 그 힘은 누구에게나 확신을 준다. 이것이 바로 나의 온 생애를 통해서 얻은 점이다. 나의 모든 인생은 이 거대한 확신을 실현하기 위한 것이다.[97]

히메네스의 신비적인 경험은 타고르에게도 똑같이 실현된다. 그의 생생한 증거는 야외에서 행해진 산티니케탄 학교에서 보이는데, 이것은 이 학교 창조자의 사상을 따라서 삼라만상이 하나로 결합되고, 이 하나는 영원한 정신에 의해 지배를 받으며, 이 정신은 자연이 표명하는 것을 가지고 영혼의 완전함을 가장 잘 실현하는 것이라는 것을 학생들에게 가르친 것이다. 1931년 타고르는 숲의 소리를 뜻하는 《바나바니(Vanavani)》라는 제목의 시집을 출판했다. 이것은 식물도 인간과 마찬가지로 인생에 대한 반응을 가지고 있다고 주장하는 그의 친구인 자가디스 춘데르 보세(Jagadis Chunder Bose)[98]라는 자연학자에게 바친 시집이다. 이 책은 온통 푸른 대지에 대한 찬송으로 가득 차 있다.

그의 마지막 책인 《욕망받는 신과 욕망하는 신》에서 히메네스는 자연의 내부에 침투해 거기서 그 비밀을 읽어 내려감을 노래하고 있다. 〈지상의 대지(La tierra de los terrnales)〉에서 자연과의 긴 여정에서의 승리를 노래한다.

나는 지금 둘러싸여 있다.
꽃과 사랑에 빠진 새에 의해

---

[97] J.R.J., Estética y Ética Estética, op. cit., pp. 222~223.
[98] 그는 Plant Autographs and their revelations에 자신의 연구의 정수를 요약해 놓았다.

생생하고 면전에서 분배되며
비밀리(손에 의해) 튕긴
복잡한 혼란 속에서 해독된
삶과 죽음의 사랑을 받은
자연의 알맹이 속에서 일하는 인간들의 두근거리는 사랑에 의해서,*99

두 시인에게서 보이는 자연의 세계는 사물의 영혼에 대한 인식의 결과이다. 이 영혼은 우주 자체이며 자연과의 교감이요, 그의 끊임없는 사랑인 것이다. 타고르와 히메네스는 이 영혼을 보았고, 그 영혼 속에서 신앙을 가지게 되었고 그 영혼을 노래했다. 이 우주적인 영혼은 두 시 세계의 내면화 과정에서 불가분의 동반자가 되었다.

이 글은 두 시인에 관한 더 깊은 이해를 위하여 〈히메네스와 타고르의 시 세계 비교〉《세계 문학속의 동양사상》 김현창 저, 서울대학교 출판부)에서 인용 게재 합니다.

---

*99 J.R.J., Dios deseado y deseante(Aguilar, Madrid,1964), pp. 204~205.

동양의 시선으로 후안 라몬 히메네스 시 세계를

1. 히메네스 작품 세계

후안 라몬 히메네스의 작품들은 대략 4기(期)로 나누어 분류되는데 최초의 작품들은 모더니즘의 영감을 보여 주고 있다. 이 시기(1901~1915)도 두 개의 과정으로 나뉘는데 첫 번째 과정은 희미한 음악성, 흐린 색깔과 향수적인 감정이 지배하는 것 등으로 특징지워진다. 비록 모더니즘과 함께였지만 황홀과 향수적인 면을 얻기 위하여 지나치게 화려하거나 찬란하며 음악적인 요소들은 배제하였다. 두 번째 과정은 1908년 무렵인데 열정적이거나 젊은 것과의 결합을 추구하며 표현의 풍성함과 색깔의 찬란함 등이 나타난다. 이 시기의 대표작들로는 《슬픈 아리아》(1903), 《머나먼 정원》(1904), 《목가》(1905), 《봄의 발라드》(1907)와 《비가》(1908), 《소리 나는 고독》(1908), 《미로》(1911) 등이 있다.

1916년에 《갓 결혼한 시인의 일기》가 출판되면서 후안 라몬은 매우 독창적인 시를 쓰기 시작하여 새로운 시기를 맞는다. 모든 공허를 없애고 사물에 알맞은 이름을 주기 위한, 소박하고도 벌거벗은 표현을 추구하면서 모더니즘적인 장식적 요소들이 사라진다. 시적 본질이 아닌 것은 모두 없애려는 점진적 노력을 한다.

《영원》(1918), 《돌과 하늘》(1919), 《아름다움》(1923) 등의 후기 작품에서는 새로운 스타일의 완성을 보여 주고 있다. 미국에서 출판된 마지막 책들 가운데 《완전한 계절》(1946)에서 그 절정을 엿볼 수 있다.

《내면적 동물》(1949)에서는 형이상학적인 생활 경험을 표현하는 특이한 시도가 있다. 그의 마지막 작품이며 신비주의적 걸작이라 할 수 있는 《욕망받는 신과 욕망하는 신(Dios deseado y deseante)》은 근대 서구 문학사상 불가사의한 작품이 아닐 수 없다. 이 작품에서 그는 일생을 추구한 시의 발견 즉, 자신의 발견을 노래하고 있으며 이는 하나의 오도송(悟道頌)이라 할 수 있다. 우주와 나와의 합일을 노래한 것이다. 그는 1936년도 이전 세대에게 결정적 영향을 행사했다. 그의 섬세한 감각과 끊임없는 완성, 그리고 미에의 도전은 근대 에스파냐 서정시를 모더니즘의 위험으로부터 구할 수 있었고, 스페인 시의 새로운 영광스런 시기로 인도하는 길을 발견할 수 있었다.[1]

2. 자아 실현과 우주

인간의 실재는 유한과 무한으로 이루어져 있다. 본질에서 무한하고 외면으로 유한한데 이 외면은 실재의 증표인 것이다. 언뜻 보면 서로 역관계에 있는 듯한 유한과 무한, 일시적인 것과 영원한 것의 조화는 자기 완성을 추구하는 이들에게는 가장 중요한 과제가 아닐 수 없다.

물리적인 한계에 의해 조건 지어져 있는 인간은 역시 제한된 정신적 자유와 생명의 한계에 맞닥뜨리고 있는 것이다. 여기에서 인간은 유한으로부터의 해방과 더불어 무한으로의 도전을 하게 되는 것이다. 바로 이것이 인간의 '다르마(Dharma)'이며, 이 다르마야말로 바로 인간의 자연이며 실재이며 본질인 것이다. 인간은 스스로의 에고(ego)로부터 자유를 쟁취하기 위하여 의식적인 노력을 해야 한다. 바로 여기에 구원이 있는 것이다. 에고로부터의 해방, 즉 진정한 자아의 발견은 후안 라몬 히메네스가 일생을 통하여 추구한 것이며 그의 시는 자아를 추구하는 한 길이었다.

후안 라몬의 완전을 향한 추구욕은 그의 청년기로부터 시작되어 말년에 이르기까지 이어졌다. 후안 라몬은 인간이 생활하면서 처해 있는 한계를 인식하고 있다. 그러면 어떻게 이 한계를 극복할 것인가가 커다란 문제였다. 여기에서 그의 내면의 성찰이 시작된다. 즉 그는 자기 완성의 출발점을 자아에 두고 있다. 후안 라몬은 나 속에서 나를 찾아 하나로 합쳐질 때까지 투쟁을 계속하였다. 시인은 이미 어려서부터 자기 내면에 있는 보물을 투시하여 보고 있었는데 바로 이 발견이 그의 명상의 원인이 되기도 했다. 그는 그의 유년 시기를 다음과 같이 기억하고 있다.

---

[1] J. García López, Historia de la literatura española(Barcelona, 1969), pp.620~623.

영혼은 보물, 남들이 모르는 보물이 되어 부드럽게 빛을 내니 그 빛이 눈과 몸짓과 침묵을 통해 투명하여짐에 모든 사람들이 무슨 일인가, 왜 침묵하는가 물어 오는 것이었다. 나는 이 보석을 결코 유희로써 파괴하지 않고 경외심을 갖고 내면에 지니고 다녔는 바 이는 화합과 정감의 무의식적인 전주였다.[*2]

이 숨겨진 보석을 내면에 지니고 있음을 인식하며 시인은 자기 탐구에 더욱 박차를 가한다. 후안 라몬은 자신의 내면에 존재하는 무한에 대해 말한다.

그대는 멀리, 그대로부터 멀리,
나는 나 자신에 더욱 근접하고,
그대는 밖으로 대지를 향하고
나는 내면의 무한으로 향하네.[*3]   — 《여름》에서

후안 라몬에게 있어서 무한에의 길은 내면을 향한 길이다. 그리고 '나'는 무한과 자유의 핵심이 된다.

너무 뛰지 마시오. 서두르지 마시오.
당신이 가야 할 곳은
단지 당신 자신입니다[*4]   — 《영원》에서
그래서 '나'의 세계 속에서 삶의 희열과 자유를 느낀다.

나는 나의
중심에서
삶을 자유로이 누린다.[*5]

---

*2 Juan Ramón Jiménez, Por el cristal amarillo, pp. 143~144.
*3 Juan Ramón Jiménez, Libros de Poesía(Aguilar, Madrid 1959), p. 186.
*4 Ibidem, p. 586.
*5 Ibidem, p. 638.

그의 많은 시에는 두 개의 '나'가 노래한다. 첫째의 '나'는 유한한 실재에 나타난 죽음을 전제하는 '에고'인 '나'요, 둘째의 '나'는 진정한 '나'이며 불멸의 '나'이고 침착하며 초월적인 지고한 양심이다. 《영원》에서의 〈나는 내가 아니다〉와 《돌과 하늘》에서의 〈나와 그리고 나〉는 이원적인 나를 표현하는 대표적인 시라 할 수 있다. 이 두 개의 '나'가 충돌을 일으킨 뒤에 무한한 나, 즉 초월적인 '나'가 나타나며 바로 이 '나'가 우주의 영혼과 만나 합일을 이루게 된다.

후안 라몬에게 있어서의 놀라운 자질은 그의 자아 추구의 과정에서 나타나는 신중성이라 할 수 있다. 히메네스는 '나'에 관한 조급한 결론을 삼간다. 그는 놀라운 인내력을 갖고 조심스럽게 '나'를 다룬다. 그는 그의 명상의 결과에 결코 만족할 줄을 모른다. 만족했다 해도 곧바로 불만을 느낀다.

> 날마다 나는
> 나다. 그러나 얼마나 적은 날에
> 나는 나인가.
>
> 날마다 그대는 나에게 말을 한다.
> 그러나 나는 얼마나 적게
> 그대의 목소리를 듣는가.[6]

《우파니샤드》에 의하면 우주의 본심과 신의 양식(良識)으로 이르는 열쇠는 인간 영혼이다. 고로 숭고한 자유를 실현하는 첫 단계는 우리의 유한한 점을 알아야 한다. 나 속에 있는 무한과 우주적인 것은 시간과 공간 속에서 한정할 수 있는 것이 아니다. 그것은 지속적인 것이며 지속적인 성장이다. 이 지속적인 성장을 위하여 후안 라몬은 차츰 더 광대무변한 '나' 속에 빠져든다. 이러한 시인을 일컬어 호세 앙헬 발렌테(José Ángel Valente)는 말한다. "시인이 우주로 향한 출발은 자기 자신 속으로의 거대한 진입이다." 이 출발은 신비주의와는 순수한 색조상의 일치일 뿐이다. 이는 실로 한 인간 영혼의 또다른 하나의 대모험이라 말하지 않을 수 없다. 시인 속에서 시작되어 시인을 통과하며 시인에서

---

*6 Ibidem. p. 606.

끝나는 부동(不動)의 대여행인 것이다.*7 이 시인의 부동의 여행은 동시에 가장 동적인 여행이기도 하다. 이는 우주로 향한 무한의 여행과도 같은 것이다.

3. 후안 라몬의 신과 그 문제점

후안 라몬은 그의 작품에서 서구의 전문가들에게 불가사의한 일면을 제시한 시인으로 유명하다. 그의 많은 평론가들이 의견일치를 보지 못한 것은 바로 그의 작품에 나오는 소문자로 된 신(神 dios)이다. 특히 철학적 종교적 성향을 짙게 보인 시인, 후안 라몬이므로 그의 작품에 나타나는 신의 문제는 모든 평자들의 주의를 끌어 모으기에 족하였다. 그의 신에 관한 여러 평론가들의 견해를 종합하여 보면 대략 크게 세 가지로 나눌 수가 있다.

첫째는 후안 라몬의 신을 기독교의 신으로 받아들이는 견해요, 둘째는 히메네스를 이상주의적 범신론자로 보는 견해요, 셋째는 단순히 서정적인 신 혹은 시 정신으로 보는 견해이다.*8

또한 시에서의 신의 문제는 신학적인 문제와 직결되므로, 이에 적지 않은 신학자들이 히메네스 시 속에서의 소문자 신의 문제를 가톨릭 신학에 비추어 비교하였다. 그러나 이들 신학자들은 모두 그 견해를 달리함으로써 소문자 신이 제시하는 난문제의 해결을 더욱 어렵게 하고 있다. 이들 가운데 대표적인 세 사람의 의견을 고찰하면 첫째, 예수회 신부인 세페리노 산토스(Ceferino Santos)가 있다. 그는 그의 글 〈후안 라몬 히메네스에 있어 시적 내면 추구의 진화 과정〉에서 후안 라몬의 신이 범신론과는 무관하다는 주장을 하고 있다.*9 둘째, 예수회 신부인 페르난도 히메네스(Fernando Jiménez H. Pinzón, 시인의 조카) 또한 그의 글 〈후안 라몬 히메네스, 원해지고 원하는(Juan Ramón Jiménez, Dios deseado y deseante)〉에서 후안 라몬은 플로티노스 학파에 속한다고 볼 수 있는 일부 기독교 성자들과 비슷한 기독교, 혹은 테이하르 드 샤르댕의 사상과 서로

---

*7 Guillermo Díaz-Plaja, Juan Ramón Jiménez en supoesía, p. 43.

*8 이 점에 관한 뛰어난 저서로는 예수회 신부 사스 오로스코의 논문인 《Dios en Juan Ramón》 (후안 라몬의 신)이 있다(Editorial Razón y Fe, Madrid).

*9 Ceferino Santos, Humanidades, Universidad Pontificia de Criollos, 1957.

통하는 신관(神觀)을 갖고 있다고 설파하고 있다. 셋째, 예수회 신부인 사스 오로스코(Saz Orozco) 또한 스피노자의 전통적 범신론에 새로운 형식을 부여한 칸트로부터 출발하여 피히테, 셸링, 헤겔 등의 이상주의 철학과 연관을 가지고 있다고 주장하면서도 그러나 히메네스의 범신론은 물리적이며 객관적인 실재와 신을 동일화하는 일원론적 범신론은 아니라고 한다.

4. 동양사상 특히 신과 히메네스

이렇게 일반 문학 평론가는 물론 신학자들 간에도 많은 이견을 갖게 한 히메네스의 소문자 신의 정체는 무엇인가? 필자는 이 후안 라몬의 신을 동양사상에 조명하여 풀이를 시도하여 본다. 블리드(R.H. Blyth)는 일찌기 동양사상을 정의하여 한국인, 중국인, 일본인, 인도인이 세계를 보는 관점이라고 하면서 한국인들의 독립 정신, 중국인들의 현실적인 감각, 일본인들의 간소화 성향, 인도인들의 자아 초월 등 네 정신의 결합이 바로 동양 정신이라 말한 바가 있다. 이 글에서 동양 사상이란 바로 이 네 나라의 사상을 지칭하고 있음을 지적한다.

후안 라몬의 생애와 그의 시를 보면 너무나 동양사상과 비슷한 점이 많으며 동양 사상 가운데에서도 특히 선(禪)과 비슷한 점이 많다는 것이다. 주지하는 바와 같이 불교는 인도에서 형성되어 중국에 들어와 특히 도교와 상호 영향을 주고받으면서, 인도와는 또 다른 조사선(祖師禪)으로 발전하였고 이어 한국과 일본에 전파되어 저마다 크게 꽃을 피워 토착화된 사상이다. 선의 특징은 자아를 핵(核)으로 하여 각(覺)을 추구하는 것이다. 참선의 중심체는 '나'이다. 부처도 내 속에서 찾는 것이다. 후안 라몬에게는 이러한 자기가 중심이 되는 정신 집중의 노력이 일생을 통해 이어진다. 그는 그의 초기의 시에서,

정신 집중, 정신 집중
마지막 중심(中心)의 소리를 들을 때까지
더 멀리 나의 나에게로 이어지는 중심에,
전체 속으로 나를 포용하는 중심에

정신을 집중한다.[10]

그의 시 속에 무수히 되풀이되고 있는 '나'는 이기적 부동(不動)의 나를 이겨 내려고 부단한 노력을 하는 나이며 나아가서 우주와 합일하려는 '나'인 것이다. 후안 라몬은 자기의 진면목을 알기 위해 정신 집중하려는 노력을 하는 바, 이는 후안 라몬의 시와 사상을 해설하는 데 중요한 관건이 되는 것이다. 시집《완전한 계절(Estación total)》에 나오는 〈하나가 되는 것(El ser uno)〉에서 시인은 이 점을 분명히 하고 있다. 즉 첫 절에는 절대적인 정신 집중이 무엇인가를 말하고 있다.

아무것도 밖으로부터 내게 침입치 말라. 오로지 나 홀로 내면의 소리를 듣게 하라.
나는 내 마음의
신(神)이다.[11]

둘째 절에서도 전체가 무엇인가를 말하고 있다.

나는 모두다. 황혼과 여명,
사랑과 우정, 삶과 꿈.
나 홀로
우주다.

부처는 그가 탄생하였을 적에 '천상천하 유아독존'이라고 하였다. 석가모니의 이 말은 역설적이면서 매우 이기적인 것 같으나, 선에 있어서의 '나'의 철학을 잘 말해 주고 있다. 즉, 종교적 수련은 나 자신으로부터 출발한다는 점, 내 속에 견성 성불(見性成佛)할 수 있는 모든 가능성과 잠재력이 있다는 점이며 견성성불할 수 있는 나를 가지는 것 자체가 하나의 광영(光榮)이라는 사상과 합일(合一)하는 것이다.

---

[10] J.R.J., Libros de poesía, p. 848.
[11] Ibidem, p. 1232.

《영원(Eternidad)》에서 후안 라몬은 집요하게 자기실현의 과정을 노래하고 있다. 시인은 밤낮으로 자신을 만들고 있으며 자기 자신을 더 크게 만들어 전체가 될 수 있다는 신념을 표현하고 있다. 즉 유한한 나로부터 영원한 나로 발전하는 것이 즐거움이며 영광이라는 것이다. 여기 그의 이런 사상을 잘 표현하고 있는 시를 읽어 보자.

나 홀로 신(神)입니다. 아버지 어머니여,
나는 밤낮으로 새로 내 취향에
맞게 나 자신을 만듭니다.
나는 더한 내가 될 것입니다. 왜냐하면 나 스스로를 갖고 나를 만들기 때문이죠.
오로지 나하고 함께 한
아들, 형제, 동시에 어머니
아버지, 신.

나는 전체(全體)가 될 것입니다.
나의 영혼은 무한하기 때문이지요.
나는 결코 죽지 않을 것입니다.
내가 전체이기 때문이지요.

이 새로운 의지로서
나 자신을 갖고 영원한 나를
만든다는 사실이
이 얼마나 큰 영광이며
희열이며
기쁨인가요.*12

후안 라몬에게 있어서 시의 옷을 벗기고 시를 순화한다는 사상은 나 자신

---

*12 Ibidem. p. 647.

을 순화한다는 말이 된다. "시인의 비극은 세상을 노래로써 풀이하는 데 있다."[13]고 후안 라몬은 말한 적이 있다. 세상의 옷을 벗기기 위하여는 먼저 자신의 신비를 풀어야 한다. 후안 라몬은 그의 시에 대한 체험을 다음과 같이 기록한 적이 있다.

> 나는 단순하게 시작하였다.
> 그 다음에 복잡해졌다.
> 그 뒤에 다시 단순으로 돌아왔다.
> 그러나 물론 다른 유의 단순이다.[14]

이처럼 고백하면서 그 체험을 다음의 유명한 시에 담았다.

> 처음에는 순진의 옷을 입고
> 순결하게 다가왔다.
> 그래서 나는 그녀를 아기처럼 사랑하였다.
>
> 그러고는 그 무슨 옷인지
> 이름도 알 수 없는 옷을 많이 입기 시작하였다.
> 그때 나는 왠지 모르게 그녀를 증오하기 시작하였다.
>
> 그녀는 보석으로 화려하게 단장을 한 여왕이 되었다…….
> 아! 쓰라린 분합이여, 무의미함이여!
>
> 그런데 그녀는 옷을 벗기 시작하였고 그래서 나는 그녀에게 미소를 지었다.
> 그리고 그녀는 속옷을 벗어 던지고 알몸으로 나타났다.
> 아! 내 생애의 정열.

---

[13] J.R.J., Estética y Ética Estética, p. 319.
[14] Ricardo Gullón, Conversaciones con Juan Ramón Jiménez(Taurus, Madrid, 1958), p. 240.

알몸의 시여! 영원한 나의 시여!*15

선가(禪家)에 널리 알려진 다음의 말은 히메네스의 체험과 서로 통하는 데 가 있다.

　　내가 처음으로 선을 시작하였을 때는 산은 산이었다. 그러나 내가 선을 깨쳤다고 믿었을 때는 산은 산이 아니었다. 그러나 선의 진정한 의미를 알게 되니 산은 다시 산이었다.*16

육조(六祖) 혜능(慧能)은 어느 날 펄럭이고 있는 깃폭에 관해 논쟁을 벌이고 있는 두 승려를 만났다. 한 사람은 깃폭이 움직인다고 주장하고 다른 사람은 바람이 움직인다고 고집하고 있었다. 이 논쟁의 장면을 지켜본 혜능은 다음과 같이 답을 했다.

　　그것은 바람의 움직임도 아니며 깃폭의 움직임도 아니고 당신들의 마음 의 움직임일세.*17

후안 라몬은 그의 전성기의 시집 《아름다움》에서,

　　청초하고 어여쁜 나뭇가지들이여
　　마지막 바람에 흔들려 움직이는 것은 그대들이 아니고 나의 마음이라 네.*18

또 그의 《완전한 계절》의 〈나의 마음이라네〉란 시에서 《아름다움》에서와 같 은 내용을 노래하고 있다.

---

*15 J.R.J., Libros de poesía, p. 555.
*16 D.T. Suzuki, Zen and Philosophy, p. 240.
*17 육조단경(六祖壇經), 법보원, 서울. P. 24.
*18 J.R.J., Libros de poesía, p. 999.

개울의 풀을 짓밟고 흐르는
황금의 물이여,
흐르는 것은 그대가 아니고
나의 마음이라네.

신선하고 자유로운 날개들이여
푸른 무지개에 깃을 펴는 것은
그대들이 아니고
나의 마음이라네.

보드랍고 붉은 나뭇가지들이여
순풍에 흔들리는 것은
그대들이 아니고
나의 마음이라네.

높고 맑은 물소리들이여
저 석양에 울려퍼지는 소리는
그대들의 것이 아니고
나의 마음이라네.[19]

후안 라몬은 육조 혜능을 알고 있었는가? 1968년 필자가 후안 라몬의 고향 모게르(Moguer)를 찾았을 때에 그의 옛 서재에서 1919년에 출판된 오카쿠라의 《다도(The Book of Tea)》를 발견했다. 이 책 속에는 위에 인용한 육조의 일화가 실려 있다. 그렇다면 언제 히메네스가 이 책을 샀을까? 아마도 1919~1920년 무렵일 것이다. 이즈음 후안 라몬은 라고르를 번역하고 있었고, 이로 인해 1919년에서 1923년에 걸쳐 동양 문학, 종교, 철학서들을 많이 사들였다. 그런데 《아름다움》은 1917~1923년 사이에 쓰였다. 그러니 후안 라몬이 육조를 읽었다는 것을 배제할 수가 없다. 그러나 《아름다움》과 《완전한 계절》에 실린 위의 시들은

---

[19] Ibidem. p. 1226.

그 시기의 시적 분위기에 잘 맞는 시이며 더구나 《갓 결혼한 시인의 일기》를 보면 두 시는 조금도 그 분위기에 있어서 어색한 시가 아님을 알 수 있다.

선종(禪宗)의 간결성, 부조리, 권위, 삶의 적극적인 긍정, 비자아적(非自我的) 색채, 순간성, 갑작스러움 등은 선가(禪家)의 특징을 이룬다고 할 수가 있다. 각(覺)에 의해 성취한 지식은 모든 논리적 논증을 뛰어넘는다. 위에 지적한 돈오(頓悟)의 경지가 제시하는 특징은 후안 라몬의 시에 뚜렷하게 나타나고 있음을 우리는 발견하게 된다. 후안 라몬에게 특히 나타나는 선적 특성 가운데 비합리성, 직관적인 예민성, 순간적인 것, 갑작스러움 등이 대표적인 예다.

후안 라몬의 시는 《갓 결혼한 시인의 일기》로부터 간절해지기 시작한다. 특히 이 '일기'는 직관적이고, 자연스럽고, 순간적이며 급작스러운 요소가 두드러지게 나타나는데 이런 특성은 《완전한 계절》까지 이어진다. 히메네스는 모든 위대한 시는 간결하다고 말하며 명상에서 겪는 황홀경도 순간적이기 때문이라고 설명하고 있다. 그는 시란 '여명의 한 이슬방울'이라고 말한 적이 있다.

위대한 시는 언제나 간결하다. 황홀감이란 길게 이어질 수 없는 것이고 또 그럴 필요도 없는 것이다. 왜냐하면 영원이란 꿈속의 꿈처럼 한순간에 내포되어 있는 것이기 때문이다.[20]

워즈워스는 이를 일컬어 시간의 점(點)이라 했다. 이 순간이란 어떤 신비적 이유로서 특별한 의미를 부여받은 것이다. 시인이 받는 인상은 깊고 얕을 수가 있다. 그러나 여기서는 무엇인가 착각을 불허하는 분명한 것이 있다. 이런 순간을 포착하는 것이 간결한 시를 노래함이요, 선인 것이다. 후안 라몬에 의하면 말할 수 없는 것에 대한 명상의 상태가 범신론(汎神論)이요, 신비주의요, 사랑이며 교류이며 발견이며 자연의 포착이며, 보이는 실재의 포착이다. 이원적 전체에서의 그의 절대적 그늘은 이원적 무(無)가 되는 것이다. 이러한 상태에서의 인간의 성향은 정감, 사상, 어조인 것이다. 그 결과는 침묵되든지 기록되든지 우주적인 감격인 것이다.[21] 우리가 안다고 생각하는 실재와 모른다고 믿는 초월적인 것에 관한 우리의 명상과 창조로 인해 시는 깊고도 내밀하게 우리의

---

[20] Juan Ramón Jiménez, El trabajo gustoso(Aguilar, Madrid 1961), p. 49.
[21] Ibidem. pp. 36~37.

내부에서 합일하는 것이다. 이런 실재와 초월적인 것에 대한 우리의 명상과 창조는 시와 우리의 합일을 가져온다는 히메네스의 말은 우리 내면에서 말로 할 수 있는 것과 없는 것, 현상으로 나타나는 것과 초월적인 것의 결합을 실현한다는 것으로 이는 선(禪)의 공사상(空思想, Sunyata)과도 일치하고 있다. 공(空)은 내재도 아니요, 초월도 아닌 두 가지가 동시에 하나로 된 상태이다. 즉 색즉시공(色卽是空), 공즉시색(空卽是色)인 것이다.

5. 후안 라몬의 시와 하이쿠

역사적인 견지에서 보면 하이쿠(俳句)는 동양 사상의 꽃이라 할 수 있다. 선(禪)의 특성인 간결과 순간성이 바로 하이쿠의 특징인 것이다. 모든 선시(禪詩)와 선구(禪句)들은 하나같이 간결하다. 그러므로 하이쿠도 선시의 일종이라 할 수 있다. 실제로 일본 근대 하이쿠의 창시자 마쓰오 바쇼(松尾色焦 1644~1694)는 선승(禪僧)이었다. 하이쿠는 선의 형태를 가지고 있다. 그러나 하이쿠가 언제나 선은 아니다. 왜냐하면 하이쿠는 하나의 문학 형태를 이루고 있기 때문에 종교적인 고행이나 참선을 하지 않고도 이를 쓸 수 있기 때문이다. 서구의 하이쿠 평론가들은 하이쿠의 특성을 간결성과 암시적인 힘으로 들고 있다. 그 대표로서 바실 헐 챔버린과 폴 크로델을 들 수 있다. 후안 라몬의 시에 관해 그 시의 간결성, 직관성을 평자들은 지적하고 있다. 기예르모 토레(Guillermo Torre)는 모든 수사학적인 것을 배제한 직관적인 간결한 시가 후안 라몬의 안달루시아와 아랍적이며 동양적인 특성인 것 같다고 평하고 있다.[22]

후안 라몬의 많은 시가 이런 간결하고도 본능적인 직관성을 가지고 있다. 그의 시집 《일기》, 《영원》, 《돌과 하늘》, 《아름다움》, 《완전한 계절》에 나타나는 많은 시는 선시(禪詩)가 요구하는 조건을 갖추고 있다. 특히 시 형식의 간결성, 강한 암시력을 말할 수가 있다. 다음 《일기》에 나오는 시 몇 수와 하이쿠를 비교하여 보자.

---

[22] Guillermo Torre, El fiel de la familia(Taurus, Madrid), 1961, p. 90.

〈히메네스〉
푸르고 흰 선적(船跡)
바다의 추억*23

〈바쇼〉
오래된 웅덩이
개구리 한 마리가
뛰어드네—물소리*24

평평한 바다 평탄한 하늘
낮 같지가 않네……
그럴 필요도 없고*25   —히메네스

종달새 한 마리
그 소리가 떨어지네
뒤에 아무것도 남김 없이*26   —암푸

푸른 잎은
뜨거운 태양과 함께,
나의 육체는
나의 마음과 함께*27   —히메네스

헐벗은 나뭇가지 위에
외로운 까마귀 한 마리
한 가을의 오후*28   —바쇼

*23 J.R.J., Libros de poesía, p. 269.
*24 R.H. Blyth, Haiku, Vol. I, p. 340.
*25 J.R.J., op. cit. p. 270.
*26 R.H. Blyth, op. cit. p. 165.
*27 J.R.J., op. cit. p. 1104.
*28 R.H. Blyth, op. cit. V.

히메네스의 첫 시는 하이쿠보다 더 간결하고 그 암시적인 힘은 실로 크다 하 겠다. 셋째 시는 그 제목이 황홀경이다. 위에서 읽은 바와 같이 히메네스의 시 세 편은 그 테마의 구체성, 형식의 간결성, 암시의 힘으로 보아 하이쿠와 매우 닮은 시들이다.

6. 후안 라몬과 패러독스

패러독스 즉, 역설(逆說)은 동양 종교, 특히 힌두교, 불교, 도교의 특징을 이루 고 있다. 불가의 색즉시공(色卽是空), 공즉시색(空卽是色)은 그 대표적인 패러독 스가 아닐 수 없다. 인도에서는 이미 우파니샤드 시기부터 대중적인 역설을 이 용하여 우주의 패러독스를 설파하여 왔다. 한국, 중국, 일본에서도 공히 잠언, 격언, 대중 설화 등을 이용하여 우주의 패러독스를 설명하여 왔다. 다음에서 그 예를 보기로 하자.

《타이티리야 우파니샤드》에 "장님 한 사람이 구슬을 주우니 손가락 없는 이가 구슬을 끼었다. 이때 목 없는 사람이 나타나 그 구슬을 목에 거니 벙어 리가 그걸 보고 칭찬해 마지않더라."[29]

중세의 신비주의자 카비르(Kabir)는 그의 종교적인 체험을 패러독스를 통 해 표현하고 있다. "쥐 한 마리가 굴에 들어가 뱀과 격투하며 뱀을 삼킨다." "바다의 물이 온 숲을 태우니 고기들이 사냥을 가네."[30]

카비르와 같은 시대의 불승(佛僧) 카리아파다스도 같은 부류의 말을 하 고 있다. "개구리가 구렁이와 싸우더니 구렁이를 삼킨다." "하루 세 번 황소 에게서 우유를 짠다.[31]

언어의 불완전성으로 인해 과오를 범하는 것을 피하고 심법(心法)의 정의가

---

[29] Blyth, Zen and Zen Classics, p. 28.

[30] P.C. Beggh, Early Medieval mysticism and Kabir, 〈The Visvhabharaty quarterly〉 Silver Juabilee Issue Vol XXV No. 384, 1960. (Visvhabharaty university, Santiniketan, west Bengal).

[31] Ibidem.

불가능함을 정의하기 위한 선가(禪家)의 또 다른 방법은 부정에서 부정을 되풀이하는 것이다. "마음이 무엇인가?"란 질문에는 다음과 같은 부정의 연속이 나온다. 물론 이런 부정의 연속은 '베단타 철학'에서도 흔히 발견되는 현상이다. 심(心)이란 "투박하지도 않고, 섬세하지도 않고, 짧지도 않고, 액체도 아니고, 고체도 아니며, 그림자도 없고, 어둡지도 않고, 밝지도 않고, 색깔도 없고, 맛도 없고, 냄새도 없고, 눈도 없고, 속도 없고, 안도 없고, 먹지도 않고, 먹히지도 않고, 이것도 아니고, 그것도 아니고, 저것도 아니다."[*32]

성숙기의 후안 라몬 히메네스의 시에도 역설과 부정, 긍정의 반복 현상이 나타나고 있다.

아, 소리 없는 소리여!
별 없는 태양이여!
슬픈 즐거움이여!
풍요한 사막이여![*33]

《갓 결혼한 시인의 일기》에서,

"모두가 흰색, 아니 색깔 없는 아니 검은색…… 혹은 흰색?"
"삶에서 죽음까지는 얼마나 먼가! 아니 얼마나 가까운가!"[*34]

《영원》에서는,

"목이 타네, 목이 타네, 목이 타네, 무서운 이 갈증!…… 그러나……
잔을 비운 대로 두시오."[*35]

조주선사는 개에게 불성(佛性)이 있느냐는 질문에 있다고도 대답하고 어떤

[*32] Brahadaranyaka Upanishad. ii, 3, 6. iii, 8, iv, 4, 22.
[*33] J.R.J., Libros de poesía, p. 360.
[*34] Ibidem. p. 442.
[*35] Ibidem. p. 625.

때는 없다고도 대답했다. 또, 마조도일선사는 "마음이 곧 부처다" 하는가 하면 "마음도 아니고 부처도 아니다"라고 했다. 히메네스의 〈내면의 소네트〉에서는 이렇게 표현하고 있다.

"그랬지! 아니, 그렇지 않았어! 그와는 달랐지! 푸른 봄은 아직도 태양의 영광은 아니었지! 그러나 그렇기도 했고 그렇지 않기도 했어! 그런데 그랬었지!"[*36]

7. 선(禪)과 구체성

선에서는 추상적인 논리를 배격하며 구체적이고 실제적인 것을 중시하는 경향이 있다. 선사들이 제자들을 교육할 때 주장자(拄杖子)나 죽비 또는 손으로 제자들의 육체에 자극을 가하는 관습이 있다. 그리고 선의 예술, 특히 선화(禪畵)에서는 구체적인 사물에 정신을 부여하는 것이 특징이다. 후안 라몬의 시에도 이런 성격을 띤 작품들이 많고 동시에 그의 시에서는 이를 노래하고 있다.

후안 라몬은 진정한 시란 보이는 실재 속에 뿌리를 내리고 터전을 가지고 있으면서, 보이지 않는 실재를 염원하고 전체 세계 속에서 현실과 상상을 융합하여 포착하는 데 있다고 하였다.[*37]

《영원(永遠)》에서는,

나의 발은 깊은 땅 속에
나의 날개는 높은 하늘에
이 펼쳐진 마음의 고통이여![*38]

같은 시집에서,

[*36] Ibidem. p. 64.
[*37] J.R.J., Trabajo gustoso, p. 58.
[*38] J.R.J., Libros de poesía, p. 594.

나는 나의 바위를 디디고 서서
무한히 펼쳐진 황금의 오후를 쳐다보았다*39

선은 윤리, 도덕을 뛰어넘는다. 즉, 종교나 윤리 이전의 원초적인 상태로 우리를 이끈다. 선이 윤리, 도덕을 초월한다 함은 비도덕적이란 말이 아니고, 도덕으로부터 자유롭다는 말이 된다. 종교 윤리, 사회 도덕으로 충만한 사회에서 사람은 질식을 느낄 수도 있다. 서구에서는 기독교, 동양에서는 불교와 특히 유교의 가르침이 높다. 그러나 이러한 가르침이 그 도를 넘으면 사람들은 무엇인가 답답함을 느낀다. 이런 정신적 포화 상태에서 선은 모든 것으로부터의 초월을 제시해 준다. 신수와 육조 혜능은 그 좋은 예가 된다. 신수가 정통적 불교의 도덕성을 가르친다면 혜능은 그 도덕성으로부터의 초월을 가르치고 있다.

身是菩提樹　몸이 보리수라면
心如明鏡臺　마음은 밝은 거울틀일세.
時時勒拂拭　때로 부지런히 털고 닦아,
勿使惹塵埃　먼지 앉고 때 끼지 않게 하세.　　　　　　—신수*40

菩提本無樹　보리에 본디 나무가 없고
明鏡亦非臺　밝은 거울 또한 틀이 아닐세.
本來無一物　본래는 한 물건도 없는 것인데,
何處惹塵埃　어디에 때가 끼고 먼지가 일까?　　　　—육조 혜능*41

이런 도덕성의 초월을 근간으로 하는 선적 수련은 때로 비정상적이고 비사회적이며 전통 파괴적 성향을 보인다. 니체도 선의 입장에서 보면, 훌륭한 선객이었다. 그가 세상을 보는 눈이 그러했다. 후안 라몬에게서 자주 나타나는 비정상적이라 여겼던 몇 가지 현상들은 선의 입장에서 보면 충분히 설명이 된

---

*39 Ibidem. p. 627.
*40 육조단경, op. cit, pp. 8~9.
*41 Ibidem. pp. 14~15.

다. 후안 라몬이 순수시를 정의할 때 선을 말하고 있는 듯하다. 순수시란 청결한 시가 아니라 본질적인 시를 말한다. 즉 순수시란 육체적인 순수성이나 도덕적인 순수성과는 아무런 관계가 없다. 다만 단순히 순수할 뿐으로 순수한 본능의 아들이며, 개개인의 아들인 것이다.*42 순수시는 거름이나 외적으로 불결한 장소에서도 나올 수 있다. 그 예로서 후안 라몬은 보들레르의《악의 꽃》을 들고 있다. 후안 라몬에 의하면 보들레르는 사회적으로 도덕적 지탄을 받는 사람들로부터 미(美)와 보물(순수시)을 건져냈다는 것이다. 이렇게 숨겨져 있는 면을 찾아내는 것이 선이다. 선에서는 신성(神性)이나 신의 개념까지도 편견이 된다. 신에 대한 선구(禪句)를 보자.

> 그것은 호랑이와 같되 뿔이 많고
> 황소와 같되 꼬리가 없는 것이다.*43

지금까지 후안 라몬의 시와 선과의 합일점을 비교 검토하였는바 후안 라몬은 선의 모든 면을 다 갖추고 있다. 특히 선의 견지에서 볼 때 후안 라몬의 뛰어난 점은 현재의 명상의 결과에 만족을 모르고 끊임없이 정진한다는 점이다. 그는 시를 통해 일생을 꾸준히 성장하였다. 그는 한시도 멈추지 않고 자란 것이다. 이 점을 알론소(Dámaso Alonso)는 계속적인 '정신의 성장(un constante crecimiento en espíritu)'이라 평하고 있다. 명상 도중에 많은 사람이 현재의 황홀경에 만족하여 정착함으로써 그 성장을 멈추는 예가 많다. 즉 황홀경이나 조그만 깨우침을 가지고 결정적인 견성(見性)이나 각(覺)으로 착각한다는 것이다. 니르바나의 열망은 니르바나를 저지한다. 이 인간정신의 허약점을 경계하는데 선가(禪家)에서는 무서운 경구(警句)가 있다. "부처란 말을 입 밖에 낼 때마다 입을 닦아라." 더 심한 경구는 "만일 부처를 만나거든 그를 죽여라." 이 말은 만일 부처를 만나거든 견성하는 데는 부처의 힘도 빌리지 말고 혼자의 힘으로 성취하라는 말이 된다. 또한 나타나는 부처는 환상일 수도 있음을 경계하고 있는 것이다. 이상의 선구(禪句)는 현대적 정신분석상으로 보아도 인간의 허점이 어디에 있는가를 무섭게 지적해 주는 말이라 하겠다. 후안 라몬도 이러한 선사

---

*42 J.R.J., Estética y Ética Estética, p. 105.
*43 R.H. Blyth, Haiku, Vol. I, p. 207.

(禪師)들의 명철성과 신중성을 갖고 있다. 그는 말한다. "사람의 미래보다 더 우월한 것은 없다."*44 "영원한 과도기〔변이(變異)〕는 인간의 가장 고상한 상태이다."*45 앞서 지적한 두 개의 선구와 후안 라몬의 두 경구는 인간의 무한한 발전 가능성을 깨닫고서 하는 말이다.

후안 라몬은 청년기로부터 중년, 노년기까지 시적 정신적 성장의 상승선을 보여 주고 있다. 즉, 그는 시를 시작해서 지상을 떠날 때까지 꾸준히 상승의 발전을 했고 그의 정신적인 성장도 이와 평행선을 긋고 있다. 후안 라몬이 일생을 통해 추구한 시는 선 그것이었으며, 특히 그의 일생은 선객(禪客) 그것이었다. 그의 말기 작품들인 《내면적 동물》과 《욕망받는 신과 욕망하는 신》은 그가 일생 동안 쉬지 않고 꾸준히 일해 얻은 대오(大悟)의 경지를 노래한 것이었다.

> 오! 신이여
> 내가 빈번히 세상에 나아가
> 그 많은 인간들을 만난 것은
> 오로지 당신을 만나기 위함이었소.*46

8. 후안 라몬의 신의 정체

후안 라몬의 신은 각(覺)에 의해 얻은 신이다. 이렇게 시인이 일생을 통해 추구해 온 신을 그는 삶의 말년에 발견한다. '욕망받는 신과 욕망하는 신'은 후안 라몬의 대오(大悟)를 통해 합일하게 된다. 고로 이 신은 기독교적인 신이라기보다는 도를 얻었을 때 얻게 되는 불성(佛性)과 비슷한 상태이다. 이는 물론 역사적인 부처가 아닌 모든 사람에게 내재해 있는 불성인 것이다.

후안 라몬의 평론가들에 의해 많은 이견을 낳았던 소문자의 신은 견성(見性)에서 오는 내재하는 불성을 발견한 나라고 할 수 있다. 후안 라몬의 이 견성 체험은 그의 《내면적 동물》과 《욕망받는 신과 욕망하는 신》에 담겨 있으며, 이

---

*44 J.R.J., Trabajo gustoso, p. 125.

*45 Ibidem. p. 136.

*46 J.R.J., Libros de poesía, pp. 1306~1307,

시들은 기독교 신비주의자들의 체험이나 선사(禪師)들의 신비적 체험과 매우 닮은 점이 많다. 그의 체험이란 내부로부터의 큰 광명의 발산에 온 우주가 밝아지고 무한한 희열을 느끼며 모든 크고 작은 존재에 대한 그지없는 자비심과 사랑을 느끼게 되는 것이다. 또한 황홀경과 동반하는 빛은 너무 강렬하고 찬란해 시인의 눈도 멀고 온 우주의 눈도 멀게 되는 경지에까지 이른다. 그는 이 빛의 상징으로서 금강석이란 단어를 되풀이하고 있다. 그의 도취는 너무나 커서 있으면서도 없는 무아(無我)의 경지에 든다.《욕망받는 신과 욕망하는 신》의 〈무아〉란 시는 실로 그 표현이 동양적이며 특히 선가(禪家)에서 나타나는 현상과 너무나 비슷하다 하겠다.

《내면적 동물》에 실린 〈모든 구름이 작열한다〉의 한 구를 보면 시인의 일생을 추구한 신과 만나는 장면이 있다.

> 욕망받는 신과 욕망하는 신이여!
> 그대와 내가 만나니
> 광명(光明)의 높은 절규 속에서
> 모든 구름은 작열하고
> 봉화는 높고 붉게 타오르네.[47]

《내면적 동물》에서 〈나의 제삼(第三)의 바다에서〉란 시에서는 그가 발견한 신이 사랑의 화신으로 나타난다. 이 사랑 속에는 시인과 불, 땅, 공기가 사랑의 화신으로 나타난다. 모든 자연의 요소를 내포하고 있는 가장 완전한 사랑이 되는 것이다.

후안 라몬은 그의 가장 중요한 신비 체험을 언제나 바다에서 가졌다. 그에게 청년 시인으로서 큰 성공을 안겨 준《갓 결혼한 시인의 일기》는 세노비아와의 결혼을 위해 대서양을 건너며 쓴 시이며, 노년에 이르러 신비적 체험의 절정을 이룬《내면적 동물》과《욕망받는 신과 욕망하는 신》도 모두 바다 여행 중에 쓰인 작품들이다.

후안 라몬은 자신의 도(道)에 관하여 시에서는 물론 강연회에서도 이 점을

---

[47] J.R.J., Dios deseado y deseante(Aguilar, Madrid), p. 62. Antonio Sánchez Barbado의 解說.

늘 강조하게 된다. 1948년 부에노스아이레스에서 행한 강연에서 그는 다음과 같이 말하고 있다.

내면으로부터 활연대오(活然大悟)를 하여 물질까지도 투명하게 하는, 모든 사람을 자연 속에 포용하고 자기 자신도 포용할 줄 아는 정신적 시인이야말로 매순간마다 삶을 돌아보고 정리하고 지배할 수 있는 유일한 사람이다.[48]

히메네스의 이 말은 타고르가 즐겨 인용하던 《우파니샤드》와 매우 같은 말이라 하겠다.

모든 생명 속에서 자신의 생명을 인지하고 자기 속에서 모든 생명을 인지하는 자는 외롭지 않을 것이다.[49]

위에서 본 바와 같이 후안 라몬에 있어서 지혜란 시와 긴밀하게 밀착되어 있다. 왜냐하면 지혜란 각(覺)에서 오고 각은 시를 통해서 오기 때문이다. 《내면적 동물》의 〈나의 제삼의 바다〉에서 후안 라몬은 이 점을 분명히 하고 있다. 즉 시인에게 지혜란 내면의 신에 합일하는 것으로 시인과 신과의 합일을 말하고 있다.

그것을 더 잘 알고 있었고 또 알고 있다. 지혜의 유일한 길을, 내면의 신이여, 이 바다의 찬란한 색채 속에서, 바다의 부르짖음에서 그대가 보이고 들리고 느껴지니 나는 나 자신의 완전함을 깨닫게 되었네. 그대는 내 몸을 범했으니 그대는 거울이로다.[50]

후안 라몬의 신의 정체가 무엇인가를 이해하기 위해 기독교와 불교에서 명상의 대상이 무엇인가를 구명할 필요가 있다. 기독교에서는 그 주류가 명상

---

[48] J.R.J., Trabajo gustoso, p. 119.
[49] R. Tagore, Hacia el hombre universal(범세계적인 인간을 향하여).
[50] J.R.J., Libros de poesía, p. 1296.

의 대상이 전지전능하고 초월적인 신이 된다(물론 신비주의에서는 나를 통한 신을 찾는 것이지만). 이 전지전능한 신은 많은 경우에 인간인 나와 대조를 이룬다. 반면 불교, 특히 선불교에서 명상의 대상은 내가 되고 부처도 내 속에서 찾는다. 그러므로 기독교에서는 신이 인간보다 우위에 있고 선에서는 인간과 부처가 같은 사람이 될 수 있다. 후안 라몬이 자기 완성을 추구하면서 걸은 길은 후자였다. 그러므로 후안 라몬의 신의 성격이 기독교의 신과 거리가 있음은 당연하다고 하겠다.

이렇게 후안 라몬이 추구하는 신이 기독교의 신과 다르다는 것을 파악한 사람들이 그를 구제하려고 노력하기도 했다. 그중 한 인물이 그의 친구인 후안 게레로(Juan Guerrero)인데 그는 히메네스에게 기독교의 신으로 돌아오도록 충고하였다. 게레로는 후안 라몬의 동양적 수도의 방법에 나타나는 현상을 이해하지 못했던 것이다. 또 예수회 신부 사스 오로스코(Saz Orozco)는 후안 라몬의 신을 연구하였는데, 후안 라몬의 신은 니체, 쇼펜하우어, 로이시(Loisy)를 읽고 크라우스 학파와 관련된 결과라고 보면서 그의 신은 진정한 신을 완전히 파악치 못한 채 끝난, 도중에 그친 신이라고 보았다. 이 같은 견해는 가톨릭 신학자의 관점으로 볼 때의 견해였다.

그러나 후안 라몬은 힌두교의 신비주의자들이나 불교의 신비주의자들에서와 같은 체험과 결론에 이르렀다. 이들에게는 엄격한 이원적인 구분으로 인간을 완전 초월하는 신을 갖는 것은 불가능한 일이다. 즉 후안 라몬은 그 수도의 출발점이 동양의 제종교에서와 같이 자아로부터 비롯되고 대오(大悟)한 나를 소문자 신(dios)으로 표현한 것이라고 볼 수 있다. 그는 서양인이면서도 자신의 내면에 동양이 존재하고 있음을 잘 알고 있었다. 그는 이렇게 말한 적이 있다.

나는 동양인이면서 동시에 서양인이니 달아날 곳이 없구나[*51]

---

*51 Juan Ramón Jiménez, Estética y Ética Estética, p. 324.

히메네스의 안달루시아 그리고 《플라테로와 나》

히메네스의 《플라테로와 나》는 온 세계에서 꾸준히 사랑 받으며 20세기 스페인 문학 산문시 가운데 가장 뛰어난 작품으로 높게 평가받고 있다. 히메네스의 섬세하고 아름다운 시어들은 끊임없이 속삭이며 우리 곁에 머문다. 그 깊은 향기는 우리를 취하게 하고 그 맑은 순수는 우리를 깨끗이 씻겨 준다. '안달루시아 비가(悲歌)', '자전적 서정시'라고도 불리는 산문시 《플라테로와 나》 속에는 20세기 초반 스페인의 역사, 사회, 문화적 풍토가 잘 재현되어 있다. 이는 19세기 끝무렵 몰락해 가는 스페인의 고질적 문제들을 그가 훌륭한 산문시로 승화시킨 것이라 할 수 있다.

《플라테로와 나》를 비롯, 《세 세계의 스페인 사람들》에 이르는 후안 라몬 히메네스의 산문들은 20세기 스페인 산문 문학에 커다란 영향을 끼쳤다. 선율이 흐르는 긴 문장, 풍부한 삽입과 은유, 문장 리듬의 다채로운 변조, 자유롭고 유연한 구문, 인상주의적 서술과 시적 이미지들은 히메네스의 산문시를 밀도 높게 완성해 주었으며, 어린 시절의 순수성을 일깨워 주는 《플라테로와 나》는 한층 세련된 표현력으로 그의 대표작 가운데 백미로 꼽힌다.

아름다운 모게르

후안 라몬 히메네스는 1881년 12월 24일 스페인 남부 안달루시아 지방 우엘바의 작은 마을 모게르에서 태어났다. 아버지는 빅토르 히메네스, 어머니는 마리아 프리히카시온이다. 형과 누나가 있었으며 아버지는 포도주 장사를 하는 자산가였다. 석회로 칠해진 집들이 언덕 아래로 새하얗게 보이는 작은 마을 모게르는 포도주 제조를 중심으로 살아가는 평화로운 곳이었다.

어릴 적부터 차분하고 생각이 깊었던 히메네스는 라스콘 거리에 있는 초등학교를 다니다가, 11살 때부터 푸에르토 데 산타 마리아 마을 예수회 학교로 옮겨 기숙사 생활을 했다. 그 뒤, 세비야 대학 예과에 들어갔다.

히메네스는 15살 때부터 시를 쓰기 시작했으며 첫 작품은 〈플랫폼〉이라는 제목의 산문시였다. 17살 때 베케르의 서정시를 읽다가 즉흥적으로 쓴 시가 세비야의 일간신문 〈엘 프로그라마〉에 실렸다. 이 시가 상당한 평판을 받은 것을 계기로 그는 문학공부에 전념하기 시작한다. 그때까지는 대학 법학과에 진학할 예정이었지만, 결국 학업을 중단하기에 이른다. 문학 강의를 들으며 세비야는 아테네오 도서관에서 밤낮없이 시를 읽고 썼다.

히메네스(1881~1958)

그 무렵 그는 구스타보 아돌포 베케르와 로살리아 데 카스트로, 그리고 쿠로스 엔리케스의 작품과 스페인 고전시 《총가요집》을 읽었다. 빅토르 위고, 라마르틴, 뮈세, 하이네, 괴테, 쉴러 등의 작품을 읽고 즐겨 애송하며 스페인어로 옮기기도 했다.

어릴 때부터 그림을 좋아한 히메네스는 그 무렵에 시 못지않게 그림에 흥미를 가져, 색채파 스튜디오에 다니며 그림을 그렸다. 그림과 글쓰기를 취미 삼았던 이 시절, 그는 지중해의 풍경을 눈에 담아 습작에 몰두했으리라. 그의 초기 작품에 나타나는 빛과 색채 그리고 그림에 대한 열망은 이때부터 시작된 것이다. 그 뒤 히메네스의 시 안에서 보이는 푸른 바다와 눈부신 태양, 바다 위를 날아다니는 새와 같은 회화적 이미지는 이러한 그의 성장 배경과 무관하지 않다.

히메네스는 모게르로 돌아간 뒤, 19살이던 1900년에 그의 시를 읽은 루벤 다리오의 초청을 받아 마드리드로 간다. 그 무렵은 모더니즘(근대주의) 시대로, 그 선구자 루벤 다리오를 중심으로 움직이고 있었다. 그는 루벤 다리오, 바예 인클란, 비야에스 페사 등 그 시대 유명 작가들과 친교를 맺는 한편, 월간지

〈신생활〉에 작품을 발표하면서 시집 《제비꽃의 영혼 *Almas de violeta*》, 《수련(睡蓮) *Ninfeas*》 두 권을 출판한다. 모더니즘이 반영된 감각적인 시어의 연출이 돋보이는 작품들로 이루어진 시집이다. 이 시기 히메네스는 '98세대'의 동인으로 활동했는데, 특히 모더니즘을 창립한 루벤 다리오는 히메네스의 작품에 많은 영향을 주었다. 〈신생활〉 편집인 데오니시오 페레스는 "히메네스의 시에는 거인의 혼이 담긴 날갯짓이 감춰져 있다"고 말했다.

고난의 나날

1900년 아버지가 세상을 떠나 히메네스는 큰 충격을 받고 모게르로 돌아온다. 그로부터 4년 동안은 그에게 고통의 시절이었다. 그는 자신을 잃었고 패배감과 자살충동, 죽음에의 공포, 피로감으로 끊임없이 고민하고 고통 받았다. 가족 주치의인 루이스 시마로 박사의 권유로 1901년까지 1년 간 프랑스 보르도의 요양원에서 머무른 히메네스는 1903년까지 2년 동안 마드리드의 로사리오 요양원에서 몸과 마음을 더 추스른다.

그 뒤 요양원을 나온 히메네스는 1905년까지 2년 간 시마로 박사의 집에 머물렀다. 시마로 박사는 그를 아들처럼 정성껏 보살펴 주었다. 이곳에서 그는 작가들과 어울리며 쉬지 않고 글을 썼다. 볼테르, 니체, 칸트, 스피노자 등의 철학서들도 열심히 읽었다. 시마로 박사는 그에게 '자유교육기구'의 설립자인 프란시스코 히네르와 코시오 등 이 시대 지식인들을 소개해 주었다. 히메네스는 그 시기에 정신적으로나 지적으로 크게 성장했으며, 특히 독일 철학자 크라우제의 사상에 큰 영향을 받았다.

1905년 히메네스는 안달루시아에 대한 향수병과 우울증이 도져, 고향 모게르로 돌아갔다. 아버지가 돌아가신 뒤로 가세는 눈에 띄게 기울고 있었다. 집 안뿐만 아니라 모게르 전체가 쇠퇴하고 있었다. 근처에 구리광산이 개발되면서 마을의 생명선인 강물이 오염되어 포도주 산업뿐 아니라 고기잡이도 점점 크게 어려워진 탓이었다. 그즈음 시인의 눈에 비친 모게르는 어린 시절의 그 아름답던 고향의 모습과는 너무나 거리가 멀었다. 그는 시마로 박사와 함께 시골 마을을 돌아다니며 슬픈 광경을 마주칠 때마다 가슴 아파했다.

오랜만에 돌아온 고향이건만 그의 마음은 편치 않았다. 변해 버린 고향에 대한 실망감, 병약한 자신에 대한 자괴감과 고독에 괴로워하며 또다시 스스

히메네스의 생가 '세노비아와 후안 라몬 기념관'으로 불린다.

로 목숨을 끊을 결심까지 했다. 그의 병약한 몸과 마음은 자극을 받아 시 또한 감상적이고 우울한 분위기를 띠게 된다. 건강을 회복하여 1912년 마드리드로 떠나기까지 히메네스는 《순수한 엘레지 *Elegías puras*》(1908), 《슬픈 엘레지 *Elegías lamentable*》(1910), 《목가시 *Pastorales*》(1911), 《우수 *Melancolía*》(1910) 《미로 *Laberinto*》(1913) 등 많은 작품을 써내며 왕성한 창작활동을 펼치지만, 한편으로는 작품에서 근원 모를 슬픔과 고독, 공허함의 분위기가 짙게 풍긴다.

그래도 모게르의 아름다운 자연은 그를 진정시켜 주며 다시 살아갈 용기를 주었다. 젊은 시인은 수염을 기르고, 검은 옷을 입고, 작은 잿빛 당나귀를 타고 산과 들을 돌아다녔다. 마을의 아이들은 그런 그를 미치광이라 불렀다. 이전과 다른 모게르, 아름답던 옛 추억을 그리워하며 더더욱 더듬게 하는 모게르의 풍경이 그로 하여금 다시 시를 쓸 힘을 갖게 했다. 드디어 26살에 이르러 《플라테로와 나 *Platero y Yo*》를 완성한다. 히메네스는 몰락해 가는 고향의 현실을 《플라테로와 나》에 고스란히 담아냈다. 시집 속의 시 〈강〉에서는 마을의 쇠퇴와 몰락을 안타까워하면서 저항과 변혁의 정신을 드러낸다. 모게르의 슬픈 현실은 히메네스의 작품에서 순수한 이상향으로 승화되어가고 있었다.

고귀한 정신 예술적 순수

28살에 이르러, 히메네스는 화가인 친구의 안내를 받아 라비다라는 가까운 항구마을을 방문한 적이 있었다. 그는 그곳에서 항구 기사장의 딸 세노비아 캄프루비 아이마르를 만나게 된다. 그의 아내가 될 여인과의 첫 만남이었지만 서로의 마음에 남을 만한 일은 아무것도 일어나지 않았다.

1912년 히메네스는 마드리드로 나갔다. 그곳에서는 대학 기숙사에 머물렀다. 그는 새로운 기숙사의 방을 무척이나 마음에 들어 했으며, 기숙사 원장과는 아주 친한 사이가 되었다. 이곳에서 그는 히네르, 코시오 등과 다시 교류하게 되었으며 우나무노, 메넨데스 피달, 아소린, 에우헤니오 도르스, 호세 오르테가 이 가세트 등 이 시대의 쟁쟁한 지식인들과 함께 생활한다. 뒷날 내전 때문에 스페인을 떠나기 직전까지도 히메네스는 자주 이 기숙사에 드나들었다. 그는 여러 강연회를 열거나 참가했으며 운동 시합에도 열심히 임했다. 이때에 많은 문화행사를 개최했으며 자신의 시 낭송회를 열기도 했다.

그 무렵 히메네스는 같은 대학 연구소에 유학하고 있던 세노비아와 다시 만나게 된다. 첫 만남으로부터 3년이 지난 뒤였다. 그리고 두 사람은 사랑에 빠지게 된다. 마드리드에서 히메네스는 더욱 왕성하게 시작에 몰두하는 한편, 여러 예술가들과의 교류를 통해 새로운 풍의 시를 쓰는 등 예술적 지평을 확장했다. 이 무렵《플라테로와 나》가 출판되었다. 세노비아는 스페인 사람을 아버지로, 푸에르토리코 사람을 어머니로 둔 푸에르토리코 사람으로 그녀의 아버지는 다른 지역으로 파견된 건설기사였다. 히메네스와 세노비아의 연애는 4년 동안 이어졌다. 두 사람은 기나긴 봄을 보내고 마침내 뉴욕의 성 스테판 성당에서 결혼식을 올린다. 뉴욕에 그녀의 가족들이 있었기 때문이었다.

35살 때인 1916년 3월, 혼례식을 마친 히메네스는 아내와 함께 미국 여러 곳을 여행했다. 그리고 7월에 스페인으로 돌아와 마드리드에 신혼집을 마련했다. 히메네스 부부는《플라테로와 나》를 다시 출판하거나, 시작에 전념하여 1917년에는《갓 결혼한 시인의 일기 *Diario de un poeta reciencasado*》를 펴냈다. 미국 여행에서 그곳 시인들과의 만남, 아내와의 사랑, 한순간도 눈을 뗄 수 없었던 바다 여행 등은 시인 자신이 말했듯이 세상을 바라보는 그의 눈을 더욱 크고 넓고 깊게 만들어 주었다. 이 시집에서 그는 모든 비본질적인 문제들에서 탈피해 형식적인 운율이 없는 더욱 순수한 성격의 자유시 창작을 시도함으로써, 이

른바 '벌거숭이 시(la poesía desnuda)'로 이행해 가는 이 정표가 되었다. 히메네스는 《갓 결혼한 시인의 일기》는 내 최고의 작품이다. 사랑, 깊은 바다, 높은 하늘, 미국의 여러 모습과 나의 모든 경험이 고스란히 녹아 있다"고 말했다. 이 시집은 1948년에 《한 시인의 일기와 바다》라는 제목으로 간행되었다.

그즈음 히메네스는 더욱 의욕적으로 활동하여 《플라테로와 나》의 완판, 《갓 결혼한 시인의 일기》 말고도 1916년에 《여름 Estío》을 펴내고 1917년에는 《시선집 Poesías Escogidas》, 《영

제노비아와 히메네스 부부

혼의 소네트 Sonetos Espirituales》를 내놓는다. 1918년에는 《영원 Eternidades》, 1919년에는 《돌과 하늘 Piedra y Cielo》을 출판한다. 1922년에는 《제2 시선집 Segunda Antología Poética》, 1923년에는 《시 Poesía》와 《아름다움 La Belleza》을 출판한다. 또한 젊은 세대 시인들의 문학 활동을 돕기 위해 1921년부터 1927년 사이에 여러 문학잡지들을 펴낸다. 이렇듯 그는 1921년부터 1936년까지 시, 단편소설, 비평 등 여러 분야에서 생애 가장 많은 작품을 썼다.

세노비아는 전부터 타고르의 시를 번역하고 있었는데 히메네스도 타고르를 경애하고 있었기에 때로는 함께 그 작품을 옮기기도 했다. 또 아일랜드의 극작가 존 밀링턴 싱의 《바다로 간 기수 Riders to the Sea》(1920)도 함께 번역했다. 세노비아는 그 밖에 스페인 민예품(민간 전통 수공예 민속 예술품) 소개에도 힘을 썼으며, 민예관도 개설한다. 그녀는 마음을 꿰뚫을 듯한 파란 눈과 아름다운

미소로 병약한 남편을 감싸주었다. 한편으로는 풍부한 어학능력과 지성으로 사회적 활동도 함께하는 훌륭한 여성이었다. 히메네스는 타고르의 작품으로부터 영향을 받기도 하고, 영미권 시인들과 교류하면서 초기의 감각적 모더니즘으로부터 벗어나서, 서정시와 신비론적 사상을 작품에 반영하게 된다.

플라테로 할아버지

1936년 스페인 내전으로 살림살이는 날이 갈수록 어려워지고 시인은 혁명적 언동으로 소란해진 마드리드를 더는 견디지 못한다. 한때 시인은 다른 지방에서 피난을 온, 보호자도 없는 어린아이들을 12명이나 맡아주기도 했었다. 그해 8월, 부부는 결혼 뒤 12년에 걸친 마드리드 생활에 작별을 고하고, 아무것도 남기지 않은 채 스페인을 뒤로했다. 공화국 정부는 시인에게 외교관으로서 높은 지위를 주고자 했지만, 부부는 이를 거절하고 푸에르토리코로 망명을 떠났다.

그로부터 10년은 부부에게 있어 유랑의 시간이었다. 강연과 강의를 의뢰받아 푸에르토리코에서 쿠바, 뉴욕, 마이애미, 워싱턴 등 곳곳을 옮겨 다니는 삶이었다. 이미 국제적 명성을 얻고 있던 히메네스는 가는 곳마다 환대를 받았으며, '플라테로 할아버지'로서 청소년들에게까지 대환영을 받았다.

1948년의 아르헨티나 여행은 히메네스 삶 전체를 통틀어 그가 대중적으로 거둔 가장 큰 성공이었다. 이전까지 그처럼 환대를 받아본 적이 없을 정도였다. 부에노스아이레스 역사학회 초청으로 이루어진 네 차례의 강연은 발 디딜 틈도 없이 사람들로 꽉 들어찼고, 그 뒤에 여러 단체에서도 초청이 이어졌다. 그러나 시인 히메네스를 가장 크게 감동시킨 것은 아르헨티나의 아이들이 직접 그려서 선물한 플라테로의 그림들이었다. 그것을 하나도 빼놓지 않고 챙긴 시인은 집으로 돌아온 뒤 그림들을 모두 벽에 장식할 정도로 각별한 애정을 보였다.

히메네스 부부는 우루과이를 거쳐 푸에르토리코로 돌아왔다. 그곳에서 푸에르토리코 대학에 강좌를 열었고 그 대학은 시인에게 있어 죽을 때까지 안주할 곳이 되었다. 그때까지 시인은 얼마나 자주 집을 옮기고 그때마다 얼마나 많은 책들을 갖고 다녔을까. 정숙함과 순결함을 사랑하는 시인에게 있어 이런 유랑생활은 불행한 운명이었다. 그렇기에 푸에르토리코의 수도 산후안에서의

모게르에 세워진 히메네스 동상

생활은 충분히 만족스러웠다. 시인 곁에는 많은 숭배자가 모여들었으며, 마드리드에서도 원고청탁 의뢰가 끊이지 않았다. 특히 히메네스는 푸에르토리코의 젊은 대학생이나 청소년들과 교감을 나누었다. 그의 제안에 따라 '푸에르토리코의 시와 아이들을 위한 축제'가 제도화되었고, 시골 곳곳의 어린이들에게 보낼 책들을 구입하고 백일장을 열기도 했다.

이상향을 찾아 떠난 시인

세노비아는 대학에 창설된 히메네스 문고를 위해 헌신하고 있었다. 문헌정리와 분류, 연대기, 작품목록, 편지정리 등, 히메네스 문고는 그녀의 손으로 완성된 것이나 다름없었다. 하지만 이 무렵, 세노비아는 자신의 몸이 병들어 있음을 알게 된다. 그리고 그녀는 자신이 죽기 전에 남편을 고향 안달루시아로 돌려보내야겠다는 생각을 하고 귀국을 준비했다. 하지만 집안일은 물론 출판과 히메네스 문고 등 서둘러야 할 일들이 산처럼 쌓여 있었다. 그녀는 점점 악화되는 병과 싸우며 그 끝없는 일들을 이어 나갔다. 세노비아는 동양인 최초의 노벨문학상 수상자인 타고르의 시를 번역한 뛰어난 문학 전공자이자, 히메네스 평생의 동반자였다. 그녀는 해외 여러 나라를 떠도는 망명 생활 동안 히메네스가 외로움과 두려움을 조금이라도 덜 느낄 수 있도록 최선을 다해 내조했다. 또한 히메네스의 맑은 심성을 작품으로 승화시키기 위해 삶의 모든 부분에서 올바르고 선하게 행동하려 애썼다. 이러한 노력이 뒷받침된 덕분인지 히메네스는 평론가들에게 늘 좋은 평가를 받을 수 있었다. 그들은 히메네스에게 '스페인의 생텍쥐페리'라는 찬사를 보내며, 소설에 《어린 왕자》가 있다면 시에는 《플라테로와 나》가 있다고 상찬했다.

1956년 9월, 세노비아는 유명한 의사를 찾아 보스턴으로 갔지만, 이미 그녀의 암은 손쓸 수 없을 정도로 진행되어 있었다. 그녀는 푸에르토리코로 돌아가자마자 미미야 병원에 입원했다.

그 무렵 이미 히메네스의 명성은 세계의 위대한 시인으로 손꼽혀, 그에게 노벨문학상을 수여해야 한다는 목소리가 높아지고 있었다. 히메네스의 뛰어난 문학성은 스페인어를 사용하는 스페인과 중남미 여러 나라 시인들에게 커다란 영향을 끼쳤다. 마침내 1956년 10월 스웨덴 아카데미는 히메네스에게 노벨문학상을 수여하기로 결정했다. 노벨위원회에서는 그의 수상 이유를 이렇게 발표했다.

"빼어나게 고귀한 정신과 예술적 순수성을 보여주는, 스페인어로 쓰인 서정시를 높이 평가하여 노벨상을 수여한다."

세노비아, 당신은 나의 꽃

10월 25일, 히메네스는 노벨상 수상 소식을 받았다. 세노비아는 나흘 전부터 상태가 위독했는데, 이 영광스러운 소식을 기다리고 있었다는 듯 조금 회복하는 모습을 보였다. 그녀는 이미 이야기를 나눌 수 있는 상태는 아니었지만, 흘러넘치는 눈물로 벅찬 자신의 마음을 표현했다. 히메네스는 몇 시간의 침묵 뒤에 이 한 마디를 했다.

"나에게 주어진 이 영광은 나를 도와준 모든 사람의 몫이다. 아내의 죽음을 앞에 두고는 이 노벨문학상의 영광도 나에게는 깊은 슬픔을 줄 뿐이다. 나는 아무 말도 할 수 없다."

그날부터 사흘 뒤, 세노비아는 마지막 순간을 맞는다. 시인은 눈물을 흘리며 중얼거렸다.

"세노비아여, 당신은 나의 꽃이었소. 세노비아는 죽지 않았소. 세노비아는 불멸이오."

아내를 잃은 히메네스는 절망에 빠져 몸과 마음이 모두 쇠약해졌다. 그는 끊임없이 아내를 그리워하며 스페인을, 안달루시아를, 모게르를 떠올렸다. 히메네스는 더 이상 살아갈 수 없을 것처럼 보였지만, 봄이 찾아오자 조금 생기를 되찾는 듯했다. 아내의 무덤을 찾아가고, 대학 강의에도 나갔다. 하지만 1958년, 아내의 죽음 1년 반 뒤, 그가 가장 좋아하는 장미꽃이 피는 5월 29일에 78살 나이로 그는 푸에르토리코 산후안에서 세상을 떠났다.

히메네스의 시신은 그가 그토록 그리워하며 사랑했던 고향 모게르로 옮겨져 조용한 곳에 세노비아와 함께 영원히 잠들었다. 지금, 아무도 살지 않는 히메네스의 집은 기념관이 되어 찾아오는 사람들에게 시인 히메네스를 회상케 하고, 마을 사람들에게는 도서관으로 정겹게 이용되고 있다. 그 기념관은 '세노비아와 후안 라몬 기념관'이라 불린다. '피냐 소나무 언덕'에 있는 시인의 산장, 그 산장 가까이 플라테로가 잠든 커다란 소나무는 모게르의 아름다운 명소가 되었다.

《플라테로와 나》

《플라테로와 나》는 스페인 시문학 부흥의 선구자로 추앙받는 히메네스의 대표작이며 1956년 노벨문학상을 받는 데 가장 큰 역할을 한 서정적 산문시집이다. 본디 제목은 《플라테로와 나—안달루시아의 비가(悲歌)》이다.

이 책의 부제인 '안달루시아의 비가'와 저자가 이 책을 위대한 스승인 프란시스코 히네르 데 로스 리오스(1839~1915, 스페인의 진보적 철학자 겸 교육자)에게 헌정했다는 사실은 이 작품의 해석에 결정적인 두 가지 단서를 제공한다. 첫 번째로 《플라테로와 나》는 스페인 지역주의를 풍부하게 묘사한, 안달루시아 지방의 회상이다. 두 번째로 이 소설은 어린이와 어른에게 분별을 가르치기 위한 의도를 분명히 밝히고 있다.

이 작품은 두 가지 목적을 모두 이루어 냈다. 겉으로는 그저 고향에서 몸과 마음을 쉬고 있는, 상복 차림에 예수처럼 수염을 기른 시인과 그의 '작고 폭신폭신하고 부드러운' 당나귀 플라테로의 이야기이다. 짧은 형식으로 쓰인 문장은 시인 자신과 그의 가장 소중한 친구인 플라테로 이야기, 고향 모게르의 풍

PLATERO Y YO

XIS

《플라테로와 나》(1914)

경과 마을 사람들, 어린아이들의 즐거운 세계와 들판 동물들의 시끌시끌한 삶, 재미있기도 하고 심술궂기도 한 농부들의 일상, 야수파의 색채를 닮은 어휘로 묘사한 잊을 수 없는 풍경들을 만들어 냈다. 그러나 모든 것이 이렇게 행복하기만 한 것은 아니다. 플라테로와 시인은 불필요한 시련과 오해, 슬픔 등을 목격한다. 그리고 끝내 이 작은 당나귀 역시 세상을 떠나고 만다. 한편으로 작품 곳곳에는 시인의 마음속을 채우고 있었던 슬픔과 고독, 공허함이 자연스럽고 풍부하게 배어난다. 스페인어로 쓰인 그 어떤 작품도 이토록 미적인 즐거움과 윤리적 의무를 명료하게 보여주지 못했다.

1969년 아길라르 출판사에서 펴낸 『산문집들』에 실린 《플라테로와 나》를 마무리하면서 시인은 단호하게 "아이들만을 위해 쓴 것이 아니다"라고 밝히고 있다. 이 작품을 쓰고 있을 즈음 히메네스는 렉투라 출판사의 요청으로 가장 목가적인 글 64편을 골라 청소년 문고로 펴냈으며, 아이들도 어른들이 읽는 책을 충분히 읽을 수 있다고 생각했다.

《플라테로와 나》는 히메네스 문학의 전반기를 맺으면서 아울러 후반기를 시작하는 작품이다. 1인칭 시점으로 쓰인 이 작품에는 서술자인 '나'가 시적 존재로 등장하며, 이야기와 독자 사이를 잇는 서술자의 존재가 사라진다. 그래서 '나'는 등장인물이면서도 독자에게 직접 닿는 주체이며, 서술자와 시인 그리고 인물로 이야기 속에 하나 되어 녹아들어가 있다. 《플라테로와 나》를 감싸고 있는 가장 중요한 덕목은 사랑, 선함, 부드러움이다. 또한 이야기를 이끌어

가는 '나'가 병든 사람들과 불행한 사람들, 그리고 가난하지만 천진한 아이들과 자신의 소중한 나귀를 대하는 태도이기도 하다. 히메네스는 어른들의 세계에서 볼 수 있는 천박한 위선과 잔인함과 비열함을 비판하고, 즐겁고 순수한 동심을 회복하고자 한다. 그리스도교적 신앙을 바탕으로 한 도덕의 가르침, 그것이 바로 이 작품의 주제이다. 같은 시대 '68세대' 작가들이 스페인 교육을 부정적·비판적으로 바라보았지만 히메네스는 긍정적이고 따뜻한 교육관을 갖고 있었다. 이것은 한때의 뒷걸음질이 있을지라도 결국은 더 나은 사회로 발전해 나아가기 마련이라

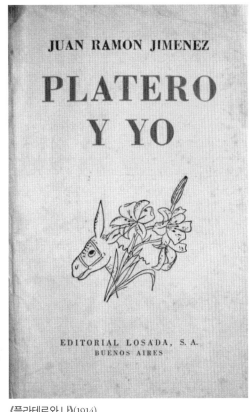

《플라테로와 나》(1914)

는 히메네스의 역사관을 바탕으로 한다고 볼 수 있다.

　시적 이미지가 두드러지는 《플라테로와 나》는 봄에 이야기가 시작되어, 한 해마다 자연주기에 따라 시간이 흐르고, 또 다른 봄에 플라테로가 죽으면서 끝을 맺는다. 봄 여름 가을 겨울이 자연스레 흘러가면서 시 하나하나마다 그에 어울리는 감정이 그려진다. 자주 등장하는 나비의 이미지는 봄에서 시작해 봄으로 끝나는 작품의 흐름과 맞닿아 있다. '나'에게는 보이지만 다른 사람은 볼 수 없는 나비는 플라테로의 자유로운 영혼을 뜻하는 것이리라. 〈우수〉에서 시인은 플라테로의 무덤에 가서 아직도 자기를 기억하는지 묻는다. 그러자 마치 대답이라도 하듯이 하얀 나비가 나타나 꽃 사이를 팔랑팔랑 날아다닌다. 이 나비는 플라테로의 환생이라고도 할 수 있다. 이렇듯 플라테로의 죽음과 나비로의 환생으로 생명의 한 주기가 끝났음을 암시한다.

《플라테로와 나》는 아름답고 순수한 세계만 보여주지는 않는다. 바로 이 때문에 아이들만을 위한 작품은 아님을 알 수 있다. 히메네스가 이 작품을 쓸 때 고향 모게르의 상황은 좋지 않았다. 광산개발로 인한 폐수가 흘러들어 강물이 오염되고, 포도주 생산과 고기잡이가 크게 피해를 보게 된다. 마을 사람들의 생활은 궁핍해졌고 인심도 삭막해졌다. 히메네스가 기억하던 아름답기만 한 고향의 이미지는 빛이 바래진 상태였다. 히메네스는 인간 삶의 이러한 천박하고 추악한 현실, 참담한 가난의 모습을 숨김없이 펼쳐 보인다. 신앙심보다 그저 습관적으로 일요일에만 찾는 교회, 잔인한 투우장의 광경과 술주정뱅이들의 추태, 지저분하고 시끄러운 사육제, 증오만이 가득한 투계장, 불쌍한 동물을 괴롭히는 짓궂은 아이들 등은 히메네스가 플라테로에게 보여주고 싶지 않은 광경들이다.

가난에 시달리며 어른과 다름없이 고된 일을 해야 하는 아이들도 있다. 그들은 자신들을 따듯하게 돌보아주어야 할 어른들이 오히려 잔혹하게 대하는 바람에 몸과 마음에 상처를 입는다. 가난하고 지저분하고, 사납고 폭력적이며, 어른들보다도 더 영악한 아이들이 즐비하다. 이런 아이들의 삶은 더없이 고달프기만 하다. 히메네스는 그 불쌍한 아이들에 대한 따듯하면서도 안타까운 마음을 드러내고 있다.

봄 여름 가을 겨울이 지나 플라테로의 죽음이 다가온다. 작품 초기의 어두운 면은 점점 평화와 고요함, 생명의 순수함으로 감싸인다. 가난과 슬픔은 변함없이 이어지지만, 아이들의 돌팔매로 죽고 마는 하얀 암말, 인간의 폭력성과 잔인함은 더 이상 등장하지 않는다. 작품 전체적으로 전반부의 어둠과 후반부의 밝음이 대비되는 셈이다. 어린아이들의 순진함과 자연의 순수함을 다루고 있는 마지막 10여 편에서는 인간 정신이 정화되기를 바라는 시인 히메네스의 마음을 엿볼 수 있다.

하얀 나비로 환생하여 팔랑거리며 날아다니는 플라테로의 삶은 사랑과 순수 그 자체로서 히메네스 자신의 마음을 정화해 주고 있다. 이 안달루시아의 비가는 어느새 우리가 잃어버렸던 순수함을 되돌려주며 인류가 자유와 존엄과 희망을 영원히 지켜나가기를 일깨워준다.

《플라테로와 나》 옮김에 대하여

후안 라몬 히메네스는 안달루시아 지방의 토속적인 언어와 그 고유의 발음을 작품 속에서 그대로 그려낸다. 이것은 고향에 대한 그리움의 깊은 애정을 드러내는 것이리라. 히메네스의 시를 한국어로 옮김에 있어 그 맛을 살리는 데 한계가 있는 점이 아쉽지만, 그의 시들 가운데 내가 즐겨 애송하는 몇 편을 순서없이 골라 엮었다.

《플라테로와 나》는 두 가지 판본이 있다. 첫 책은 앞서 말한, 1914년 성탄절에 렉투라 출판사에서 나온 문고판으로 편집자들이 골라낸 작품 64편만 실려 있다. 두 번째 책은 1917년 카예하 출판사에서 나왔는데, 이 책이 히메네스가 생각한 본디 구조와 순서가 지켜진 완간본이라 할 수 있다. 〈마분지로 만든 플라테로〉, 〈고향땅에 잠든 플라테로에게〉 등이 모두 실려 있다. 아이들의 언어를 있는 그대로 옮기려 애를 썼다. 동서문화사 《플라테로와 나》는 이 카예하 완간본을 충실히 따랐다.

후안 라몬 히메네스 연보

1881년   12월 23일 스페인 안달루시아 우엘바의 작은 마을 모게르에서 출생. 부친은 양조장 사업을 하는 카스티야 출신의 빅토르 히메네스, 모친은 안달루시아 출신의 푸리피카시온 만테콘.

1893년(12세) 카디스에 있는 예수회 소속의 푸에르토 데 산타 마리아 학교 졸업.

1896년(15세) 세비야 대학에 입학해 법학 공부를 하며, 개인적으로 미술 공부를 함. 산문으로 된 첫 작품 〈플랫폼〉을 집필.

1900년(19세) 루벤 다리오의 초청으로 마드리드에 가서 첫 시집 《수련》과 《제비꽃의 영혼》 출간. 아버지가 세상을 떠나 큰 충격을 받고 정신적 불안이 시작됨.

1901년(20세) 가족 주치의 의견에 따라 프랑스 보르도의 요양원에서 요양.

1901~1903년(20~22세) 마드리드의 로사리오 요양원에서 요양. 바예 인클란과 안토니오 마차도의 병문안.

1903~1905년(22~24세) 마드리드에서 주치의 루이스 시마로 박사 집에서 요양. '자유교육기구' 설립자인 프란시스코 히네르, 코시오 등 당대 지식인과 만남. 독일의 크라우제 철학을 접함.

1905~1912년(24~31세) 건강 악화로 모게르로 귀향하여 고독의 시간을 보내며 자살충동. 푸엔테피냐의 별장에서 요양하며 《플라테로와 나》 구상. 《비가》, 《우수》, 《미로》 등 시집 여덟 권 출간.

1911년(30세) 가족 사업의 파산으로 재산 압류. 《불가사의하고 가슴 아픈 시》, 《목가시》 출간.

1912년(31세) 건강 회복 뒤 마드리드행. 1916년까지 '학생 기숙사'에 거주하면서 당대 지식인들과 교유. 《사색하는 표정》 출간.

1913년(32세) 세노비아 캄프루비 아이마르와 만나 사랑에 빠짐.

1914~1915년(33~34세) 《플라테로와 나》 초판 발행. 세노비아와 함께 인도의 타고르 시집 영역본을 번역하기 시작.

1916년(35세) 3월 2일 뉴욕의 성 스테판 성당에서 세노비아와 결혼. 미국 여행. 이때의 경험을 모아 《갓 결혼한 시인의 일기》 쓰기 시작. 마드리드로 돌아와 두문불출하며 창작에 몰두. 《여름》 출간.

1917년(36세) 세노비아가 운전하는 차를 타고 스페인 전역을 여행하며 대중과 만남. 《시선집》, 《플라테로와 나》, 《영혼의 소네트》, 《갓 결혼한 시인의 일기》 출간.

1918년(37세) 《영원》 출간.

1919년(38세) 페데리코 가르시아 로르카의 방문. 《돌과 하늘》 출간.

1922년(41세) 《제2 시선집》 출간.

1923년(42세) 《시》와 《아름다움》 출간.

1928년(47세) 세노비아의 어머니가 8월 18일, 후안 라몬의 어머니가 9월 1일에 세상을 떠나다.

1929년(48세) 활동을 중단하고 칩거.

1931년(50세) 작품을 다시 정리하기 시작. 스페인 공화정 수립을 열렬히 환영. 세노비아의 종양이 처음으로 발견됨.

1932~1933년(51~52세) 히메네스를 광적으로 짝사랑하던 여류 조각가인 마르가 힐 로에셋이 자살. 스페인의 27세대 시인인 호르헤 기옌, 호세 베르가민과 절교.

1935년(54세) 히틀러를 비난하는 글을 썼다는 이유로 투옥된 안토니오 에스피나를 지지하는 성명 발표.

1936년(55세) 《노래》 출간. 내전 발발 후 공화파 지지를 천명하는 한편 전쟁고아를 돌보는 활동 펼침. 공화국 정부가 워싱턴 주재 스페인 대사관의 외교관 여권을 발급해 주어 미국행. 뉴욕, 푸에르토리코, 아바나, 플로리다 등지를 다니며 특강과 강연 활동.

1936~1939년(55~58세) 쿠바에 머무르며 사회적, 문화적 활동 전개. 스페인 공화파를 지지하는 정치행사에도 참여.

1939년(58세) 미국으로 가서 뉴욕을 거쳐 마이애미 코랄 게이블에 정착.

1941~1942년(60~61세) 듀크 대학에서 여름학교 강좌. 워싱턴으로 이사.

1942년(61세) 동시대 사람들을 풍자한 산문집《세 세계의 스페인 사람들》출간.

1945년(64세) 세노비아가 메릴랜드 대학교 교수로 임용되어 학교와 가까운 리버데일로 이사.

1946년(65세) 《완벽한 계절》출간.

1948년(67세) 고향인 모게르에 시인의 이름을 딴 도서관 개관. 부부동반으로 아르헨티나와 우루과이 여행.

1949년(68세) 《밑바닥의 동물》출간.

1950년(69세) 신경쇠약 때문에 의사가 스페인어권 지역으로 가라고 조언하여 푸에르토리코 여행.

1951년(70세) 세노비아가 메릴랜드 대학교 교수직 사임. 요양을 위해 부부가 푸에르토리코에 정착. 세노비아가 리오 피에드라 대학교에서 강의할 수 있게 됐으나 암이 발병하여 보스턴에서 수술.

1955년(74세) 푸에르토리코 대학교에서 부부의 이름을 딴 세노비아·후안 라몬 히메네스 강의실 헌정. 모게르에 세노비아·후안 라몬 문화원 개관.

1956년(75세) 10월 25일 노벨문학상 수상 발표. 사흘 지나 세노비아 세상을 떠나다.

1957년(76세) 에우헤니오 플로릿의 도움으로《제3 시선집》출간.

1958년(77세) 넘어져서 골반이 부러지고 기관지 폐렴이 겹쳐서 병석에 누운 뒤 5월 29일 죽음을 맞음. 조카에 의해 부부의 유해가 모게르의 헤수스 공동묘지로 옮겨지다.

옮긴이 김현창(金顯暢)

한국외국어대학교 스페인어과를 졸업하고 스페인 국립마드리드대학교에서 문학박사학위를 받았다. 서울대학교 서어서문학과 교수 및 스페인 중남미연구소 소장 역임. 대한민국 학술원 회원이며 서울대학교 서어서문학과 명예교수. 지은책 「스페인어 문법」 「스페인어 발달사」 「현대세계문학 속의 동양사상」, 「스페인문학정신」 「중남미문학정신」, 옮긴책 「안개(Unamuno)」 세르반떼스 「돈끼호테」 오르테가 「대중의 반란」 「철학이란 무엇인가」 등이 있다.

World Book
239
Juan Ramón Jiménez
PLATERO Y YO
플라테로와 나
후안 라몬 히메네스/김현창 옮김
1판 1쇄 발행/1994. 12. 25
2판 1쇄 발행/2014. 11. 11
발행인 고정일
발행처 동서문화사
창업 1956. 12. 12. 등록 16-3799
서울 강남구 도산대로 163(신사동,1층)
☎ 546-0331~6 (FAX) 545-0331
www.dongsuhbook.com
*

*
사업자등록번호 211-87-75330
ISBN 978-89-497-0835-5 04080
ISBN 978-89-497-0382-4 (세트)